Informationsökonomische Determinanten
der Zahlungsbereitschaft bei Leistungsbündeln

Europäische Hochschulschriften

Publications Universitaires Européennes
European University Studies

Reihe V
Volks- und Betriebswirtschaft

Série V Series V
Sciences économiques, gestion d'entreprise
Economics and Management

Bd./Vol. 2538

PETER LANG
Frankfurt am Main · Berlin · Bern · Bruxelles · New York · Wien

Vittoria von Gizycki

Informationsökonomische Determinanten der Zahlungsbereitschaft bei Leistungsbündeln

PETER LANG
Europäischer Verlag der Wissenschaften

Die Deutsche Bibliothek - CIP-Einheitsaufnahme

Gizycki, Vittoria von:

Informationsökonomische Determinanten der Zahlungsbereitschaft bei Leistungsbündeln / Vittoria von Gizycki. - Frankfurt am Main ; Berlin ; Bern ; Bruxelles ; New York ; Wien : Lang, 2000
(Europäische Hochschulschriften : Reihe 5, Volks- und Betriebswirtschaft ; Bd. 2538)
Zugl.: Berlin, Techn. Univ., Diss., 1999
ISBN 3-631-35422-3

D 83
ISSN 0531-7339
ISBN 3-631-35422-3

Vorwort

Industriegüter lassen sich heute ohne begleitende Dienstleistungen nicht mehr verkaufen. Lieferanten von Maschinen, Anlagen und verschiedensten Hardware-Systemen bieten daher neben den üblicherweise unberechneten Leistungen wie Beratung, Anlieferung und Technische Dokumentation eine Fülle berechneter Dienste, wie z. B. Wartung, Reparatur und Ersatzteilservice, Finanzierung, Einweisung und Schulung, Aufrüstung und Demontage. Letztere lassen sich entweder als Einzelleistungen mit entsprechenden Einzelpreisen oder im Rahmen von Sachleistungs-/Dienstleistungsbündeln mit lediglich einem Bündelpreis offerieren.

Die Verfasserin entwickelt ein theoretisches Konzept, das eine Unterstützung bei der rationalen Wahl zwischen diesen beiden strategischen Alternativen bietet. Sie greift dabei auf unterschiedliche Theorien und Modelle zurück, die sowohl der Volkswirtschaftslehre als auch der verhaltensorientierten Betriebswirtschaftslehre zuzuordnen sind. Einen besonderen Erklärungsbeitrag bieten dabei die informationsökonomische Gütertheorie und die Theorie des subjektiven Risikos.

Ausgang ihrer Argumentation ist die These, daß die Schwierigkeit der Beschaffungsaufgabe und damit auch die Risikowahrnehmung des Kunden wächst, je komplexer die zu erwerbenden Sach- und Dienstleistungen sind und je geringer seine Fähigkeit, sich vor dem Kauf ein betreffendes Bild ihres Nutzungspotentials zu verschaffen. Vor allem individualisierte, komplexe Dienstleistungen erhöhen das Unsicherheitspotential. Bei derartigen Konstellationen werden aus der Theorie des wahrgenommenen Risikos bestimmte risikomindernde Maßnahmen abgeleitet, die u.a. auf zusätzliche Informationsmaßnahmen, Probeangebote, Leasing oder Garantiemaßnahmen hinauslaufen. Die Verfasserin löst sich von diesem Argumentationsgang: Sie analysiert zunächst unterschiedliche Unsicherheits- bzw. Risikokonstellationen der Kunden und empfiehlt die Einzelleistungs-/Einzelpreisalternative für Situationen tolerierbaren Risikos. In Situationen, in denen Kunden ein nicht mehr tolerierbares Risiko wahrnehmen, ist vom Anbieter die Bündelungsalternative zu prüfen. Die Zusammenstellung eines für den Kunden optimalen Bündels stellt dann die Informationsleistung des Anbieters dar, die der Kunde eben nicht zu erbringen vermag. Diese Informationsleistung kann sich der Anbieter wiederum durch einen Bündelpreis honorieren lassen, der die Summe der Einzelpreise übersteigt. Gewinnmaximale Bündelpreise enthalten also ein Äquivalent für Unsicherheit reduzierende Informationsleistungen.

Die Verfasserin hat sich als Wissenschaftliche Mitarbeiterin an meinem Lehrstuhl für Marketing an der Technischen Universität Berlin in besonderem Maße mit Verknüpfungen von Neuer Institutionstheorie der Volkswirtschaftslehre mit der betriebswirtschaftlichen Marketinglehre beschäftigt. Dabei erwies sich, daß die Bearbeitung von Informationsproblemen ihr nicht nur als wissenschaftliche Problemstellung von Bedeutung, sondern auch eine individuelle Herzensangelegenheit war, die sich in besonders intensiver und kundenorientierter Beratung der Studenten ausdrückte.

Prof. Dr. Eberhard Kuhlmann

Danksagung

Jeder, der eine solche Arbeit geschrieben hat, weiß, wieviel Überwindung, Ausdauer und schließlich Erleichterung damit verbunden ist. Umso schwerer wiegt der Anteil derer, die durch ihre Hilfe zum Gelingen beigetragen haben. Sie haben mir alle sehr geholfen. Aus der Menge all derjenigen, die mir fachlich und menschlich mit Tips und Anregungen zur Seite standen, möchte ich einige herausheben: Valeska für ihre Hilfe beim Literaturverzeichnis, Ati für die Rechtschreibkontrolle und das heikle Kapitel der Zeichensetzung sowie Evelyne und Henning für die fachliche Durchsicht und inhaltliche Anregungen. Ihnen gilt mein besonderer Dank.

Vittoria v. Gizycki

Inhaltsverzeichnis

Abbildungsverzeichnis

Tabellenverzeichnis

1 Einführung

1.1 Problemstellung

„From our research, we have found that suppliers typically provide customers with more services than they want or need at prices that often reflect neither the value of those services to customers nor the cost of providing them.“ (ANDERSON/NARUS 1995, S. 75)

Dieser Satz beschreibt plastisch das Dilemma, in dem sich die Investitionsgüterindustrie befindet: Nach einer zunehmenden Angleichung der Sachleistungen und der weiten Verbreitung von technischem Know-how bestehen kaum noch Differenzierungsmöglichkeiten durch die Entwicklung von technischen Innovationen. (SEBASTIAN/HILLEKE 1994, S. 50; LÄBE/ STOLPMANN 1993, S.80; TÖPFER/ MEHDORN 1994, S.47). Eine Lösung dieses Problems bot sich den Unternehmen im Angebot von begleitenden Dienstleistungen über den bisherigen Kundendienst hinaus. Eine wahre Service-Euphorie setzte ein. Diese Entwicklung, deren Ende noch nicht abzusehen ist, manifestiert sich in einer ständig wachsenden Vielfalt des Serviceangebots. Während in einer empirischen Untersuchung im Jahre 1993 dem Produkt mit 67% ein etwa doppelt so hohes Gewicht wie der Dienstleistung mit 33% beigemessen wird, wird nach Meinung der Befragten zehn Jahre später die Dienstleistung in den Augen des Kunden mit 51% eine höhere Bedeutung erlangen als die Sachleistung (SIMON 1993a, S. 11). Unterstützt wird diese These durch die Ergebnisse weiterer Befragungen, die die Bedeutung der Zusatzleistungen für Unternehmen betonen: 41% der erfolgreichen Unternehmen halten ihr Angebot von Serviceleistungen für sehr erfolgskritisch im Gegensatz von nur 24% der weniger erfolgreichen (DROEGE 1995, S. 60). Dienstleistungen werden als Waffe im Investitionsgüterwettbewerb als sehr wichtig eingestuft (PFOHL 1995, S. 193), und die Verbesserung des Kundenservice wird von 81% der befragten Unternehmen als Maßnahme im Kampf gegen die Auswirkungen rezessiver Tendenzen eingesetzt (MEFFERT 1993, S. 14).

Die erwünschten Effekte dieser Dienstleistungen können sehr vielfältig sein. Sie reichen von der Erleichterung der Diffusion von Innovationen (VANDERMERWE/RADA 1988, S.320f), der Vermeidung von Preiskämpfen, der Erhöhung der Kundenbindung über die Erzielung von Cross-Selling-Effekten bis zum Aufbau von Eintrittsbarrieren (HOMBURG/GARBE 1996a, S. 69). Im Mittelpunkt steht aber das Ziel, die Wünsche des Kunden mit einem Leistungsbündel aus Sach- und Dienstleistungen vollständig zu befriedigen und auf diese Weise einen Komparativen Konkurrenzvorteil zu erzielen (BACKHAUS 1990, S. 6f). Durch die Schaffung solcher Leistungsbündel ergibt sich die Chance, trotz der Austauschbarkeit der Sachleistung einen Preiskampf zu vermeiden, da die Kunden die Gesamtleistung - inklusive der Dienstleistungen - des Unternehmens beurteilen.

Doch durch den „Service-Overkill" (SEBASTIAN/HILLEKE 1994, S. 51) entstand eine in vielen Fällen wenig effiziente und auch wenig effektive Anreicherung vieler Leistungsbündel mit begleitenden Dienstleistungen.[17] Oft wissen Firmen nicht einmal, welche Dienstleistungen als Standardpaket zusammen mit einer Sachleistung oder einer Kerndienstleistung und welche demgegenüber als einzelne Leistungen angeboten werden sollten, weil bestimmte Kunden ihnen einen so hohen Wert beimessen, daß sie bereit sind, extra für sie zu bezahlen (ANDERSON/NARUS 1995, S. 75).

Die Preisbereitschaft des Kunden bestimmt sich aus dem Nutzen, den das Angebot in seinen verschiedenen Komponenten für ihn bietet. Während aber die internen Kosten häufig noch vorliegen, sind die Nutzenkomponenten für Kundengruppen meist unklar. Die Preisgestaltung ist damit oft nicht mit den Nutzenkomponenten für Kunden verknüpft (BELZ 1992, S. 40). Die Anbieter solcher Leistungsbündel stehen also vor einem doppelten Problem: Zum einen wissen sie nicht, wie hoch der Nutzen des Bündels bzw. seiner Komponenten für den Kunden ist, zum anderen können sie deshalb auch nicht begründet entscheiden, welche Dienstleistungen zu einem festen Paket mit der Hauptleistung verschnürt werden sollen, welche der Kunde selbst zusammenstellen sollte und welche gar nicht angeboten werden sollten. Nur wenn der Anbieter den Nutzen, den der Käufer empfindet, kennt, kann er die daraus resultierenden Zahlungsbereitschaften ermitteln. Deren Verteilung kann ihm Hinweise geben, in welcher Form er seine Leistungsbündel anbieten sollte, um eine optimale Abschöpfung der Zahlungsbereitschaften zu erreichen. Die vorliegende Arbeit versucht genau an diesem Problem anzusetzen und folgende Fragen zu beantworten:

1. Welche Angebotsform ist optimal bei gegebener Zahlungsbereitschaft?
2. Welcher Zusammenhang besteht zwischen Kundennutzen und Zahlungsbereitschaft?
3. Mit welchen Maßnahmen kann ein Anbieter diese Nutzenwahrnehmung und die Zahlungsbereitschaft beeinflussen?

Dabei kann als Ergebnis keine Maßzahl für den Nutzen eines bestimmten Leistungsbündels stehen, sondern nur eine modellhafte Systematisierung davon erfolgen, unter welchen Voraussetzungen eine Bündelung in welcher Form sinnvoll ist. Im Mittelpunkt müssen die Unterschiede in den Gutscharakteristika stehen, da sie die Wahrnehmung des Leistungsbündels stark beeinflussen und

---

[17] vgl auch die Beispiele bei SEBASTIAN, HILLEKE, 1994, S. 51

eine Nutzeneinschätzung durch den Kunden erschweren oder erleichtern können. Diese Unterschiede lassen sich mit Hilfe der Informationsökonomie systematisieren und erklären.

1.2 Vorgehensweise

Die drei oben genannten Fragen werden in der angeführten Reihenfolge im Laufe der Arbeit beantwortet. Um zunächst die Begrifflichkeiten zu klären und den Erkenntnisgegenstand abzugrenzen, werden im zweiten Kapitel die notwendigen Definitionen entwickelt. Im Mittelpunkt steht der Begriff des Leistungsbündels als Kombination aus Sach- und Dienstleistung. Darüber hinaus werden Systematisierungen von Leistungsbündeln vorgestellt und geprüft, ob sie im Hinblick auf den Kundennutzen Anhaltspunkte liefern.

Im dritten Kapitel stehen die Ansätze zur Bildung von Leistungsbündeln im Mittelpunkt. Diese lassen sich einerseits auf der Ebene des operativen Marketing als Teil der Produktpolitik einordnen. Ihnen liegt – in unterschiedlichem Konkretisierungsgrad und mit unterschiedlicher Begründung – die Absicht zugrunde, durch Differenzierung der Kernleistung Wettbewerbsvorteile zu erzielen.

Demgegenüber geht die mikroökonomische Bündelungstheorie ausschließlich von den Zahlungsbereitschaften für zwei inhaltlich nicht näher spezifizierte Güter aus. Dieser Bündelungstheorie wird im letzten Teil des dritten Kapitels breiter Raum eingeräumt, da sie nach unterschiedlichen Bündelungsformen unterscheidet und Antworten auf die Vorteilhaftigkeit jeder Bündelungsform gibt. In diesem Abschnitt wird also die oben gestellte Frage 1 beantwortet. Die mikroökonomische Bündelungstheorie wird zum Abschluß des Kapitels in den Rahmen der nutzenorientierten Preispolitik eingeordnet.

Die Bündelungstheorie bildet die Grundlage, sich mit den einzelnen Einflußfaktoren auf den Kundennutzen zu beschäftigen, die den Inhalt von Kapitel 4 darstellen. Es werden auch Determinanten, die in den nutzenorientierten produktpolitischen Bündelungsansätzen Eingang fanden, berücksichtigt. Doch zunächst muß der Nutzenbegriff klar definiert werden und eine Abgrenzung zu anderen Begriffen wie Qualität und Wert vorgenommen werden. Im Anschluß daran werden die Gesamtmodelle des Kundennutzen vorgestellt und analysiert. Sie bilden gleichzeitig den Ausgangspunkt für die Einzelbetrachtung der Determinanten.

Besonders hervorgehoben wird das wahrgenommene Risiko, da es sich bei einem Leistungsbündel aus Sach- und Dienstleistungen um die Kombination von Gütern mit unterschiedlichen Charakteristika handelt, die je nach Eigenschaften ein unterschiedliches wahrgenommenes Risiko erzeugen. Weil von diesem Risikoempfinden auch die Zahlungsbereitschaft, die nutzendeterminiert ist, abhängt und nur aufgrund der Zahlungsbereitschaft eine Bündelungsempfehlung gegeben werden kann, stellt die Risikobetrachtung die Grundlage für ein Bündelungsmodell dar. Als theoretischer Ausgangspunkt dafür dient die Informationsökonomie, die im letzten Teil des 4. Kapitels betrachtet wird. Sie wird zunächst allgemein vorgestellt und anschließend angewendet. Die Möglichkeiten zur Unsicherheitsreduzierung werden ausgehend vom Anbieter wie vom Nachfrager dargestellt.

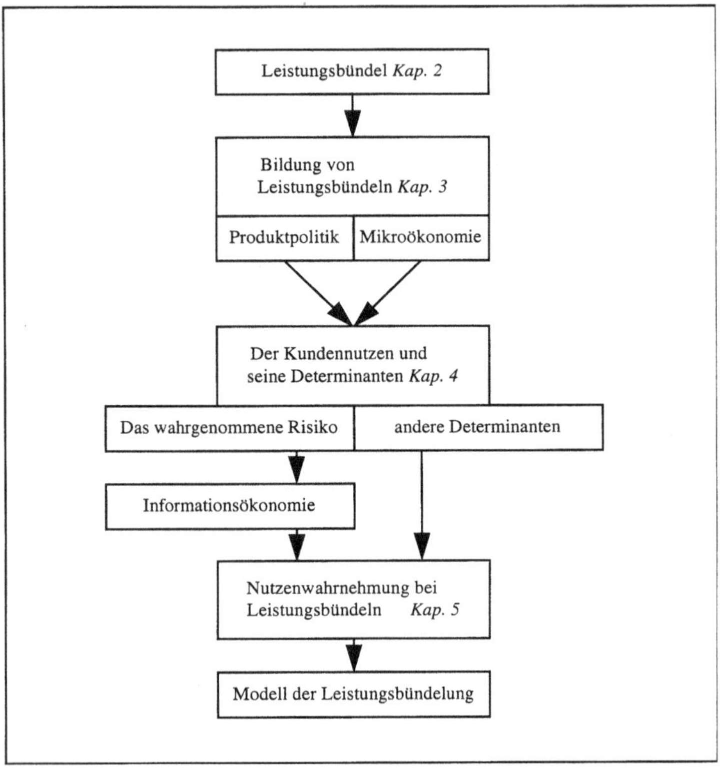

Abb. 1: Vorgehensweise

Im 5. Kapitel wird aus den vorhergehenden Überlegungen die Nutzenwahrnehmung bei Leistungsbündeln abgeleitet. Auch hier liegt das Schwergewicht auf den Unterschieden der Gutseigenschaften und deren Wahrnehmung. Sach- und Dienstleistungen werden also zunächst einzeln nach ihren Eigenschaften und Determinanten in eine Matrix eingeordnet, woraus sich die Zahlungsbereitschaft für unterschiedliche Leistungsbündel ableiten läßt. Die Ergebnisse dieser Matrizen werden zusammengeführt, so daß sich Zahlungsbereitschaftskombinationen für Leistungsbündel ergeben. Davon werden Bündelungsempfehlungen im Sinne der mikroökonomischen Bündelungstheorie abgeleitet. Eine Sonderform stellen solche Leistungsbündel dar, die nicht als Bündel aus mindestens zwei Einzelleistungen wahrgenommen werden. Sie werden in einem eigenen Abschnitt berücksichtigt. Damit wird die oben aufgeführte zweite Frage beantwortet.

Die entwickelten Matrizen wurden bisher ohne Einbeziehung von Maßnahmen des Anbieters erstellt. Dieser wird im folgenden Teil des 5. Kapitels berücksichtigt. Einwirkungsmöglichkeiten und ihre Auswirkungen auf die Nutzenwahrnehmung werden dargestellt. Während die vorangehenden Kapitel sich ausschließlich mit der Erstkaufsituation beschäftigen, wird in diesem Zusammenhang auch ein Wiederholungskauf berücksichtigt.

Unter Einbeziehung dieser Handlungsmöglichkeiten wird das zusammenfassende Gesamtmodell der Preisbereitschaft aufgestellt. Die Arbeit schließt mit einem Fazit und einem Ausblick, der Möglichkeiten zur weitergehenden Forschung auf diesem Gebiet aufzeigt.

2 Leistungsbündel als Erkenntnisobjekte

2.1 Wachstum und Struktur des Angebots von Sach- und Dienstleistungen

Ein Kennzeichen entwickelter Volkswirtschaften ist das umfangreiche Angebot von Dienstleistungen. Darüber hinaus sind diese Volkswirtschaften dadurch gekennzeichnet, daß der überwiegende Anteil der Beschäftigten im tertiären Sektor, dem Dienstleistungssektor, tätig ist (FOURASTIÉ 1969, S. 121). Dies gilt auch für die Bundesrepublik Deutschland (1991: 57,4 % der Beschäftigten), obwohl im Vergleich zu Kanada (72,3%) und den USA (71,8%) ein Rückstand sichtbar wird (GRUHLER 1993, S. 155)[18]. Die Entwicklung der Bruttowertschöpfung weist einen ähnlichen Anteil auf: Der Anteil des Dienstleistungssektors betrug 1991 59% und lag 1993 bei 61% (KLODT 1995, S. 298).

Da die Einteilung der Unternehmen in die Sektoren nach ihrem dominanten Output vorgenommen wird, bleiben produktbegleitende Dienstleistungen dabei unberücksichtigt[19]. Ablesbar bleibt nur der intersektorale Strukturwandel, nicht der intrasektorale. Um auch diesen zu berücksichtigen, ist es nicht ausreichend, die Arbeitnehmer der verschiedenen Sektoren der Wirtschaft zu zählen, sondern sie nach ihren tatsächlich ausgeübten Tätigkeiten zu erfassen. Auf diese Weise schließt sich auch die scheinbar vorhandene Dienstleistungslücke gegenüber Nordamerika, da der Anteil der Beschäftigten, die eine Dienstleistungstätigkeit ausüben, für Deutschland im Jahr 1993 70% betrug (O.V. 1996)[20]. Der deutlich höhere Anteil der Beschäftigten mit einer Dienstleistungstätigkeit ist darauf zurückzuführen, daß in den jeweiligen Wirtschaftssektoren sowohl Dienstleistungen als auch industrielle Tätigkeiten erbracht werden. Diese Tätigkeiten können einerseits nur unternehmensintern genutzt oder auf dem Markt abgesetzt werden und damit einen Beitrag zur Wertschöpfung darstellen. So waren 1991 nur 30,4% der Beschäftigten im produzierenden Gewerbe mit herstellenden Tätigkeiten befaßt (GRUHLER 1994, S. 159). In den USA erfüllen von den Beschäftigten im produzierenden Gewerbe 65 bis 75% Serviceaufgaben (QUINN/DOORLEY/PAQUETTE 1990, S.133).

---

[18] Zu den Ursachen des Rückstands vgl. KRUPP 1987 S. 71-73.

[19] zur inhaltlichen Abgrenzung des tertiären Sektors, insbesondere in den Ansätzen von FISHER, CLARK und FOURASTIÉ vgl. ELFRING 1988, S. 15-23. Der primäre Sektor umfaßt Land- und Forstwirtschaft und Fischerei, der sekundäre Bergleute, Mineralgewinner und Produzierendes Gewerbe, der tertiäre Technische Berufe, Dienstleistungsberufe sowie übrige Wirtschafts-bereiche (RIEDE 1990, S. 623). Vgl. auch die Einordnung der Dienstleistungen in die Systematik des Statistischen Bundesamtes bei NOCH 1995, S. 31.

[20] vgl. dazu auch die Entwicklung des Anteils der Dienstleistungsberufe von 55% in Jahre 1973 über 59,1% 1980 und 62,9% 1989 (RIEDE 1990, S. 625)

Betrachtet man nur den Anteil der Dienstleistungen an der Wertschöpfung des industriellen Sektors der Bundesrepublik Deutschland, so lag dieser 1993 in den alten Bundesländern bei 43%, der Anteil der industriellen Tätigkeit im Dienstleistungssektor betrug 15% (O.V. 1996).

Diese Entwicklung ist nicht neu: In der Untersuchung von MAI aus dem Jahre 1988 zeigte sich, daß 44% der 5.324 befragten Unternehmen des produzierenden Gewerbes, also der Unternehmen des sekundären Sektors, Dienstleistungen für Dritte erbringen. Besonders hoch ist dieser Anteil bei Großunternehmen mit 1000 und mehr Beschäftigten mit 74% (MAI 1989, S.59). Zusätzlich zeigen sich Unterschiede im Angebot von Dienstleistungen nach Branchenzugehörigkeit. So bieten 65% der Maschinenbauunternehmen Dienstleistungen an. In der Elektroindustrie liegt der Anteil bei 62%, im Stahl- und Leichtmetallbau bei über 60%. Auch hinsichtlich der Vielfalt des Angebots lassen sich Unterschiede feststellen: Während durchschnittlich 16% der Unternehmen eine Angebotspalette aus mindestens fünf verschiedenen Dienstleistungsgruppen[21] aufweisen, liegt dieser Anteil in der chemischen Industrie bei 20%, beim Maschinenbau bei 26% und in der Luft- und Raumfahrt bei 48%. Bei den am häufigsten angebotenen Dienstleistungen handelt es sich um technische Planung und Beratung, gefolgt von Schulungsleistungen und Vermietungen. Um den Umfang und damit die tatsächliche Bedeutung des Dienstleistungsangebotes im produzierenden Gewerbe nachzuweisen, ist es erforderlich, die Wertschöpfung gemessen in Form des Produktionswerts anzugeben. Wenn diese Dienstleistungen getrennt abgerechnet werden, läßt sich eine Aussage über den erzielten Umsatz machen.

Aus Tabelle 1 läßt sich ablesen, daß bei manchen Dienstleistungen getrennte Abrechnungen nicht die Regel sind. Um eine Wertgröße zu erhalten, müßten auch die nicht getrennt in Rechnung gestellten Dienstleistungen in irgendeiner Form bewertet werden (MAI 1989, S.60). Die Unternehmen sind aber überwiegend nicht in der Lage, eine alternative Bewertung vorzunehmen (MAI 1989, S.61).[22]

---

[21] zum Begriff der Dienstleistungsgruppe vgl. Tabelle 1

[22] Untersuchungen neueren Datums von NECKERMANN/WESSELS 1992 und SIMON 1993a bestätigen die Ergebnisse von MAI hinsichtlich der Bedeutung von Dienstleistungen im produzierenden Gewerbe. Beide gehen aber von einer wesentlich geringeren Fallzahl (191 bzw. 138 Unternehmen) aus. Vgl. auch die Zusammenstellung der Untersuchungsergebnisse bei HOMBURG/GARBE 1996b, S. 256. MAI diagnostizierte bereits 1985 Ergänzungsbedarf in der Produktionsstatistik von produktbezogenen Dienstleistungen und schlägt Änderungen für die Zuordnung zurSystematik der Wirtschaftszweige vor (MAI 1985, S.556f)

Dienstleistungsgruppe	Anzahl der anbietenden Unternehmen (Mehrfachnennungen möglich)	getrennt in Rechnung gestellt (in %)	nicht getrennt in Rechnung gestellt (in %)
Technische Planung, Beratung	1 102	21,8	70,5
Schulung von Kundenpersonal	873	17,2	76,5
Vermietung, Leasing	690	90,7	7,5
Wartung	642	74,1	20,4
EDV	615	57,2	38,2
Dokumentation	559	15,0	79,1
Forschung und Entwicklung	499	33,3	55,9
Lagerhaltung	464	32,1	65,3
Transport	439	41,9	52,2
Werbung	283	35,0	59,4
Entsorgung	132	61,4	36,4
Design	123	24,4	71,5
Energieverteilung	7	100,0	
Sonstige Dienstleistungen	139	69,1	28,1

Tab. 1: Das Dienstleistungsangebot im Produzierenden Gewerbe (MAI 1989, S.60)[23]

Weitere Ergebnisse empirischer Studien zeigen, daß beim überwiegenden Teil der Unternehmen des produzierenden Gewerbes Dienstleistungen bis zu 25% des Umsatzes ausmachen (HOMBURG/GARBE 1996a, S.69).

Die herkömmliche sektorale Unterscheidung nach überwiegendem Output in der amtlichen Statistik ist also nicht geeignet, den gesamten Output an Dienstleistungen zu erfassen. Die marktgerichteten Dienstleistungen, die in Unternehmen des produzierenden Gewerbes erbracht werden, werden nicht berücksichtigt. Eine demgegenüber tätigkeitsgerichtete Unterscheidung kann nur dann vorteilhaft sein, wenn zwischen externen an den Markt gerichteten und intern verwendeten Dienstleistungen unterschieden wird, da die externen Dienstleistungen Wertschöpfung hervorbringen. Die an der Wertschöpfung ausgerichtete Erfassung löst dieses Problem und zeigt die hohe Bedeutung

[23] Die fehlenden Prozente bis 100% geben den Anteil der Dienstleistungen an, die sowohl getrennt als auch nicht getrennt in Rechnung gestellt werden. Reparaturen und Montagen wurden in der Untersuchung nicht berücksichtigt, was ihre Aussagefähigkeit stark einschränkt.

produktbegleitender Dienstleistungen. Dennoch bleibt unklar, welche Kriterien eine Leistung erfüllen muß, um als eine Dienstleistung in die Betrachtung einzugehen. Bei der sektoralen Einteilung dominieren Residualbetrachtungen (ELFRING 1988, S. 22) oder Zweckmäßigkeitserwägungen (MAI 1989, S. 58).

So läßt sich zwar abschließend die hohe Bedeutung produktbegleitender Dienstleistungen bestätigen. Um sich mit diesem Erkenntnisgegenstand eingehender zu beschäftigen, ist zunächst eine klare Definition nötig.

2.2 Definitionen

2.2.1 Der Dienstleistungsbegriff

Um den Begriff des Leistungsbündels näher zu bestimmen, ist es als erstes notwendig, sich mit den Elementen eines Leistungsbündels zu befassen. Unter einem Leistungsbündel soll hier zunächst als Arbeitsdefinition ein *gleichzeitiges Angebot von mindestens einer Sachleistung und mindestens einer Dienstleistung* verstanden werden, wobei ein *komplementäres* Verhältnis zwischen den Gütern besteht[24].

Die Betrachtung von Sachleistungen ist seit jeher Gegenstand der Betriebswirtschaftslehre gewesen. Deshalb ist eine definitorische Begriffsbestimmung unnötig. Im Gegensatz dazu ist der Inhalt des Dienstleistungsbegriffes stark umstritten. Während bis in die Achtziger Jahre Dienstleistungen durch die Aufzählung ihrer von Sachleistungen abweichenden Eigenschaften beschrieben wurde (ROSADA 1990 S. 17f., ZEITHAML u.a 1985 S. 34), wird vor allem in der Literatur der Neunziger Jahre zwischen besonderen Eigenschaften von Dienstleistungen und ihren konstitutiven Merkmalen unterschieden. Die konstitutiven Merkmale bilden die Grundlage der Dienstleistungsdefinition, während die Besonderheiten aus ihnen abgeleitet werden. Als Gemeinsamkeit in der Dienstleistungsdiskussion läßt sich feststellen, daß mindestens eines der Merkmale *Immaterialität* und *Integrativität* als konstitutiv erachtet wird (vgl. Tab. 2). Die anglo-amerikanischen Autoren sehen überwiegend nur die Immaterialität als konstitutiv an, während es in Deutschland eine Reihe von Vertretern gibt, die ausschließlich die Integrativität für konstitutiv halten. Es handelt sich bei der Immaterialität aber nicht um eine ausschließende Bedingung für das Vorliegen von Dienstleistungen, so daß sie nicht als konstitutives Merkmal angesehen werden kann. Vielmehr lassen sich alle Arten von Leistungen auf einem Kontinuum zwischen hohem und niedrigem Anteil materieller und immaterieller Ergebniselemente plazieren.

---

[24] Zum Anteil von komplementären Dienstleistungen an der gesamten deutschen Dienstleistungsproduktion vgl. AUDRETSCH, YAMAWAKI 1991

	Immaterialität	Integrativität	Verderblichkeit	Individualität	Untrennbarkeit von Produktion und Konsum	kein rechtliches Eigentum möglich	Nichtlagerfähigkeit	Potential, Prozeß, Ergebnis	hohes Kaufrisiko	
Cowell 1993	O			X	X	O	X			
Engelhardt u.a. 1993	O	O								Aufhebung der Dichtomie
Payne 1993	O	O		X	X		X			
Böcker 1994	O	O	X	O			X			synchroner Kontakt zwischen Anbieter und Nachfrager
Meyer, Blümelhuber 1994	O	O						O		
Palmer 1994	O			X	X	X	X			
Baron/Harris 1995	O	O								
Fassott 1995	O	O						X		pragmatisches Verständnis vom Dienstleistungsbegriff
Friege 1995	O	O			O			O	X	Potentialorientierung als Angebot eines Leistungsversprechens
Güthoff 1995		O						O		
Meffert/Bruhn 1995		O						O		
Olemotz 1995	O	O			X			O		
Rück 1995		O						X		nur Prozeßorientierung
Fassnacht 1996	O	O	O	X					X	Merkmale nur stärker ausgeprägt als bei Sachgütern

O: konstitutive Merkmale, X: Marketingbesonderheiten

Tab. 2: konstitutive Merkmale und Besonderheiten von Dienstleistungen[25] seit 1993

Die Integration externer Faktoren läßt sich als *conditio sine qua non* der Dienstleitungsproduktion bezeichnen. Externe Faktoren werden in der Regel vom Abnehmer der Leistung in den Produktionsprozeß eingebracht und entziehen sich der autonomen Disponierbarkeit durch den Produzenten. Dieses Merkmal erlaubt aber nur eine eindeutige Abgrenzung, wenn es sich ausschließlich bei der Produktion von Dienstleistungen nachweisen ließe. Dies wird dann problematisch, wenn es sich bei dem externen Faktor, sondern um

[25] vgl. zu den Ansätzen im anglo-amerikanischen Raum auch ZEITHAML u.a. 1985, S. 34, COOPER, JACKSON 1988, S. 68

Informationen handelt [26]. Die Integration von Informationen findet bei Beauftragung eines Architekten ebenso statt wie bei einer Auftragsfertigung[27]. Es kann lediglich unterschiedlich starke Integration vorliegen, die sich an der Stärke der Integrationstiefe und der -intensität ablesen läßt (ENGELHARDT u.a. 1993, S. 413f.), so daß auch hier - wie bei der Immaterialität - von einem Kontinuum zwischen hoher und niedriger Integrativität des Leistungsprozesses ausgegangen werden muß. Bei ENGELHARDT u.a. führt das Fehlen eindeutiger Abgrenzungscharakteristika zu einer Aufhebung der „Entweder-Oder"-Zuordnung „Sachleistung - Dienstleistung". Für die Einordnung von Produkten ist sie nur wenig hilfreich, da für das nicht eindeutige Begriffspaar Sach- und Dienstleistung nun die Einordnung in hohe bzw. geringe Immaterialitäts- und Integrativitätsgrade benutzt wird.

Obwohl die Produktmerkmale nicht zu einer eindeutigen und klaren Trennung der Begriffe führen können, ist aus pragmatischen Gründen das Begriffspaar Sach- und Dienstleistung beizubehalten (FASSOTT 1995, S. 18-20). Da sich aus den unterschiedlichen Ausprägungen der Produkteigenschaften unterschiedliche marketingrelevante Konsequenzen ableiten lassen, dienen die Begriffe zur Beschreibung von Gütern, die eher hoch bzw. wenig integrativ und eher hoch bzw. wenig immateriell sind. Um diesen lediglich graduellen Unterschied deutlich zu machen, wird im Folgenden diese Dienstleistungsbeschreibung verwendet:

Dienstleistungen sind Produkte, die eines stärkeren direkten Kontaktes zwischen Anbieter und Nachfrager bzw. Faktoren des Nachfragers bedürfen und sich vor, während und nach dem Kontakt stärker immateriell darstellen als Sachleistungen.

2.2.2 Industrielle Dienstleistungen als Bestandteile von Leistungsbündeln

Entsprechend der oben festgesetzten Arbeitsdefinition besteht ein Leistungsbündel aus mindestens einer Sach- und einer Dienstleistungskomponente. Dabei kann es sich zum einen um einen Dienstleistungsanbieter handeln, der sein Produktprogramm um Sachleistungen erweitert hat, oder um einen Sachleistungsproduzenten, der zusätzlich Dienstleistungen anbietet. Richten sich diese Güterkombinationen an den Endkonsumenten, handelt es

---

[26] vgl. z.B. die Übersicht über Erscheinungsformen bei ROSADA 1990, S. 15

[27] Zur Lösung dieses Problems unterscheidet Mengen nach Integration und Integration und Transformation des externen Faktors (MENGEN 1993, S.24-30) und dementsprechend nach Dienstleistung und Auftragsleistung. Es fällt aber bereits bei unterschiedlichen Beratungsleistungen schwer, den Unterschied zu operationalisieren. Vgl. zur Abgrenzung von Leistungsbündeln und Auftragsleistungen auch Kap. 2.2.2.

sich um konsumtive Bündel, bestehend aus konsumtiven Dienstleistungen und Sachleistungen. Investive Dienst- und Sachleistungen liegen vor, wenn der Abnehmerkreis aus Organisationen besteht, also Business-to-Business-Beziehungen vorliegen.[28] Hierüber herrscht in der Literatur weitgehend Einigkeit, obwohl noch weitere Synonyme für den Begriff *investive Dienstleistung* existieren (FRIEGE 1995, S. 36). Die Sachleistungskomponente des Leistungsbündels erhält keine spezielle Bezeichnung, der Dienstleistungstteil des Bündels wird mit verschiedensten Begriffen belegt. Einen Überblick dazu bietet Tabelle 3. Die Bezeichnung „industrielle Dienstleistungen“ hat sich durchgesetzt. Damit werden durchgängig solche Dienstleistungen bezeichnet, die in Verbindung mit Sachleistungen angeboten werden und bei denen ein komplementäres Verhältnis zur Sachleistung vorliegt.

Die Verwendung des Begriffes ist allerdings nicht einheitlich. BUTTLER/STEGNER (1990, S. 934) und ELBL/WOLFRUM (1994, S.121) schließen darin auch spezialisierte Dienstleister ein, die sich über Sachleistungen diversifizieren, während die übrigen Autoren nur Unternehmen des Sachleistungen produzierenden Gewerbes berücksichtigen, die zusätzlich Dienstleistungen anbieten. Generell kann es sich bei den Produzenten der Dienstleistungen um ein Unternehmen des sekundären Sektors handelt, das investive oder konsumtive Dienstleistungen anbietet[29]. Industriellen Dienstleistungen können demnach konsumtive und investive Dienstleistungen umfassen[30].

Die industriellen Dienstleistungen können sowohl in einem Bündel mit anderen Leistungen angeboten werden, als auch als eigenständiges Produkt darstellen[31]. Die Dienstleistungen können auch ohne direkte Verbindung mit Sachleistungen akquisitorische Wirkung bezüglich der Sachleistungen entfalten. So läßt sich inhaltlich nicht unterscheiden, ob sich eine Transaktion nur auf eine Dienstleistung erstreckt und Sachleistungen völlig unabhängig davon bei demselben Hersteller gekauft wurden oder ob im Verlauf auch einzelne Sachleistungen aufgrund der positiven Erfahrungen mit der Dienstleistung erworben wurden.

---

[28] vgl. zur Abgrenzung BACKHAUS 1992, S. 3

[29] Die Zugehörigkeit zum sekundären Sektor ist einziges Kriterium für die Zuordnung zu der Gruppe der Industrieunternehmen, da diese Einteilung allgemein anerkannt ist. Vgl. zur genaueren Einteilung ENGELTER 1979, S. 21ff.

[30] zur Abgrenzung von „Kundendienst“ vgl FRISCH 1989, S.119-121

[31] anders dazu: OLEMOTZ, (1995, S. 25f.), der unter industriellen Dienstleistungen nur unselbständige Absatzobjekte mit komplementärer Wirkung versteht. Demgegenüber stehen quasi-institutionelle Dienstleistungen, die von Industrieunternehmen des sekundären Sektors als unabhängige Hauptleistungen angeboten werden.

	Begriff	Abnehmer		Absatz		Hierarchisierung in Haupt- und Nebenleistung	
		Konsumenten	Organisationen	unselbständig	auch selbständig	ja	nein
Forschner 1989[32]	funktionelle Dienstleistungen		X	X	X		X
Frisch 1989	Service	X	X	X		X	
Hilke 1989	funktionelle Dienstleistungen	X	X	X	X		X
Jugel/Zerr 1989	investive Dienstleistungen		X	X	X	X	
Mai 1989	produktionsbezogene Dienstleistungen	X	X	X	X		X
Buttler/Stegner 1990	industrielle oder produktbegleitende Dienstleistungen	X	X	X	X	X	
Gruhler 1990	industrielle Dienstleistungen	X	X	X	X	X	
Zapf 1990	gewerblich-industrielle Dienstleistungen	X	X	X	X		X
Backhaus 1992	produktbezogene Dienstleistungen		X	X	X		X
Stegner 1992	industrielle Dienstleistungen		X	X	X		X
Engelhardt/ Reckenfelder-bäumer 1993	industrielle Dienstleistungen	X	X	X	X		X
Simon 1993	industrielle Dienstleistungen	X	X	X	X	X	
Casagranda 1994	industrielle Service-leistungen		X	X	X		X
Elbl/Wolfrum 1994[33]	industrielle Dienstleistungen		X	X	X		X
Friege 1995	industrielle Dienstleistungen		X	X	X		X
Olemotz 1995	industrielle Dienstleistungen	X	X	X			X
Fassott 1995	Sekundärdienst-leistungen	X	X	X		X	

Tab. 3: Begriffe für Dienstleistungen als Bestandteile von Leistungsbündeln[34]

[32] vgl. ebenso HANDL 1991 S. 17f

[33] Im Gegensatz zu z.B. HILKE (HILKE 1989, S. 9) beziehen sie institutionelle Dienstleistungen (=Primärdienstleistungen) in industrielle Dienstleistungen mit ein, wenn sie von Investitionsgüterherstellern im Rahmen einer Diversifizierung erbracht werden, da sie akquisitorisches Potential für die erzeugten Sachleistungen besitzen können. Sekundärdienstleistungen, die von Investitionsgüterherstellern im Zusammenhang mit deren selbsterstellten Sachgütern vermarktet werden, werden als produktbegleitende Dienstleistungen bezeichnet. (ELBL/WOLFRUM 1994, S.121)

[34] vgl. die Übersicht von HOMBURG/GARBE 1996b, S. 257 sowie die Tabellen bei FRIEGE 1995 S. 35 (nur investive Dienstleistungen), S. 37 und S.38

Das Begriffspaar „Sekundär- und Primärdienstleistungen“ differenziert nach Neben- und Hauptleistung. Handelt es sich bei der Dienstleistung um eine Nebenleistung, liegt eine Sekundärleistung vor[35]. Der Begriff Sekundärdienstleistungen entspricht somit dem der industriellen Dienstleistungen, setzt man einen ursprünglich überwiegend Sachgüter produzierenden Anbieter voraus. Problematisch ist jedoch, wenn Sekundärleistungen auch akquisitorisch als Nebenleistungen betrachtet werden, die Sachleistung also die Kernleistung darstellt. Damit wird implizit vorausgesetzt, daß die Sachleistung den Hauptnutzen für den Kunden darstellt, während die Dienstleistung nur einen Zusatznutzen bietet.

Zurückzuführen sind diese Bezeichnungen auf die Ebenen der Produktdifferenzierung von LEVITT (1983 S. 78-85). Die vier aufeinander aufbauenden Konzeptionsebenen gehen von einem Leistungsbündel aus, das je nach Ebene ein unterschiedliches Niveau von Kundennutzen bietet. Dabei muß jeweils das niedrigere Niveau erfüllt sein, um auf der nächsten Ebene zusätzlichen Nutzen stiften zu können. Die untere Ebene bildet das generische Produkt, eine den Grundnutzen befriedigende nicht marktfähige Grundversion.[36] Das erwartete Produkt auf der nächsthöheren Hierarchieebene umfaßt das Leistungsbündel, das der Kunde im Normalfall minimal erwartet, also eine marktfähige Version des generischen Produkts. Das augmentierte, angereicherte Produkt beinhaltet weitere, vom Kunden nicht erwartete nutzenstiftende Eigenschaften und Dienstleistungen. Auf der vierten Konzeptionsebene befindet sich das potentielle Produkt mit jedem Zusatznutzen und allen Umgestaltungsmöglichkeiten, die es in der Zukunft erfahren könnte. Damit impliziert das Modell von LEVITT eine Nutzenhierarchie bei Leistungsbündeln, da produktbegleitende Dienstleistungen frühestens auf der Ebene des erwarteten Produkts auftauchen. Dienstleistungen können aber innerhalb eines Leistungsbündels – entsprechend des zu lösenden Kundenproblems - durchaus auch den Kernnutzen des Bündels darstellen.[37] Da die Nutzenstiftung also kundenindividuell völlig unterschiedlich sein kann, ist eine Hierarchisierung der Leistungen eines Bündels nicht sinnvoll.

---

[35] vgl. die Übersicht bei JUGEL/ZERR 1989, S. 326

[36] Kotler teilt demgegenüber das generische Produkt in den Grundnutzen, der sich noch nicht in einem Produkt zur Nutzenstiftung konkretisiert, und das generische Produkt, in dem sich der Grundnutzen konkretistiert (KOTLER 1992, S. 622).

[37] Eine ähnliche Einteilung nimmt Simon in seinem Dienstleistungskranz vor, in dem das Produkt (=Sachgut) den Grundnutzen bildet, die Dienstleistungen auf gleichwertiger Ebene den Zusatznutzen darstellen (SIMON 1993, S.9). Vgl auch die Darstellung von FORSCHNER (1989, S.11), die zwischen Produktkern, -äußerem und Dienstleistungen unterscheidet.

So werden Leistungsbündel im Folgenden als Kombination von mindestens einem Sachgut und mindestens einer industriellen Dienstleistung verstanden, die Sach- und Dienstleistungen zu einer geschlossenen Problemlösung verbinden (BELZ 1991, S.53). Es besteht keine feste Hierarchie zwischen den Gütern, sie ist kundenspezifisch unterschiedlich (VANDERMERWE/RADA 1988, S.317). Die weiteren Ausführungen beschränken sich auf das Angebot von Leistungsbündeln auf Businessmärkten, so daß sich die Bezeichnung „industrielle Dienstleistungen" im Folgenden ausschließlich auf investive industrielle Dienstleistungen beschränkt.

2.2.3 Auftragsgüter

Um nach Kundenwunsch gefertigte Sachgüter aus dem Dienstleistungsbegriff auszuscheiden, führt MENGEN zusätzlich die Auftragsleistung als Bindeglied zwischen Sach- und Dienstleistung ein (1993, S. 24ff.). Dabei unterscheidet er zwischen Transformation oder Integration des externen Faktors. Im Falle der Transformation wird im Produktionsprozeß eine nutzenstiftende Zustandsveränderung des Faktors vorgenommen, während im Falle der Integration nur die Bereitstellung eines externen Faktors ausreicht, ohne an diesem eine nutzenstiftende Zustandsveränderung durchzuführen. Das Ergebnis im Falle der Integration liegt immer in Form eines materiellen Gutes vor, wohingegen Dienstleistungen ein materielles oder immaterielles Ergebnis haben können. Liegt eine Integration und Transformation des externen Faktors vor, handelt sich um eine Dienstleistung, bei Integration um eine Auftragsleistung.[38]

Diese Unterscheidung reicht aber für eine eindeutige Abgrenzung der Leistungen nicht aus. So kritisieren ENGELHARDT u.a. zu recht, daß, sobald es im Verlauf einer Auftragserstellung zu einer Rückkopplung zwischen Anbieter und Nachfrager kommt, durch den Informationsaustausch eine Wissensveränderung beim Nachfrager, also eine Transformation auftritt (ENGELHARDT u.a. 1995, S.50). Ebenso kann bei einer Beratungsleistung die vorhandene Information nicht verändert, sondern nur neue dazugewonnen werden, so daß eine Integration ohne Transformation vorliegt (a.a.O.). Dementsprechend ist den Autoren zuzustimmen, daß eine derartige Unterscheidung nicht sinnvoll ist, da sie die Abgrenzungsprobleme nicht beseitigt. Die Auftragsleistung stellt sich vielmehr als Leistungsbündel mit

[38] Zur genauen Beschreibung der Dienstleistung vgl. MENGEN 1993, S.31 So zeichnen sich Dienstleistungen darüber hinaus dadurch aus, daß der Produktionsprozeß Quelle der Nutzenstiftung sein kann. ENGELHARDT u.a. argumentieren dagegen, daß ein Abnehmer auch aus der Beobachtung des Erstellungsprozesses einen Nutzen ziehen kann (1995b, S.50). Dennoch kann man davon ausgehen, daß der Hauptnutzen im Betrieb der Maschine besteht, während bei einem Theaterbesuch der Hauptnutzen im Prozeß liegt, also bei industriellen Dienstleistungen der Schwerpunkt der Nutzenstiftung durchaus im Ergebnis liegt (vgl. die Übersichten bei FORSCHNER 1989, S.70-75 und HILKE 1989, S.36-38).

autonomen und integrativen Bestandteilen dar, wobei der Anteil der integrativen Bestandteile geringer ist als bei den von Mengen als Dienstleistungen bezeichneten Gütern. Sie lassen sich also entsprechend ihres integrativen Anteils auf einem Kontinuum anordnen, so daß die oben angeführte Dienstleitungsdefinition ihre Gültigkeit behält.

2.2.4 Kontraktgüter

Eine Unterscheidung von Leistungsbündeln, die den Gemeinsamkeiten und Unterschieden innerhalb und zwischen Investitionsgütern und Dienstleistungen und deren zunehmender Kombination in Leistungsbündeln Rechnung tragen will, ist die Abgrenzung zwischen Kontraktgütern und Austauschgütern (KAAS 1992, S.885)[39]. Das entscheidende Kriterium zur Unterscheidung bildet die Tatsache, ob ein Produkt im Moment des Kaufes bereits existiert, oder ob Verträge über die Erbringung zukünftiger Leistungen abgeschlossen werden (SCHADE/SCHOTT 1993, S.16f.). Die im Moment des Kaufes existenten Güter, auf deren Charakteristika und Qualität im Moment der Übergabe an den Kunden niemand mehr Einfluß ausüben kann, sind die Austauschgüter. Bei ihnen steht der Austausch von Eigentumsrechten im Vordergrund der Vertragsverhandlungen (SCHADE/SCHOTT 1993, S.17).

Dem stehen Leistungsversprechen gegenüber. Dies sind Güter, auf deren Eigenschaften und Qualität das Verhalten mindestens des Verkäufers nach Vertragsabschluß Einfluß ausüben kann, da sie im Moment des Kaufes noch nicht existent sind. SCHADE/SCHOTT unterscheiden diese Leistungsversprechen in standardisierte und individuelle Leistungsversprechen. Standardisierte Leistungsversprechen unterliegen aufgrund ihrer Standardisierung nur geringen Risiken. Die Informations- und Unsicherheitsprobleme sind denen der reinen Austauschgüter ähnlich, so daß sie mit diesen zusammengefaßt werden (a.a.O.). Die Gruppe der Kontraktgüter gehören zu den individuellen Leistungsversprechen und zeichnet sich durch tendenziell hohe Komplexität aus. Die Leistungsfähigkeit des Anbieters ist nur schwer abzuschätzen, sein Verhalten bei der Leistungserstellung ist unsicher. Es handelt sich um eine Kooperationsbeziehung (SCHADE/SCHOTT 1993, S.19)[40]. Diese Gruppe schließt die komplexen Dienstleistungen und alle Investitionsgüter ein, deren Erstellung nicht standardisiert ist.

---

[39] Zu den informationsökonomischen Implikationen dieser Unterscheidung und einer darauf aufbauenden kritischen Diskussion des Ansatzes vgl. Abschnitt 4.3.

[40] Die von SCHADE/SCHOTT vorgenommene Unterscheidung der individuellen Leistungsversprechen in Quasi-Erfahrungsgüter und Kontraktgüter wird ebenfalls im Abschnitt 4.3 diskutiert, da sie sich differenziert auf die informationsökonomischen Gutseigenschaften beziehen. Dies gilt ebenfalls für die übrigen Gütergruppen. In diesem Abschnitt wird lediglich untersucht, inwieweit dieser Ansatz geeignet ist, die Abgrenzungsprobleme zwischen Sach- und Dienstleistungen zu beseitigen.

Die Unterscheidung mündet nicht in einer neuen Aufteilung der Güter in ihren Grundausprägungen, sondern sie geht von Leistungsbündeln mit unterschiedlichen Eigenschaften aus, wobei die dominierenden Eigenschaften für die Einteilung herangezogen werden. So bietet sie keine klare Unterscheidung zwischen Sach- und Dienstleistungen, sondern dient u.a. zur Systematisierung von Leistungsbündeln, die aus Sach- und Dienstleistungen bestehen. Durch weitere zusätzliche Leistungsgruppen über Austausch- und Kontraktgüter hinaus wird keine Vereinfachung erreicht, da sehr feine Abgrenzungskriterien nach den überwiegenden Produkteigenschaften verwendet werden. Lediglich die Unterscheidung hinsichtlich des Zeitpunkts der Existenz des Produkts ist hilfreich, da es u.a. ein Merkmal von Dienstleistungen ist, erst nach Vertragsabschluß erstellt zu werden. Da standardisierte Dienstleistungen aber zu den standardisierten Leistungsversprechen zählen und den Austauschgütern ähneln, bietet sich die Unterscheidung lediglich hinsichtlich einer Einordnung von Dienstleistungen bzw. Sachleistungen oder Leistungsbündeln hinsichtlich ihrer überwiegenden Eigenschaften an. So bietet diese Unterscheidung zwar interessante Ansätze zur Systematisierung unterschiedlicher Leistungen, aber keine Güterklassen, die die Abgrenzungsprobleme zwischen Sach- und Dienstleistungen lösen.

So wird im Folgenden die Abgrenzung zwischen Sach- und Dienstleistungen gemäß Kapitel 2.2.1 und der Begriff der industriellen Dienstleistungen als Bestandteil eines Leistungsbündels verwendet. Damit sind die Bestandteile eines Leistungsbündels definiert.

2.2.5 Leistungsbündel im Investitionsgütermarketing

Da es sich bei den betrachteten Leistungsbündel um investive Bündel handelt, werden nachfolgend die besonderen Bedingungen betrachtet, die auf Investitionsgütermärkten herrschen. Es handelt sich bei Investitionsgütern um Leistungen, „die von Organisationen (Nicht-Konsumenten) beschafft werden, um mit ihrem Einsatz (Ge- oder Verbrauch) weitere Güter für die Fremdbedarfsdeckung zu erstellen oder um sie unverändert an andere Organisationen weiterzuveräußern, die diese Leistungserstellung vornehmen" (ENGELHARDT/GÜNTER 1981, S.24). Da es sich in diesen Fällen um Absatzprozesse handelt, die sich an Unternehmen und andere Organisationen richten, hat sich in der neueren Literatur der Begriff „Business-to-Business-Marketing" eingebürgert (vgl. z.B. KLEINALTENKAMP 1994, S. 77; FRIEGE 1995, S.27), wodurch auch eine stärkere Angleichung an die anglo-amerikanische Bezeichnung „Business Marketing" stattfindet (vgl. z.B. HAAS 1992;

HUTT/SPEH 1992).[41] Da der Begriff *Businessmarketing* mit denen des *Business-to-Business-Marketing* und *Investitionsgütermarketing* inhaltlich deckungsgleich ist, aber eine breitere Verwendung findet, wird er im Folgenden benutzt. Aus der Tatsache, daß es sich bei Businessmärkten um Nachfrager handelt, die Güter beschaffen, um ein bestimmtes Problem der Leistungserstellung zur Fremdbedarfsdeckung zu lösen (PLINKE 1991, S. 172), resultieren bestimmte Marketingbesonderheiten:

- Entscheidungen werden durch Mehrpersonengremien getroffen (BACKHAUS 1992b, S.778).
- Die Entscheidungsprozesse laufen formalisierter ab (STROTHMANN 1979, S.46-57; PLINKE 1991, S.173).
- Die Nachfrage ist aus der Konsumgüternachfrage abgeleitet (HUTT/SPEH 1992, S. 6f.; ECKLES 1990, S.20).[42] Daher muß die Marketingplanung eines Anbieters von Investitionsgütern auch die Marketingplanung des Nachfrager einbeziehen (PLINKE 1991, S.173).
- Das Schwergewicht liegt auf dem persönlichen Verkauf in komplexen und möglichst dauerhaften Geschäftsbeziehungen (HUTT/SPEH 1992, S.12).
- Bei dem Produkt handelt es sich eher um ein technisches Gut, dessen endgültige Zusammenstellung kundenindividuell erfolgen kann. Daraus ergibt sich eine hohe Bedeutung von produktbegleitenden Dienstleistungen (HUTT/SPEH 1992, S.12, S.22).

Um die daraus resultierende Fülle an möglichen Marketingsituationen im Businessmarketing überschaubarer zu machen, wurden zunächst Gütertypologien entwickelt (COPELAND 1924, zit. nach ZERR 1994, S.9). In der aktuellen Literatur hat sich die Systematisierung nach Geschäftstypen durchgesetzt, die zwischen dem Produktgeschäft, dem Systemgeschäft und dem Anlagengeschäft unterscheidet (BACKHAUS 1992a, S. 205; BACKHAUS 1992b, S. 780ff, KLEINALTENKAMP 1994, S. 79; PLINKE 1994).

Das Produktgeschäft zeichnet sich dadurch aus, daß vorgefertigte und in Mehrfachfertigung erstellte Leistungen auf einem anonymen Markt angeboten werden und sie vom Abnehmer isoliert nachgefragt werden. Die Merkmale der Transaktionen sind ein hoher Grad an Routine. Sie sind denen des Konsumgütermarketings am ähnlichsten. Das Systemgeschäft ist durch eine sukzessive Abfolge von hintereinander geschalteten Kaufprozessen gekennzeichnet, zwischen denen eine innere Verbindung besteht. Vermarktet werden Systemtechnologien, die als einzelne Elemente sukzessiv beschafft werden.

---

[41] BACKHAUS sieht demgegenüber das Business-to-Business-Marketing als Teilbereich des Investitionsgütermarketing, der sich direkt an den organisationalen Kunden wendet, während daneben der Produktionsverbindungshandel existiert (BACKHAUS 1992b, S.771).

[42] vgl. auch das Beispiel von ECKLES 1990, S.22

Im Gegensatz dazu werden im Anlagengeschäft Komplettpakete von hoher Komplexität vermarktet. Die Kaufentscheidung wird projektspezifisch zu einem bestimmten Zeitpunkt gefällt, und dann werden die kundenindividuell erstellten Leistungen beim Nachfrager zu einem funktionsfähigen Bündel zusammengestellt, so daß der Absatzprozeß zeitlich vor dem Fertigungsprozeß liegt (BACKHAUS 1992b, S. 780).[43]

Je nach vorliegendem Geschäftstypus verändert sich auch das Angebot der industriellen Dienstleistungen, so daß sich die zusammengestellten Leistungsbündel nicht nur durch die Sachleistungskomponente unterscheiden. So ist das Anlagengeschäft von einer hohen Anzahl und Vielfältigkeit der Dienstleistungen geprägt (SINGER 1986, S.86). Die Anzahl der Dienstleistungen des Systemgeschäfts ist ebenfalls hoch, sie variieren in ihrer Zusammensetzung entsprechend der Merkmale der Systemleistung (BELZ u.a. 1991, S.13). Im Produktgeschäft ist das Angebot von Dienstleistungen von geringerer Bedeutung, da sich die Transaktionen durch Routine auszeichnen und dadurch die Dienstleistungen, die an der Erklärungsbedürftigkeit der Sachleistung ansetzen, überflüssig sind.

2.3 Systematisierung von Leistungsbündeln als Grundlage der Bündelungsentscheidung

In der Literatur existieren zahlreiche Systematisierungen von Leistungsbündeln, die die Bündel nach gemeinsamen Merkmalen oder gemeinsamen Merkmalen der Teilleistungen zusammenfassen. Relevant sind nur diejenigen Kriterien zur Systematisierung, die auch als Kriterien für die Leistungsbündelung genutzt werden könnten. Sie können eine Grundlage für eine rationale Bündelungsentscheidung bilden.

Diese Systematisierungen sind von Auswahlansätzen oder -modellen zu unterscheiden, da sie weder eine normative Komponente noch eine ordinale Bewertung beinhalten, sondern rein deskriptiv ausgerichtet sind[44]. Gleichwohl ist der Übergang von reiner Systematisierung zur Bewertung und Auswahlempfehlung fließend, da die Auswahl der Systematisierungsmerkmale eine implizite Bewertung beinhalten kann bzw. die Systematisierung als Grundlage zu einer Bewertung dient. Die Systematisierungen sind dahingehend zu untersuchen, inwieweit sie zur Ableitung von Bündelungsentscheidungen geeignet sind.

---

[43] vgl. zu einer umfassenden Darstellung der Merkmale der Geschäftstypen die Übersicht von CASAGRANDA 1994, S. 167-169.

[44] vgl. zu den Auswahlansätzen und -modellen Kapitel 3.1

Generell lassen sich zwei Arten von Systematisierungen unterscheiden: Die erste setzt an inhaltlichen Merkmalen des Bündels oder der Teilleistungen an. Hier werden überwiegend die Eigenschaften der Dienstleistungskomponenten verwendet. Die zweite Gruppe von Systematisierungen geht von der Struktur des Bündels aus. Hier steht im Mittelpunkt, nach welchen Kriterien die Teilleistungen kombiniert werden, nicht ihre inhaltliche Beschaffenheit.

2.3.1 Systematisierungen nach Eigenschaften der Teilleistungen

Während zahlreiche Systematisierungen die Gesamtheit der Dienstleistungen betrachten[45], finden sich für den Bereich der industriellen Dienstleistungen weniger Systematisierungen, für Leistungsbündel nur eine. Generell ist zwischen ein- und mehrdimensionalen Systematisierungsansätzen zu unterscheiden. FORSCHNER gibt eine Übersicht über eindimensionale Systematisierungsansätze für industrielle Dienstleistungen (FORSCHNER 1989, S. 78-80), stellt jedoch fest, daß sie nicht ausreichen, um die Vielzahl industrieller Dienstleistungen, die auf den Märkten angeboten werden, genügend exakt klassifizieren zu können (FORSCHNER 1989, S. 81). Für Bündelungsentscheidungen sind sie demnach nicht hilfreich.

Mehrere der mehrdimensionalen Systematisierungen setzen am zeitlichen Auftreten der industriellen Dienstleistungen an[46], wobei hier oft von einem auf den Kundendienst eingeschränkten Dienstleistungsbegriff ausgegangen wird. So unterscheidet MEFFERT in Kundendienstleistungen, die vor dem Kauf oder nach dem Kauf geleistet werden und technischer bzw. kaufmännischer Art sein können (MEFFERT 1987, S. 94), während DEPPE die Dienstleistungen nach dem Kauf in Neben- und Folgeleistungen unterscheidet (DEPPE 1992, S. 298). Diese Abgrenzung nach den Kaufphasen findet sich ebenfalls in den Typologisierungen von HOMBURG/GARBE (1996b, S. 26 ff.) und FORSCHNER, der die Kaufphasen aber feiner unterteilt. FORSCHNER unterscheidet zwischen dem Beschaffungsentscheidungs- und dem Nutzungsprozeß. Der Entscheidungsprozeß besteht aus Problemerkennung, Lieferantensuche/Produktauswahl und der Realisation der Beschaffungsentscheidung, während sich der Nutzungsprozeß aus Nutzungsvorbereitung, Nutzung und der Nach-Nutzungsphase zusammensetzt (FORSCHNER 1989, S. 87). Beide Typologisierungen arbeiten mit zwei weiteren Dimensionen: der Art des externen Faktors und dem Bezug der Dienstleistungen zum herstellereigenen

---

[45] vgl. die Zusammenstellungen bei CORSTEN 1990, S. 23-41 und LOVELOCK 1992, S.52.

[46] vgl. Abschnitt 3.1.1.1

Sachleistungsprogramm[47]. Unterschieden wird nach am Produkt oder am Subjekt (Nachfrager) erbrachten Dienstleistungen, die jeweils in eigenproduktgerichtet oder fremdproduktgerichtet und unmittelbar oder mittelbar subjektgerichtet eingeteilt werden können (FORSCHNER a.a.O., HOMBURG/GARBE 1996b, S. 262). Die phasenorientierte Systematisierung bietet die Möglichkeit, dem Kunden je nach Transaktionsphase entsprechende Leistungsbündel anzubieten. Je feiner dabei die Unterscheidung in verschiedene Kaufphasen ist, desto genauer können die Bündel an die phasenspezifischen Bedürfnisse des Kunden angepaßt werden. Eine Unterscheidung in Kundengruppen mit unterschiedlichen Bedürfnissen findet hier nicht statt.

Eine weitere nachfragerorientierte Systematisierung bietet BÜKER an. Er unterscheidet nach den Dimensionen „Beziehung zwischen Dienstleister und Kunde" und „Art der Leistungserstellung". Die Beziehung zwischen Dienstleister und Kunde wird durch die Bindungsintensität ausgedrückt, wobei eine hohe Bindungsintensität einer mitgliedschaftsähnlichen Beziehung gleicht und eine geringe Bindungsintensität aus isolierten Kaufakten ohne formale Beziehung besteht. Die Art der Leistungserstellung kann in kontinuierliche, regelmäßige und einmalige bzw. diskrete Erstellung unterschieden werden (BÜKER 1991, S. 8). Das Kriterium für die Bündelungsentscheidung bildet hier die Art der Geschäftsbeziehung.

Dienstleistung / Produkt	undifferenziert	differenziert
undifferenziert	**Typ I** undifferenziertes Standardprodukt	**Typ III** Dienstleistungs-differenzierung
differenziert	**Typ II** klassische Produktdifferenzierung	**Typ IV** Produkt- und Dienst-leistungsdifferenzierung

Abb. 2: Systematisierung nach Angebotsdifferenzierung bei Leistungsbündeln (MATHUR 1984, S. 103, Übersetzung von NOCH 1995, S. 27[48])

[47] HOMBURG/GARBE entwickelten zwei Typologisierungsansätze, die beide dieselben Dimensionen aufweisen. Typologie A unterscheidet zusätzlich nach Sekundär- und Primärleistungen und obligatorischen bzw. freiwilligen Leistungen. Die obigen Ausführungen beziehen sich auf Typologisierung B (HOMBURG/GARBE 1996b, S. 261f.).

[48] MATHUR verwendet im Original folgende Begriffe: Typ I Commodity, Typ II Product, Typ III Service, Typ IV System (MATHUR 1984, S.103).

Während es sich bei den bisher betrachteten Systematisierungen um Leistungsmerkmale handelt, systematisieren MEYER und MATHUR nach der von den Leistungen ausgehenden Differenzierungswirkung. MATHUR betrachtet nicht nur die Differenzierungswirkung der Dienstleistung, sondern auch der Sachleistung, so daß es sich bei seiner Systematisierung um eine Systematisierung von Leistungsbündeln handelt. Die Ausrichtung, die er verfolgt, ist eine Differenzierung gegenüber dem Konkurrenzangebot.

Diese Differenzierung kann durch zwei grundsätzliche Strategiealternativen erreicht werden: die Differenzierung über das Produkt, also die klassische Produktdifferenzierung und über die Dienstleistung als Dienstleistungsdifferenzierung. Eine Kombination der Alternativen ergibt zusätzliche Möglichkeiten. Als undifferenziertes Standardprodukt wird das Bündel angeboten, wenn es nur aus dem Sachgut und den gesetzlich vorgeschriebenen Dienstleistungen besteht. Im Falle einer Produkt- und Dienstleistungsdifferenzierung werden sowohl das Sachgut als auch die Dienstleistungen individuell an die Bedürfnisse der Nachfrager angepaßt (MATHUR 1984, S. 103).

Diese Systematisierung ist an zwei Punkten zu kritisieren. Durch die Beschränkung auf Leistungsbündel werden Differenzierungswirkungen von Dienstleistungen ohne direkten Bezug zur Kernleistung nicht berücksichtigt. Außerdem werden hier Strategiealternativen angeboten. Nach welchen Kriterien konkrete Sach- und Dienstleistungskombinationen in die Systematik eingeordnet werden können, bleibt völlig unklar. Als strategische Anregung ist die Übersicht geeignet, nicht als Systematisierung.

MEYER schließt in seine Systematisierung die Unterscheidung nach direkter und indirekter Differenzierung ein. Direkte Differenzierung schlägt sich in einer direkt mit dem Produkt zusammenhängenden Nutzensteigerung für den Nachfrager nieder, während indirekte Differenzierung ohne Bezug zur Sachleistung mehr eine auf das gesamte Angebot bezogene Nutzensteigerung bewirkt. Das zweite Klassifizierungsmerkmal unterscheidet nach Art des externen Faktors, wiederum nach subjekt- und objektgerichteter Dienstleistung.

Typ I umfaßt Dienstleistungen, die sich direkt aus den eigenen Sachleistungen ergeben und an ihnen auch erbracht werden. Bei Typ II hängen die Dienstleistungen auch direkt mit den eigenen Sachleistungen zusammen, werden aber am Nachfrager selbst erbracht. Der Typ III enthält

Dienstleistungen, die an Fremdprodukten durchgeführt werden. Typ IV umfaßt Dienstleistungen, die keinen Produktbezug aufweisen und nicht am Produkt, sondern am Nachfrager als externen Faktor erbracht werden (MEYER 1985, S. 100-102)[49].

Die Schwäche dieser Klassifizierung ist, daß sie nur die differenzierende Wirkung der Dienstleistung betrachtet, obwohl sie mit der Einbeziehung des externen Faktors Produkt auch die Sachleistungskomponente berücksichtigt, allerdings in einer anderen Dimension. Positiv ist anzumerken, daß alle alternativen Dienstleistungsarten eingeordnet werden können und die Sachleistung durch die zweite Dimension nicht vollständig unberücksichtigt bleibt.

Art der dienstleistungs-spezifischen Produkt-differenzierung / Art des externen Faktors	Direkt differenzierende Dienstleistungen	Indirekt differenzierende Dienstleistungen
Dienstleistungen am Produkt	**Typ I** Produktgerichtete direkt differenzierende Dienstleistungen	**Typ III** Fremdproduktgerichtete indirekt differenzierende Dienstleistungen
Dienstleistungen am Nachfrager	**Typ II** Subjektgerichtete direkt differenzierende Dienstleistungen	**Typ IV** Subjektgerichtete indirekt differenzierende Dienstleistungen

Abb. 3: Systematisierung nach Angebotsdifferenzierung durch Dienstleistungen (MEYER 1985, S. 100)

Die hier vorgestellten Systematisierungsansätze zeigen einerseits die Vielfalt der Systematisierungsmöglichkeiten, andererseits die Unvollständigkeit jedes Ansatzes. Während MATHUR Leistungsbündel betrachtet, steht für ihn bei der Differenzierung die Konkurrenzorientierung im Mittelpunkt. MEYER geht zwar vom Kundennutzen aus, bezieht ihn aber nur auf die industriellen Dienstleistungen. Insofern bieten beide Ansätze interessante Aspekte zur kundenorientierten Bündelung und somit zu einer entsprechenden Preissetzung. Keiner von beiden kann aber eine klare Grundlage bilden.

---

[49] MEYER benutzt für die Typen I, III und IV zusätzliche Dimensionen zu weiterer Systematisierung (MEYER 1985, S. 100-102).

2.3.2 Systematisierungen nach Form der Bündelung

BRESSAND bezeichnet Leistungsbündel als Compacks (complex packages), die auf unterschiedlichen Wegen zusammengestellt werden können (BRESSAND 1986, S.80f.): Bei der *einfachen Komplementarität* werden Güter integriert, die zusammen eingesetzt werden müssen. Das *Arbitraging* bezeichnet die Auswahl eines jeden Bündelbestandteils aus dem Angebot des billigsten oder in jeder anderen möglichen Hinsicht optimalen Lieferanten. Die besondere Fähigkeit des anbietenden Unternehmens liegt hier in der Zusammenstellung der Komponenten. Eine weitere Strategie zur Zusammenstellung von Bündeln bildet die *Lokomotiven-Strategie*. Das Bündel wird um ein spezifisches Gut gebildet, das sich einer starken Nachfrage erfreut. Dabei kann es sich um eine geringe inhaltliche Verbindung zwischen dem nachfragestarken und den nachfrageschwächeren Bündelbestandteilen handeln. Bei der *Bausatz-Strategie* wird dem Nachfrager höchstmögliche Flexibilität bei der Zusammenstellung des Bündels geboten. Dies bedeutet eine hohe Vielfalt der angebotenen Wahlmöglichkeiten bei den Bestandteilen und ihrer Kombination. Die *Strategie der absoluten Zuverlässigkeit* wird in dem Fall angewendet, wenn der Kunde bereit ist, für die Zusammenstellung eines speziellen Bündels einen hohen Preis zu bezahlen.

Diese Einteilung ermöglicht keine eindeutige Zuordnung der Leistungsbündel. So kann die Bausatzstrategie zusammen mit dem Arbitraging angewendet werden, indem die Bündelbestandteile vom optimalen Lieferanten ausgewählt werden, der Abnehmer bei der Zusammenstellung außerdem freie Wahlmöglichkeit hat. Dadurch wird deutlich, daß die Strategien nicht nach einheitlichen Kriterien entwickelt wurden. Sie sind lediglich als Anregungen zu betrachten, nach denen Bündel zusammengestellt werden können und sind demnach für eine vollständige Systematisierung nicht geeignet.

Die Typologisierung von SIMONIN unterscheidet Bündel nach dem Grad der Produktintegration und dem Grad der Erkennbarkeit (SIMONIN 1995, S. 220). Der Grad der Produktintegration bezeichnet die Tendenz einzelner Komponenten als unauflösbare Bündel zu erscheinen. Die Bestandteile integrierter Bündel sind fest miteinander verbunden und werden vom Abnehmer als eine Einheit wahrgenommen. Die Erkennbarkeit der Bündelbestandteile ist dabei niedrig oder nicht vorhanden. Die Bündelbestandteile können aus Komponenten oder vom Kunden wahrgenommenen Funktionen bestehen[50]. Die Kategorie der Einzelproduktbündel beinhaltet ebenfalls hochintegrierte Bündel, deren Komponenten jedoch erkennbar physisch miteinander verbunden und in sich homogen sind. Dazu zählen Packungen unterschiedlicher Größe oder

---

[50] vgl das Beispiel bei ADAMS/YELLEN 1976, S. 475: Bei einem Autokauf kann nicht die gewünschte symbolische Statusfunktion ohne die Transportfunktion gekauft werden.

unterschiedliche Absatzmengen eines Produkts. Leistungsbündel sind weder zwangsläufig miteinander verbunden, noch handelt es sich bei den Komponenten um homogene Güter.

		Integration: niedrig	Integration: hoch
Erkennbarkeit	niedrig	Implizite Bündel	Integrierte Bündel
	hoch	**Multiproduktbündel**	Einzelproduktbündel

Abb. 4: Typologisierung von Leistungsbündeln nach SIMONIN 1995, S.221

Auf der Seite der niedrig integrierten Produkte befinden sich implizite Bündel und Multiproduktbündel. Bei diesen Bündeln sind die Komponenten nicht physisch miteinander verbunden. Implizite Bündel sind nicht klar identifizierbar, weil das Bündel nur aufgrund von abgeleiteter Nachfrage zwischen Produkten existiert. Dies gilt vor allem für den Einzelhandel, wenn bei dem Kauf eines Produkts andere, inhaltlich völlig unverbundene Produkte ebenfalls erworben werden[51]. Ein Multiproduktbündel stellt demgegenüber ein Leistungsbündel im Sinne von Kap. 2.2.1 von mindestens zwei nicht fest verbundenen, unterscheidbaren Gütern dar. Bei Multproduktbündeln handelt es sich also um Leistungsbündel im Sinne der Definition in Kapitel 2.2.1.

Multiproduktbündel lassen sich nach der bei ihnen angewendeten Preissetzung weiter kategorisieren: Sie liegen entweder in einer reinen oder gemischten Preisbündelung vor.

Bei der reinen Preisbündelung wird nur das Bündel mit einem Preis angeboten; der Kauf der einzelnen Produkte ist nicht möglich. Die gemischte Preisbündelung bietet zusätzlich zum Bündel auch die einzelnen Produkte an (ADAMS/YELLEN 1976, S. 475). Dabei kann zwischen zwei Formen der gemischten Bündelung gewählt werden. Bei der mixed leader Bündelung wird der Preis eines der Produkte herabgesetzt, wenn das „Leitprodukt" (SIMON

[51] vgl. dazu auch MULHERN/LEONE 1991, S. 64f, die ein Konzept von Einzelhandelspreisen vorschlagen, bei denen die Preissetzung dazu führt, daß der Preis eines Gutes den Verkauf eines anderen einer unterschiedlichen Produktlinie beeinflußt. Dabei kann es sich um komplementär oder subsitutiv zueinander wirkende Produkte handeln.

1992, S. 1216) zum regulären Preis erworben wird. Bei der mixed joint Bündelung wird ein eigenständiger Bündelpreis gesetzt (GUILTINAN 1992, S. 352).

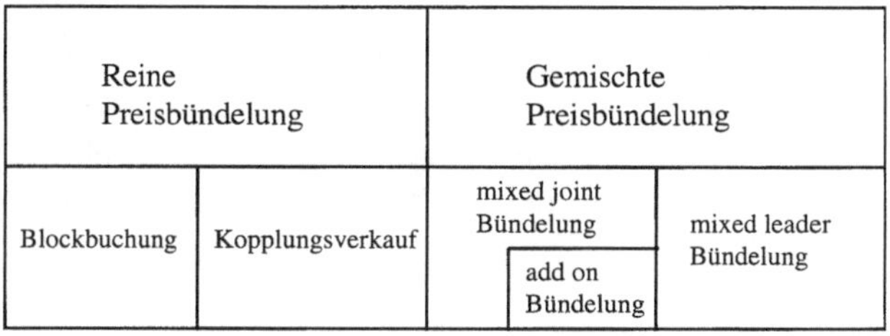

Abb. 5: Preisbündelung von Multiproduktbündeln

Die Blockbuchung ist eine Sonderform der reinen Preisbündelung. Hier werden für den Kunden attraktive und weniger attraktive Sachgüter oder Dienstleistungen derselben Gattung als festes Bündel angeboten[52]. Sie wird im Folgenden nicht weiter betrachtet, da Leistungsbündel nicht aus Gütern derselben Gattung bestehen. Eine andere Sonderform stellt der Kopplungsverkauf dar. Bei einem der Produkte handelt es sich um ein Gebrauchs- beim anderen um ein Verbrauchsgut (SIMON 1992, S. 1216). Der Käufer eines Hauptproduktes (tying good) verpflichtet sich, Nebenprodukte (tied good), die für die Nutzung des Hauptproduktes nötig sind, vom selben Anbieter zu erwerben (BURSTEIN 1960, S. 68). Die Beschränkung auf Verbrauchsgüter als tied goods ist aber eine zu enge Betrachtung, da auch eine Dienstleistung zur Nutzung bestimmter Sachgüter nötig sein kann, z.B. als Montageleistung, so daß Kopplungsverkäufe auch bei Leistungsbündeln vorliegen können.

Ein Sonderfall der gemischten Bündelung liegt bei der Add on Bündelung vor, die eine Art der mixed joint Bündelung darstellt. In diesem Fall wird das hinzugefügte (add on) Produkt nur gekauft, wenn auch das Leitprodukt erworben wurde, da es ohne das Leitprodukt nicht zu nutzen ist. Anders als beim Kopplungsverkauf ist also das hinzugefügte Produkt nicht zur Nutzung des Leitproduktes notwendig. Der Käufer hat hier die Wahl zwischen dem Kauf des Bündels oder dem alleinigen Erwerb des Leitprodukts (GUILTINAN 1992, S.389). Auch diese Form kann bei Leistungsbündeln vorliegen, besonders wenn

---

[52] Der klassische Fall der Blockbuchung liegt beim Filmverleih (neuer auch im Filmhandel für andere Abnehmer) vor (STIGLER 1968, S. 165).

Dienstleistungen am zukünftigen Objekt des Abnehmers erbracht werden, das Bestandteil des Bündels ist.

Die Form der Bündelung weist einen direkten Bezug zur Preissetzung des Bündels auf. Je nachdem, ob die Bündelelemente nur einzeln, nur als Paket oder wahlweise erworben werden können, muß auch ihre Preissetzung erfolgen. Die Systematik der Multiproduktbündel bildet also die Grundlage der Preisbündelung, allerdings beschäftigt sie sich nicht mit den inhaltlichen Anforderungen, die eine bestimmte Bündelungsart erforderlich machen. Eben diese Anforderungen werden in den nachfolgenden Kapiteln herausgearbeitet und systematisiert[53].

[53] Im Folgenden nicht weiter betrachtet werden die juristischen Einschränkungen von Bündelungen. Hierbei handelt es sich um das Verbot von Kopplungsabreden zu Lasten eines Vertragsbeteiligten nach § 18 GWB (Nagel 1993, S. 1799). Ebenso zu berücksichtigen ist die Zugabeverordnung (§ 1), die verbietet, im geschäftlichen Verkehr neben einer Ware eine Zugabe unentgeltlich anzubieten.

3 Die Bildung von Leistungsbündeln

Es existieren zahlreiche unterschiedliche Ansätze zur Bildung von Leistungsbündeln. Sie reichen von Anregungen zur Generierung von industriellen Dienstleistungen bis zu Gesamtmodellen als Grundlage zur Angebotsauswahlentscheidung. Kundenpräferenzen oder Zahlungsbereitschaft stellen dabei mögliche Kriterien dar, nach denen die Generierung oder die Auswahl der Leistungen erfolgt. Darüber hinaus finden auch andere Kriterien, wie z.B. Kosten, Anwendung.

3.1 Produktpolitische Methoden zur Leistungsbündelung

Gegenstand der Produktpolitik sind sämtliche Entscheidungen, die in Zusammenhang mit der Gestaltung des Leistungsprogramm eines Unternehmens stehen. Da nicht die isolierte, physische Sachleistung im Mittelpunkt steht, sondern das gesamte Leistungsprogramm in seiner Wahrnehmung durch den Kunden (BRUHN 1995, S. 125), handelt es sich bei der Entscheidung über das Angebot und die Zusammenstellung von Leistungsbündeln um eine Entscheidung im Rahmen der Produktpolitik. Als Ziele der Bündelung unter produktpolitischen Erwägungen lassen sich u.a. die Verbesserung der Wettbewerbsposition und die Erschließung neuer Kundensegmente nennen (BRUHN 1995, S.127). Die mikroökonomischen Bündelungsansätze verfolgen demgegenüber andere Ziele[38].

3.1.1 Methoden zur Planung der Zusammenstellung von Bündeln

Um eine zielgerichtete und ökonomisch begründete Auswahl von Leistungsbündeln treffen zu können, ist es notwendig, eine umfassende Anzahl möglicher industrieller Dienstleistungen zu generieren, um die Zusammenstellung der Bündel zu planen. Dazu sind nicht nur spezielle Methoden zur Identifikation solcher Dienstleistungen geeignet, auch die unter Punkt 2.3.1 aufgeführten Systematisierungsansätze lassen sich dazu nutzen. Die Systematisierungsansätze teilen aber von vornherein Bündel oder Bündelbestandteile nach bestimmten Merkmalen ein, während die Planungsmethoden nach bestimmten Kriterien Anhaltspunkte liefern, welche Dienstleistungen als Bündelbestandteile möglich wären. Systematisierungen haben also von vornherein die Bündel im Zentrum ihrer Betrachtung, während die Generierungsmethoden nur eine Grundlage zur Ableitung von Dienstleistungen bilden und zunächst einem anderen Zweck dienen. Dadurch wird die zugrundeliegende unterschiedliche Problemstellung deutlich.

---

[38] vgl. Abschnitt 3.2

3.1.1.1 Kaufprozeßanalyse

Die Beschaffungsprozeßphasen können als Grundlage dazu angewandt werden, wann eine Dienstleistung mit einer gegebenen Sachleistung kombiniert werden kann. Im Gegensatz zur Systematisierung nach Kaufphasen kann das Angebot von Dienstleistungen hier auch über mehrere Phasen erfolgen. Es handelt sich um eine dynamische Betrachtung, die auf Erkenntnisse der Adoptions- und Akzeptanzforschung zurückgreift. Dienstleistungen können also parallel zu einer Phase, einem Teil einer Phase oder phasenübergreifend angeboten werden. Die Prozeßanalysen liefern Aussagen über den Zeitpunkt und die Dauer des Dienstleistungsangebots und die Art der Dienstleistung, die in der bzw. den Phasen effektiv sein können.

ENGELHARDT unterscheidet die Kaufphasen nach drei Phasen: vor dem Kauf, während des Kaufes und nach dem Kauf, in denen Leistungen wie Beratung über alle Phasen angeboten werden können (ENGELHARDT 1993, S. 378). Problemanalysen, Dokumentation, Finanzierung und Transport lassen sich über zwei Phasen vermarkten, aber nicht alle von ihnen über deren gesamte Dauer.

Eine ähnliche Dreiteilung der Phasen nehmen BUTTLER/STEGNER vor. Sie bezeichnen das den Kunden gelieferte Produkt als Projekt, so daß es sich bei den Phasen um eine Vorprojektphase, die Projektphase und die Nachprojektphase handelt, die inhaltlich mit den Phasen von ENGELHARDT übereinstimmen. Die Vorprojektphase endet mit der Auftragserteilung und die Nachprojektphase beginnt mit der Fertigstellung. Sie nehmen zusätzlich eine Unterteilung der Projektphase in Konzept-, Ausarbeitungs- und Realisierungsphase vor (BUTTLER/STEGNER 1990, S. 936). Das Angebot von Dienstleistungen kann sich ebenfalls über mehrere Phasen erstrecken.

Demgegenüber nehmen JUGEL und ZERR eine feinere Unterteilung der Produkterlebnisphasen vor und lehnen sich stark an die Adoptions- und Akzeptanzforschung an, indem sie sechs Phasen bilden (JUGEL/ZERR 1989, S.166). In ihrem Identifikationsansatz unterscheiden sie außerdem nach Kundensegmenten, die von differenzierten Erwartungen geprägt sind. Auch dieser Ansatz leistet nicht mehr als eine Identifikation der Dienstleistungsangebotsmöglichkeiten, obwohl durch die Berücksichtigung der Erwartungen der Segmente die Notwendigkeit eines segmentspezifischen Angebots verdeutlicht wird. Zu einer Auswahl der Dienstleistungen mit der bestmöglichen Zielerreichung sind weitere Informationen nötig[39].

---

[39] vgl. dazu die laut JUGEL/ZERR benötigten Informationen (JUGEL/ZERR 1989, S.166f.). Zusätzlich sind bereits vorher Informationen über die Segmente und ihre Erwartungen zu beschaffen.

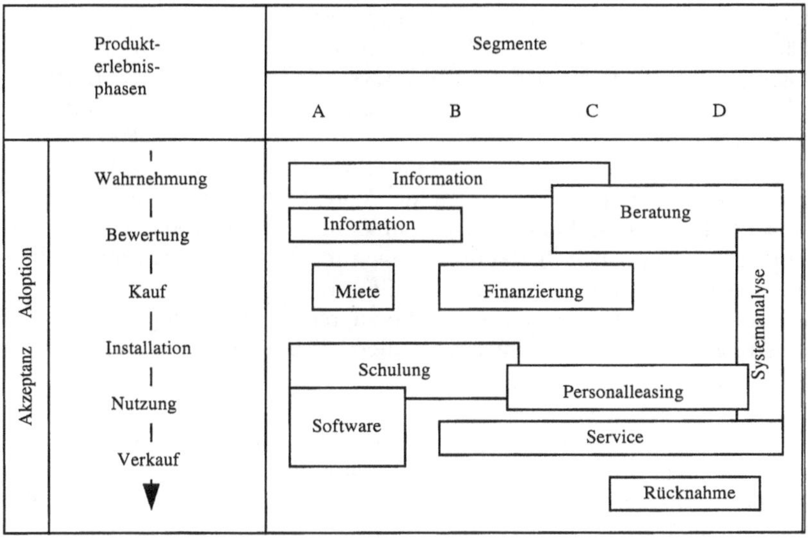

Abb. 6: Identifikation angebotsdifferenzierender Dienstleistungen (JUGEL/ZERR 1989, S.166)

Die von MEINIG entwickelte Aufgaben-Mittel-Zuordnung von Dienstleistungen in den Prozeßstadien des Konsums dient zur Generierung und zielorientierten Reduktion von Handlungsalternativen. Von den Stadien des Konsumprozesses leitet er allgemeine absatzwirtschaftliche Leistungsaufgaben zur Überwindung von möglichen Hindernissen in den jeweiligen Phasen ab. Daraus werden problemadäquate Dienstleistungsaufgaben entwickelt, die als Anregungen für die konkreten Lösungen dienen. (MEINIG 1984, S. 134f.)

Die entwickelten Stadien unterscheiden sich stark von den übrigen Phasenmodellen, da die Entstehung von Bedürfnissen des Kunden den Ausgangspunkt bildet. Im Gegensatz dazu steht bei JUGEL/ZERR die Produktwahrnehmung am Anfang, also der konkretisierte Bedarf. Die späteren Phasen bei MEINIG werden demgegenüber unscharf. So liegt die Vorratshaltung vor der Ingangsetzung. Das gilt nur für in Mengen von mehr als eins benötigten Güter, bei allen anderen ist eine Vorratshaltung nicht notwendig.

Darüber hinaus werden die Dienstleistungen direkt von den möglichen phasenspezifischen Problemen des Kunden abgeleitet, so daß die Zuordnung zu den Phasen nicht nach Anbietergesichtspunkten erfolgt. Eine segmentspezifische Betrachtung erfolgt nicht.

Eine der Kaufprozeßanalyse ähnliches Analysewerkzeug stellt die Analyse des Aktivitätskreislaufs des Kunden dar (VANDERMERWE 1993, S. 59f.). Er unterscheidet sich von der Kaufprozeßanalyse dadurch, daß der Kreislauf ununterbrochen, aber nicht immer identisch durchlaufen wird. Je nachdem, ob ein modifizierter oder ein reiner Wiederholungskauf vorliegt, handelt es sich um eine Aktivitätsspirale oder einen Aktivitätskreislauf. Jeder Durchlauf besteht aus drei einander überlappenden Phasen, der Vorkaufphase, der Kaufphase und der Nachkaufphase. Diese Phasen werden in konkretere Unterphasen unterteilt. Die Dienstleistungen haben die Aufgabe, einen reibungslosen Phasendurchlauf zu ermöglichen. Es werden sogenannte Lösungsmodule generiert, die aus Dienstleistungen bestehen. Ein Lösungsmodul repräsentiert eine Anzahl von Dienstleistungen, die geeignet sind, das in dieser Phase auftretende Problem zu lösen[40].

Durch den wiederholten Durchlauf der Spirale lassen sich die Lösungsmodule mehrfach anbieten, bei einem reinen Wiederholungskauf in unveränderter Zusammensetzung, bei einem modifizierten Wiederholungskauf mit entsprechend modifizierten Dienstleistungen. Die allgemeine Unterteilung in drei Phasen läßt keine feinen Ableitungen der Lösungsmodule zu. Die Aktivitätsphasen des Kunden müssen individuell ermittelt werden, so daß davon die Lösungsmodule kundenindividuell abgeleitet werden können. So ist dieser Ansatz zwar wegen seiner langfristigeren Betrachtung positiv hervorzuheben, hat aber nur geringe Allgemeingültigkeit für die Generierung eines Dienstleistungsprogramms.

So ist keiner der Ansätze umfassend zur Generierung von industriellen Dienstleistungen geeignet. Gleichzeitig bieten sie aber Anhaltspunkte, wann welche Dienstleistungen im Kaufprozeß angeboten werden können. Je feiner die Phasen aufgegliedert werden, desto spezifischer auf die Beschaffungsphase des Kunden zugeschnitten kann die Planung des Dienstleistungsangebots erfolgen. Die Ansätze von JUGEL/ZERR und MEINIG sind -trotz der genannten Kritik- beide dazu geeignet, während der Ansatz von VANDERMERWE besonders wegen seiner Langfristigkeit zu beachten ist.

3.1.1.2 Lebenszyklusanalysen

Auch die Lebenszyklusanalysen können als Grundlage zur Ableitung von Dienstleistungen dienen. Hier steht nicht der einzelne Kaufakt im Mittelpunkt, sondern der Verlauf der gesamten Geschäftsbeziehung im Falle des Geschäftsbeziehungslebenszyklus bzw. des Produktlebens. Sie sind vor allem dazu geeignet, die zeitliche Verteilung des Dienstleistungsangebots über den

---

[40] vgl. dazu die sieben Fallstudien bei VANDERMERWE 1993, S. 63-69

längeren Zeitraum von Produktleben oder Geschäftsbeziehung zu planen. Der Produktlebenszyklus bezeichnet den Verlauf der Umsatzentwicklung über einen Produkt-Markt-Zyklus. Für Sachleistungen und industrielle Dienstleistungen existieren unterschiedliche Umsatzverläufe. Die Dienstleistungsumsätze liegen generell niedriger als die Sachleistungsumsätze. Während sich der Umsatz der Sachleistung in der Reifephase auf dem Höhepunkt befindet, steigt der Dienstleistungsumsatz im selben Zeitraum weiter an und erreicht seinen Höhepunkt in der Degenerationsphase der Sachleistung.[41].

Die Phasen des Sachleistungsumsatzes verfügen über bestimmte Merkmale, aus denen das Angebot von Dienstleistungen abgeleitet werden kann. Hier können Erkenntnisse der Adoptions- und Diffusionsforschung herangezogen werden. So ist die Einführungsphase eines Produktes dadurch gekennzeichnet, daß es am Markt bekannt gemacht werden muß. Hier werden die Dienstleistungen angeboten, die über das Produkt und den Umgang damit informieren wie Beratung, Schulung und Dokumentation. Gleichzeitig ist die Fehlerhäufigkeit relativ hoch, da die Kernleistung noch nicht ausgereift ist. Es besteht eine hohe Nachfrage nach Reparaturleistungen.

In der Durchdringungsphase werden wegen des höheren Bekanntheitsgrades - Informationen über die Eigenschaften der Sachleistungen weniger nachgefragt. Gleichzeitig findet eine Diffusion in know-how-schwächere Abnehmerkreise statt, die wiederum zu einer erhöhten Nachfrage nach Beratung, Dokumentation und Schulung führt. Dadurch wird eine segmentspezifische Anpassung des Dienstleistungsangebots erforderlich.

In der Reifephase wächst durch das höhere Alter der Bedarf an Wartung und Reparatur, während die zunehmende technische Ausgereiftheit dem entgegenwirkt. Diese Entwicklung hält auch in der Reifephase an (STEGNER 1992, S.94-97). In der Degenerationsphase werden Reparatur- und Entsorgungsleistungen wichtiger. Um ein vollständiges nachfrageorientiertes Dienstleistungsprogramm anbieten zu können, sind auch hier weitere Informationen über die unterschiedlichen Adoptorengruppen nötig.

Eine notwendige segmentspezifische Differenzierung des Dienstleistungsangebots wird zwar angesprochen, aber nur grob durchgeführt. Außerdem werden die segmentspezifischen Unterteilungen ausschließlich nach

[41] Über den weiteren Verlauf des Dienstleistungszyklus herrschen abweichende Meinungen. So erreicht bei STEGNER der Softwarezyklus auf seinem Höhepunkt nicht den höchsten Hardwareumsatz, während bei POTTS der Höhepunkt des Servicelebenszyklus mehr als doppelt so hoch liegt wie der Umsatzhöhepunkt des Produktlebenszyklus (STEGNER 1992, S.95; POTTS 1989, S.101).

Kaufzeitpunkten vorgenommen. Ebenso fehlt die Einbeziehung von Konkurrenzunternehmen in die Betrachtung.[42]

Der Transaktionslebenszyklus beschreibt den Lebenszyklus eines Leistungsbündels, dessen Zusammensetzung durch veränderte Kundenanforderungen und Konkurrenzverhalten geändert wird (MATHUR 1984, S.104f.). Zunächst wird ein neues Leistungsbündel am Markt eingeführt. Durch steigendes Know-How bei den Kunden und dem Markteintritt von Konkurrenten, die Komponenten des Bündels anbieten, wird eine Entbündelung einiger Pakete nötig. Es kommt zur „De-Systemization". Einige Hard- und Softwarekomponenten werden nicht mehr angeboten. Das Bündel wird als Folge davon in der „Commodization" zur kopierbaren Ware. Durch die neue Kombination von Bündelbestandteilen, indem z.B. vorhandene Sachleistungen mit neuen Dienstleistungen kombiniert werden, werden neue Produktvorteile geschaffen. Es erfolgt bei kleineren Änderungen erst eine „De-Commmodization", dann bei einer völligen Neuzusammenstellung des Bündels eine „Augmentation", so daß am Ende des iterativen Prozesses wieder ein Bündel aus Sach- und Dienstleistungen steht, das den Prozeß erneut durchläuft.

Da es sich bei dem Transaktionslebenszyklus um eine stark abstrakte Darstellung handelt, lassen sich kaum konkrete Bündelzusammensetzungen daraus ableiten. Hier ist vielmehr der dynamische Aspekt entscheidend: Unter der Einwirkung von veränderten Kundenbedürfnissen und einer veränderten Konkurrenzsituation muß auch das Bündelangebot in bestimmter Weise geändert werden. Zur Generierung möglicher Bündel ist er nicht geeignet.

Industrielle Dienstleistungen sind auch in den verschiedenen Phasen einer Lieferanten-Kunden-Beziehung, also im Geschäftsbeziehungslebenszyklus, von unterschiedlicher Bedeutung. Die Geschäftsbeziehung setzt also nicht an der einzelnen Sachleistung an, sondern am Verlauf einer Beziehung zwischen Abnehmer und Anbieter, die sich u.a. hinsichtlich des Umsatzverlaufs und des Risikoempfindens verändert.

HOMBURG unterscheidet dabei nach am Produkt und am Kunden erbrachten Dienstleistungen und deren Bedeutung im Geschäftsbeziehungslebenszyklus (HOMBURG 1993, S.171). Während die Bedeutung von Dienstleistungen am Kunden wie Beratung und Information in den frühen Dienstleistungsphasen sehr hoch ist, da sie zur Demonstration der eigenen Leistungsfähigkeit und des

---

[42] WAGNER und LAGARCE beschreiben demgegenüber keinen eigenständigen Dienstleistungszyklus, sondern einen durch das Dienstleistungsangebot verlängerten Leistungsbündelzyklus (WAGNER/LAGARCE 1981, S. 38). Die Ableitungen für die Gestaltung des Angebots entsprechen denen von STEGNER.

Leistungswillen geeignet sind, gerade wenn noch keine Herausbildung von Vertrauen beim Kunden erfolgt ist, gewinnen sachleistungsbezogene Dienstleistungen im Laufe des Zyklus tendenziell an Bedeutung. Die Dienstleistungen im Schulungsbereich hingegen sind in der Entstehungs- und Entwicklungsphase der Geschäftsbeziehung von großer bzw. sehr großer Bedeutung, in der Stabilitätsphase bei der Aufrechterhaltung des Vertrauens sinkt ihre Bedeutung. Genauere Informationen liefert auch die Geschäftsbeziehungslebenszyklusanalyse nicht.

Alle Lebenszykluskonzepte eignen sich zur Planung des Angebots von industriellen Dienstleistungen, liefern aber nur tendenzielle Aussagen. Sie müssen segmentspezifisch bzw. den individuellen Kundenbedingungen angepaßt werden.

3.1.2 Modelle und Methoden zur Auswahl von Bündeln

Die bisher angeführten Systematisierungen und Methoden enthalten keinerlei normative Komponente. Sie bieten lediglich Möglichkeiten, eine systematische und begründete Auswahl treffen zu können. Davon zu unterscheiden sind die Auswahlansätze, die bei bestimmten Bedingungen ein bestimmtes Bündelungsangebot empfehlen. Ziel der Auswahl ist es, für den Anbieter einen komparativen Konkurrenzvorteil zu schaffen (BACKHAUS 1990, S. 6f.). Dabei lassen sich viele Generierungsmethoden durch Erweiterungen auch als Auswahlansätze verwenden. Besonders die von JUGEL/ZERR verwendete segmentspezifische Zuordnung von Dienstleistungen zu den Kaufphasen läßt sich bei Spezifizierung der Segmentierungskriterien als Auswahlmodell nutzen. Dabei stellt der mögliche Markterfolg die Grundlage für die Wahl der Auswahlkriterien dar.[43] Eine normative Wenn-dann-Komponente enthalten sie aber nicht.

Die Auswahlmodelle legen als unabhängige Variable entweder die Kosten oder den Kundennutzen zugrunde. Der komparative Konkurrenzvorteil besteht also entweder in minimierten Kosten oder maximiertem Kundennutzen.

3.1.2.1 Kostenorientiertes Auswahlmodell

Kostenorientierte Auswahlmodelle haben eine Minimierung von Kosten zum Ziel, die durch den Einsatz von industriellen Dienstleistungen erreicht werden kann. Kostenersparnis im Sinne von Kosten als betriebszweckbezogener, bewerteter Güterverbrauch (PLINKE 1991, S.10) läßt sich aus der Kostenrechnung entnehmen, wenn zwei gleiche Situationen vorliegen, bei denen

[43] Andere Auswahlkriterien wie z.B. interne Synergieeffekte bzw. Kosteneinsparungen fallen nicht unter die Problemstellung der Arbeit und werden daher nicht berücksichtigt.

einmal die Dienstleistung eingesetzt wurde und einmal nicht. Das Problem stellt die Quantifizierung der Kosten dar, die im Falle des Nichteinsatzes von industriellen Dienstleistungen entstanden wären, wenn keinerlei Erfahrungen vorliegen, es sich also z.B. um einen Erstkauf handelt.

LELE gebraucht in deinem Modell der relativen Kosten eine dem klassischen Kostenbegriff gegenüber eingeschränkte Bezeichnung. Relative Kosten enstehen immer dann, wenn die Inanspruchnahme oder die Nutzung der Sachleistung behindert oder unterbrochen wird. Nicht betrachtet werden Kosten, die entstehen, wenn eine Sachleistung noch nicht optimal eingesetzt werden kann, z.B. Schulungskosten. Zur Vermeidung bzw. Minimierung der Kosten können Kundendienstleistungen eingesetzt werden (LELE 1986, S.63ff.). Bei den relativen Kosten handelt es sich also um Kosten, die dem Abnehmer bei Störung oder Ausfall der Sachleistung entstehen und durch ein entsprechendes Dienstleistungsangebot minimiert werden können.

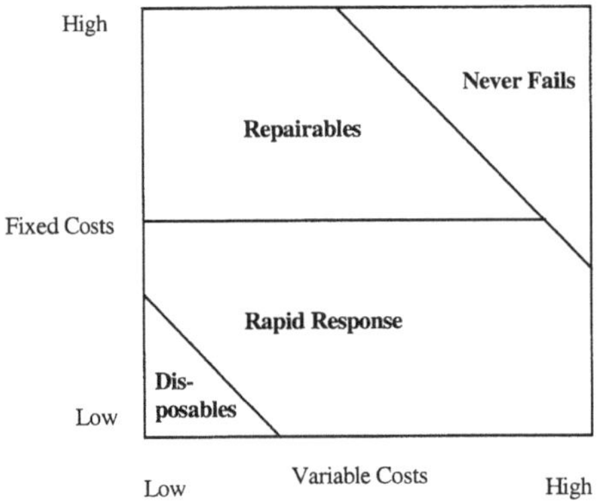

Abb. 7: Kostenorientiertes Dienstleistungsangebot (LELE 1983, S. 65)

Diese Kosten lassen sich in fixe und variable relative Kosten aufteilen: Fixe Kosten fallen unabhängig von der Dauer des Störfalls, der Nutzungsunterbrechung oder der Hilfeleistung an, während variable Kosten in ihrer Höhe von der Dauer abhängig sind. Zu den fixen Kosten gehören alle Reparaturkosten und Kosten von Ersatzteilen, Transaktionskosten, die bei der Abwicklung des Reparaturvorgangs entstehen, und die damit zusammenhängenden Informations-kosten.

Die variablen Kosten bestehen aus den sogenannten *out-of-pocket-Kosten*, die nicht in direkter Verbindung mit der Reparatur stehen, sondern nur indirekt durch den Ausfall entstehen, wie Wartezeit von Beschäftigten, die trotzdem entlohnt werden. Darüber hinaus fallen variable Opportunitätskosten an, wenn eine durch den Störfall erzwungene veränderte Nutzung der Ressourcen weniger produktiv ist als die ursprüngliche oder sich der Output verringert. (LELE 1986, S.64)

Je nach Höhe der variablen und der fixen Kosten lassen sich 4 unterschiedliche Strategien für das Dienstleistungsangebot ableiten. Bei *Disposables*, also Güter mit niedrigen variablen und fixen Kosten im Störfall, ist es in den meisten Fällen billiger, ein neues Produkt zu kaufen als Dienstleistungen in Anspruch zu nehmen. Entsprechende Dienstleistungen wären z.B. eine über die gesetzliche Gewährleistung hinausgehende Garantie oder eine Liefer-bereitschaft für das Produkt. *Repairables* verursachen demgegenüber hohe fixe Kosten und niedrige variable Kosten. Die problemlose Durchführung von Reparaturen sollte bereits im Produktdesign berücksichtigt werden. Technische Dienstleistungen sollten einfach durchführbar sein, möglichst vom Kunden selbst, um die Reparaturkosten niedrig zu halten. Bei Leistungen im Falle des *Rapid Response* entstehen im Störfall hohe variable und niedrige fixe Kosten. Im Mittelpunkt steht hier die Minimierung der Stillstandzeiten durch optimale Ersatzteillogistik, eine 24-Stunden-Hotline oder Serviceeinrichtungen in Kundennähe. Die *Never Fails* zeichnen sich durch hohe fixe und hohe variable Stillstandskosten aus. Bei diesen Gütern dürfen keine Ausfälle auftreten. Das Dienstleistungsangebot konzentriert sich auf regelmäßige Wartung und vorbeugenden Ersatzteilaustausch. Dabei können sich durch Entwicklungen Verschiebungen bezüglich der Zuordnung ergeben, so daß diese regelmäßig überprüft werden muß.

Das Modell von LELE legt zwar Kosten als Entscheidungsgröße zugrunde, schränkt diese aber auf relative Kosten ein, die durch eine Störung entstehen. Dadurch ist der Anwendungsbereich stark eingeschränkt. Die Kostenersparnisse durch eine effizientere Nutzung der Sachleistung sind ebenso ausgeschlossen wie die Berücksichtigung produktferner Dienstleistungen, die kostensenkend wirken können. Die Kosten des Kunden als Ansatz für die Angebotsauswahl zu verwenden, also opferverringernd zu wirken, ist als positiv hervorzuheben[44]. Allerdings fehlt eine Segmentierung der Kunden, da je nach Segment die relativen Kosten unterschiedlich hoch sein können, z.B. in Abhängigkeit der Lohnkosten.

---

[44] vgl. dazu Economies of Scope, die die Kostenvorteile des Anbieters durch die Produktion mehrerer Güter zum Gegenstand haben (FRIEGE 1996, S. 122ff.)

3.1.2.2 Kundennutzenorientierte Auswahlmodelle von Bündeln

Während das Modell der relativen Kosten auf eine Minimierung der Störungskosten abzielt, haben andere Modelle eine Steigerung des Kundennutzens[45] als Ziel. Die zugrundeliegende Annahme besteht darin, daß verschiedene Leistungen unterschiedliche Nutzenbeiträge für den Kunden liefern. In den Gesamtmodellen werden dahingehend alle möglichen Leistungsbündel betrachtet. Dabei können auch Eigenschaften des Bündels im Mittelpunkt stehen, hinter denen sich jeweils Sach- oder Dienstleistungen verbergen können. Darüber hinaus existieren Strategieansätze, die aufgrund unterschiedlicher Kriterien eine Bündelauswahl empfehlen, also kein geschlossenes Modell bilden.

3.1.2.2.1 Das Kano-Modell

Bei dem Kano-Modell handelt es sich um ein Modell der Kundenzufriedenheit, in dem Arten von Produktanforderungen unterschieden werden, die einen unterschiedlichen Einfluß auf die Kundenzufriedenheit ausüben. Zufriedenheit ist ein positiver psychischer Zustand, der aus der Erfüllung von Bedürfnissen resultiert, d.h., er ist an die Situation der Bedürfnisbefriedigung gebunden, kann also vor dem Kauf bzw. der Nutzung des Produkts nicht existieren (SCHÜTZE 1991, S. 145). Er besteht demzufolge aus einer Soll- und einer Ist-Komponente. Im Fall eines Erstkaufs hat der Kunde noch keine Erfahrungen erworben, sondern nur Bedürfnisse, die durch das Produkt befriedigt werden sollen, also Erwartungen an das Produkt. Diese Erwartungen können sich nach den Produkteigenschaften unterscheiden, da die Produkteigenschaften unterschiedliche Beiträge zum Gesamtnutzen liefern. Insofern lassen sich nicht nur die Einwirkungen von Produkteigenschaften auf die Zufriedenheit darstellen, sondern auch auf die mögliche zukünftige Zufriedenheit, die vor der Transaktion in Form von Nutzenbeiträgen vom Kunden eingeschätzt wird. Das Kano-Modell stellt also auch ein allgemeines Nutzenmodell dar.

Das Kano-Modell baut auf der Zwei-Faktoren-Theorie der Arbeitszufriedenheit von HERZBERG (HERZBERG u.a. 1959, zit. nach STAEHLE 1991, S.205f.) auf[46]. Ihr liegt eine zweidimensionale Konzeption von Zufriedenheit zugrunde: Es existieren Hygienefaktoren, die bei Nichterfüllung Unzufriedenheit hervorrufen, während bei Erfüllung dieser Faktoren ein Zustand der Nicht-Unzufriedenheit erreicht ist. Demgegenüber stellen Motivatoren Zufriedenheit her, bei Nichterfüllung Nicht-Zufriedenheit. KANO unterscheidet in seinem Modell drei Arten von Produktanforderungen: die Grundanforderungen, die den

---

[45] zum Nutzenbegriff vgl. ausführlich Kap. 4.1. Hier wird der Nutzen verstanden als die Summe aller Wirkungen der Transaktion, durch die der Transaktionspartner sich besser gestellt fühlt (PLINKE 1991, S. 13).

[46] zur kritischen Diskussion der Zwei-Faktoren-Theorie vgl. SCHÜTZE 1992, S. 142-145

HERZBERGSCHEN Hygienefaktoren entsprechen, die Qualitäts- und Leistungsanforderungen und die Begeisterungsanforderungen, die den Motivatoren HERZBERGS entsprechen.

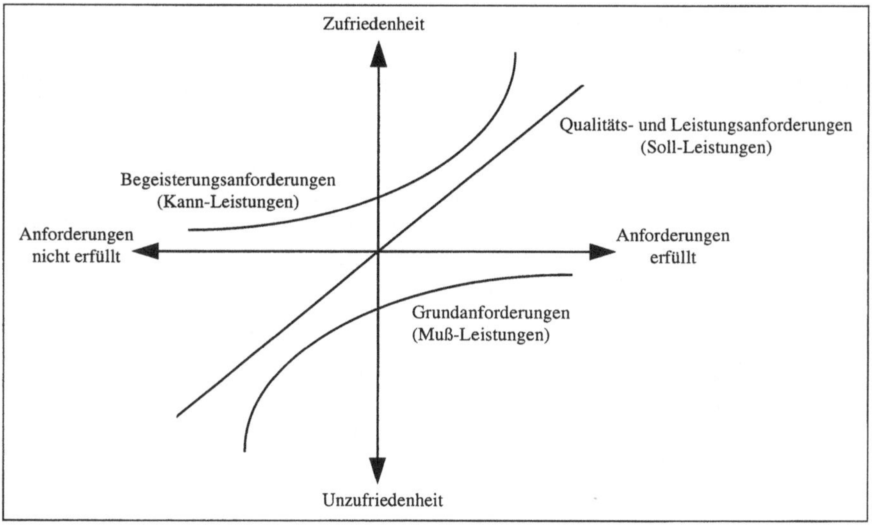

Abb. 8: Das Kano-Modell der Kundenzufriedenheit (in Anlehnung an BAILOM u.a. 1996, S. 118; BOKELMANN 1992, S. 573; HOLST 1994 S. 111)

Die Basisanforderungen sind die vom Kunden nicht explizit verlangten Eigenschaften, da er ihre Erfüllung als selbstverständlich erachtet. Werden diese Anforderungen nicht erfüllt, entsteht starke Unzufriedenheit, während ein vollständiges Erfüllen nicht zu erhöhter Zufriedenheit führt. Die Qualitäts- und Leistungsmerkmale führen bei steigender Erfüllung zu einer wachsenden Zufriedenheit des Kunden, bei abnehmender Erfüllung zu einer abnehmenden Zufriedenheit bis zur völligen Unzufriedenheit. Die Zufriedenheit verhält sich also proportional zum Erfüllungsgrad. Die Anforderungen werden vom Kunden direkt artikuliert. Die Begeisterungsanforderungen empfindet der Kunde als angenehme Überraschung, da sie von ihm nicht erwartet bzw. gefordert werden, aber in hohem Maß die Nutzung der Gesamtleistung optimieren und den Gesamtwert der erbrachten Leistung erhöhen. Eine Erfüllung dieser Anforderungen führt zu überproportionaler Kundenzufriedenheit, während bei einer Nichterfüllung kein Gefühl der Unzufriedenheit entsteht (BAILOM u.a. 1996, S. 117f.; BOKELMANN 1992, S. 572f.; HOLST 1994 S. 109f.).

Die Art der Anforderungen im Kano-Modell ist nur im Hinblick auf ihre Zufriedenheitswirkung spezifiziert. Dahinter können sich sowohl Sachleistungsmerkmale als auch industrielle Dienstleistungen verbergen. Das Modell läßt sich demnach auf Dienstleistungen übertragen, so daß Basisanforderungen mit Muß-Dienstleistungen gleichzusetzen sind, die der Kunde als selbstverständlich betrachtet. Qualitäts- und Leistungsanforderungen lassen sich als Soll-Dienstleistungen interpretieren, die vom Kunden ausdrücklich verlangt werden. Kann-Dienstleistungen, die vom Kunden nicht erwartet werden, entsprechen den Begeisterungsanforderungen.

Das Kano-Modell bietet durch die Systematisierung von Leistungen anhand ihres Beitrags zur Kundenzufriedenheit einen Ansatz zur kundenorientierten Leistungsbündelung. Durch das Angebot von Kann-Leistungen entstehen effektive Differenzierungsmöglichkeiten. Unklar bleibt, wie eine Konkretisierung für einen Erstkauf erfolgen soll, da unterschiedliche Kundensegmente über unterschiedliche Nutzenerwartungen verfügen. Da diese teilweise nicht artikuliert werden und als selbstverständlich erachtet werden, sind sie schwer zu ermitteln. Außerdem fehlt der langfristige dynamische Aspekt, da sich das Anspruchsniveau im Zeitablauf verändern kann, so daß Begeisterungsanforderungen zu Qualitäts- und Leistungsanforderungen werden. Wichtig wäre es, die Determinanten zu ermitteln, die der Einteilung zugrunde liegen. Dies bietet das Kano-Modell jedoch nicht.

Eine ähnliches Modell von Produktmerkmalen und ihrem Einfluß auf die Kundenzufriedenheit hat SCHÜTZE entwickelt (SCHÜTZE 1991, S. 241ff). Er unterscheidet zwischen Essentials, die der Kunde mit großer Wahrscheinlichkeit als selbstverständlich voraussetzt und deren Vorliegen Unzufriedenheit verhindert, Variancers, die sowohl als Quelle für Zufriedenheit wie auch Unzufriedenheit wirken können und Satisfiers, die schon bei bloßem Vorliegen zur Zufriedenheit führen, während ihr Nichtvorliegen keine Unzufriedenheit verursacht. Diese Zufriedenheitsquellen finden ihre Entsprechungen im Kano-Modell. Darüber hinaus existieren Equals, die weder zu Zufriedenheit noch zu Unzufriedenheit führen, sondern irrelevant für den Kunden sind. Dies stellt eine sinnvolle Erweiterung des Kano-Modells dar, da in einem Leistungsbündel nicht jede Eigenschaft nutzenstiftend wirken muß, sondern das Produkt Eigenschaften besitzen kann, die für den Kunden keine Bedeutung haben und insofern auch nicht Quelle von Zufriedenheit oder Unzufriedenheit sein können, sei es aufgrund fehlender Wahrnehmung oder als Resultat von Wahrnehmung und Bewertung.

Das Kano-Modell mit seiner Erweiterung von SCHÜTZE ist dazu geeignet, die unterschiedliche Differenzierungswirkung von Leistungen und Merkmalen darzustellen. Es läßt sich nicht als Grundlage für die Auswahl von industriellen Dienstleistungen verwenden, da nur Einzelzufriedenheiten betrachtet werden und die Kumulierung zu einer Gesamtzufriedenheit oder gegebenenfalls eine Saldierung von Unzufriedenheit und Zufriedenheit nicht möglich ist. Für die Betrachtung von Leistungsbündeln ist aber eine Gesamtzufriedenheit pro Einzelleistung nötig.

3.1.2.2.2 Das Dominanz-Standard-Modell

Das Dominanz-Standard-Modell von KÜHN beschäftigt sich mit unterschiedlichen Kategorien von Marketing-Mix-Instrumenten (KÜHN 1985, S. 19), die sich auf industrielle Dienstleistungen übertragen lassen. Es beruht wie das Kano-Modell auf der HERZBERGSCHEN Erklärung der Arbeitsmotivation. Die Instrumente lassen sich in dominierende und Standard-Instrumente unterteilen. Dominierende Instrumente bewirken die zentralen Unterschiede zwischen konkurrierenden Angeboten und sind ausschlaggebend für die Kaufentscheidung. Standardinstrumente müssen verwendet werden, da ein Nichterreichen des Standards zu Mißerfolgen führt und ein Übertreffen des Standards nicht von den Marktpartnern honoriert wird.

Hier wird bereits die starke Ähnlichkeit zum Kano-Modell deutlich: Die dominierenden Instrumente ähneln den Begeisterungsanforderungen, beinhalten aber zusätzlich den Konkurrenzaspekt, so daß sie auf Dienstleistungen übertragen als Kann-Leistungen mit KKV bezeichnet werden können. Die Standardinstrumente entsprechen den Muß-Leistungen. Darüber hinaus existieren in diesem Modell komplementäre und marginale Instrumente. Marginale Instrumente sind diejenigen, die keine Wirkung entfalten und von geringer Bedeutung sind. Sie finden sich bezogen auf Leistungsanfoderungen bei SCHÜTZE in Form der Equals wieder. Komplementäre Instrumente werden zur Verstärkung der Wirkung der dominierenden Instrumente eingesetzt und müssen dementsprechend auf sie abgestimmt sein. Sie sind weniger bedeutend als die dominierenden Instrumente. Eine entsprechende Kategorie findet sich im Kano-Modell nicht. Eine Übertragung auf die Bündelung bedeutet eine Bündelung von mindestens 3 Einzelleistungen, von denen eine Dienstleistung eine Kann-Leistung darstellt, während die zweite Dienstleistung komplementär zur ersten wirkt.

Die Kritik, die für das Kano-Modell gilt, ist auch auf für das Dominanz-Standard-Modell zutreffend[47]. Trotz seiner Herkunft aus einem anderen Bereich läßt es sich überwiegend sinnvoll auf industrielle Dienstleistungen übertragen. Es zeigt gleichzeitig, daß das Modell von SCHÜTZE durch die Equals eine notwendige Ergänzung des Kano-Modells darstellt. Durch welche Größen die Zuordnung der jeweiligen Dienstleistung erfolgt, ist für den Erstkauf, für den der Anbieter nicht oder nur in geringem Maße über Erfahrungen mit dem potentiellen Kunden verfügt, auch bei diesem Modell unklar. Es handelt sich bei den Kategorien um Gruppen mit unterschiedlichen Nutzenbeiträgen, deren Determinanten nicht bekannt sind.

3.1.2.3 Kundennutzenorientierte Auswahlansätze für Bündel

Neben den Gesamtmodellen existieren einige Auswahlansätze, die die Kriterien der Vorziehenswürdigkeit bestimmter Alternativen festsetzen, aber kein geschlossenes Modell bilden. So überträgt CASAGRANDA den Ansatz von EGLI und STUTZ zur Optimierung des Kundennutzens, der je nach Befriedigung unterschiedlicher Bedürfnisse variiert (EGLI/STUTZ 1989, S. 49), auf industrielle Dienstleistungen. Nach EGLI/STUTZ lassen sich die Kunden-bedürfnisse in drei Teilbereiche gliedern: Der erste Teilbereich besteht aus funktionalen, produktbezogenen Problemlösungsbedürfnissen wie minimale Rüstzeiten oder der Verhinderung von Stillstand, der zweite aus produktnahen, Unterstützungsbedürfnissen wie Verkettung der Prozesse oder Automatisierung. Der dritte Teilbereich setzt sich aus den unternehmerischen und persönlichen Erfolgsbedürfnissen wie Gewinn, Prestige oder Umsatz zusammen. Bei jedem Kunden besteht eine individuelle Prioritätsordnung zwischen den Bedürfniselementen (EGLI/STUTZ 1989, S. 48f.).

CASAGRANDA setzt die produktbezogenen Bedürfnisse den Muß-Leistungen gleich, die produktnahen entsprechen den Soll- und die Erfolgsbedürfnisse den Kann-Leistungen (CASAGRANDA 1994, S. 254). Dadurch erfolgt eine Zuordnung der Leistungskategorien zu konkreten Bedürfnisbereichen. Im Gegensatz zu EGLI/STUTZ verweist CASAGRANDA nicht auf die Spezifität der Kundenbedürfnisse. Bereits eine Gleichsetzung der produktbezogenen Leistungen mit Muß-Leistungen kann kundenindividuell zu allgemein oder zu eng gefaßt sein, so daß dieser Ansatz für eine segmentbezogene oder individuelle Auswahl nicht geeignet ist. Die Herleitung ist ebenfalls unklar.

Einen empirischen Ansatz zur Identifikation nutzenerhöhender Dienstleistungen entwickelte BRANDT mit der Penalty-Reward Contrast Analysis, einer speziellen Form der Regressionsanalyse (BRANDT 1987, S. 62). Auch diese Methode

---

[47] KÜHN weist ausdrücklich auf die fehlenden dynamischen Aspekte des Modells hin (KÜHN 1985, S. 20).

basiert auf der Kundenzufriedenheit, kann also nur ex-post-Aussagen nach einem Konsum machen. Die Analyse bestimmt, welche Eigenschaften einer Dienstleistung Belohnungs- (reward attributes) bzw. Bestrafungsattribute (penalty attributes) sind.

Das erweiterte „no-frills"-Konzept[48] von MEYER und BLÜMELHUBER teilt die Bestandteile von Angebotspaketen in drei Kategorien ein: die Grundattribute oder Penalty-Faktoren, die Basisanforderungen der Kunden erfüllen und deren Nichtvorhandensein Unzufriedenheit hervorruft; die Zusatzattribute oder Reward-Faktoren, die einen zusätzliche Wert beim Kunden schaffen und die Frill-Attribute, die der Kunde nicht bereit ist zu honorieren, sondern die das Leistungsbündel aufplustern und verteuern, deren Vorhandensein vom Kunden negativ beurteilt wird, wenn er sie bezahlen muß (MEYER/BLÜMELHUBER 1995, S.32). Die Bewertung der Bestandteile erfolgt kundenindividuell. Das „no-frills"-Konzept berücksichtigt damit nicht nur Bündelbestandteile, die für die Kunden einen Nutzen bringen, sondern auch diejenigen, für die keinerlei Zahlungsbereitschaft besteht.

EPPEN/HANSON/MARTIN bieten fünf unterschiedliche Bündelungsstrategien an (EPPEN/HANSON/MARTIN 1991, S. 9 ff.). Eine vereinfachte Marktbearbeitung bei gleichzeitig hoher Marktgröße wird beim *Aggregation Bundling* erreicht, indem Marktsegmente mit unterschiedlichen Präferenzen gebildet werden, für die aber das Leistungsbündel einen gleich hohen Wert darstellt. Dabei muß die Bündelpreissetzung so erfolgen, daß das Bündel attraktiver als speziell zugeschnittene Bündel der Konkurrenten ist (EPPEN/HANSON/MARTIN 1991, S. 9). Eine zweite marktorienierte Bündelzusammenstellung stellt die *Trade-Up-Bündelung* dar. Das Angebot besteht aus einer Anzahl abgestufter Bündel. Es beginnt mit dem Grundprodukt, etwa einer Sachleistung. Jedes Bündel beinhaltet mehr Bestandteile zu einem höheren Preis und einem Anreiz für den Kunden, das nächsthöhere Bündel zu erwerben. Die Abstufungen sind abhängig von der Nachfragesituation: Bei starker Nachfrage sollten wenige Bündel angeboten werden, während bei schwacher Nachfrage ein feiner abgestuftes Angebot nötig ist. Als Voraussetzung muß es sich um einen Markt handeln, auf dem keine Preissensitivität besteht (EPPEN/HANSON/MARTIN 1991, S. 10). Eine dritte Möglichkeit der Bündelzusammenstellung besteht im *Loyality Bundling*. Die Kunden sollen durch das Bündel davon abgehalten werden, zum Produkt des Konkurrenten zu wechseln, indem sie beim Bündelkauf bestimmte Vergünstigungen erhalten. Zur Verbesserung der Produktnutzung lassen sich Dienstleistungen zum *Joint Perfomance Bundling* einsetzen. Wenn Teile des Bündels im Bündel besser zu nutzen sind, sollte eine reine Bündelung durchgeführt werden, die Produkte also nur gebündelt angeboten werden. Bei

[48] Schreibweise und Anführungszeichen wie im Original.

neuen Produkten dienen die Dienstleistungen im Rahmen des *Product Definition Bundling* zur Bekanntmachung der gesamten Breite der Nutzungsmöglichkeiten und den damit verbundenen nutzenstiftenden Elementen (EPPEN/HANSON/ MARTIN 1991, S.11-12).

Die Bündelungsstrategien von EPPEN u.a. gehen auch von einem unterschiedlichen Kundennutzen aus, berücksichtigen aber auch die Konkurrenzsituation. Gleichzeitig geben sie nur unzureichend Bedingungen an, unter denen eine der Strategien auszuwählen ist. So läßt sich jede auf unterschiedliche Nutzenstiftung zurückführen, deren Determinanten nur in Ansätzen bestimmt werden. Der direkte Bezug zu den Zahlungsbereitschaften zeigt sich hier bereits beim *Trade-Up-Bundling* und beim *Aggregation Bundling.* [49]

Autoren	**Bündel bzw. Bündelbestandteile**				
EGLI/STUTZ 1989	Funktional produkt-bezogene Problemlösungs-bedürfnisse	Produktnahe Unterstüt-zungsbe-dürfnisse	Unterneh-merische und persönliche Erfolgsbe-dürfnisse		
CASAGRANDA 1994	Mußleistungen	Sollleistungen	Kann-leistungen		
BRANDT 1987	Belohnungs-attribute	Bestrafungs-attribute			
MEYER/BLÜ-MELHUBER 1995	Penaltyfaktoren Grundattribute	Reward-faktoren Zusatzattribute	Frill-Attribute		
EPPEN/ HANSON/ MARTIN 1991	Aggregation Bundling	Trade-Up Bundling	Loyalty Bundling	Joint Performance Bundling	Product Definition Bundling

Tab. 4: Übersicht über kundennutzenorientierte Bündelungsansätze

Sämtliche vorgestellten Ansätze gehen von unterschiedlichem Nutzen der Bündelbestandteile aus und begründen damit die Angebotsentscheidung. Für die Bündelauswahl und –zusammensetzung lassen sich keine modellhaft allgemeingültigen Aussagen ableiten. Lediglich EPPEN u.a. geben bei einer ihrer Strategien eine Empfehlung über die Art der Bündelung ab. Gleichwohl kann davon ausgegangen werden, daß eine unterschiedliche Nutzenstiftung auch zu einer unterschiedlichen Kaufbereitschaft und Zahlungsbereitschaft sowohl für das Bündel als auch für seine Bestandteile führt. Je höher der

[49] Neben den genannten Bündelungsstrategien zur Markterweiterung und verbesserten Produktnutzung führen die Autoren weitere zur Kostensenkung auf (EPPEN/HANSON/MARTIN 1991, S.8-9).

Problemlösungsbeitrag des Bündels sein wird, desto mehr wird der Kunde auch zu bezahlen bereit sein. Die Zahlungsbereitschaft stellt demzufolge die Quantifizierung und Operationa-lisierung des Nutzens dar, indem sie ein in Geldeinheiten ausgedrücktes Maß für den Nutzen bildet, den eine bestimmte Anzahl Einheiten eines Gutes stiften (TACKE 1989, S. 58). Demnach lautet die Grundprämisse:

Je höher der Nutzen des Leistungsbündels bzw. seiner Bestandteile ist, desto höher ist die Zahlungsbereitschaft für das Bündel bzw. seine Bestandteile oder anders: Die Zahlungsbereitschaft ist der Indikator für die Nutzenschätzung durch den Kunden.

Damit wird keine Aussage darüber getroffen, wie sich die Zahlungsbereitschaft innerhalb des Bündels zusammensetzt.

3.2 Mikroökonomische Ansätze der Preisbündelung

Um eine Ableitung von Bündelungsempfehlungen hinsichtlich der Form des Bündels treffen zu können, läßt sich die mikroökonomische Bündelungstheorie heranziehen, die die Bündelungsart von der Höhe und Verteilung der Zahlungsbereitschaft für die Bündelbestandteile abhängig macht. Die Preisbündelung ermöglicht, die Konsumentenrente heterogener Nachfrager besser als beim Verkauf von Einzelpreisen abschöpfen zu können (SIMON/FASSNACHT, 1993, S. 405). Wäre die Zahlungsbereitschaft jedes Kunden für jedes Produkt bekannt, könnte der Anbieter die Konsumentenrente bei jedem vollständig abschöpfen. Durch die Unvollständigkeit der Informationen lassen sich die Zahlungsbereitschaften für jeden Nachfrager einzeln nicht ohne insgesamt prohibitiv hohe Kosten ermitteln. Demgegenüber wird die Verteilung der Zahlungsbereitschaften als bekannt angenommen, ohne die jeweiligen Zahlungsbereitschaften einzelnen Nachfragern zuordnen zu können. Dadurch gestaltet sich die Preisbündelung in der praktischen Anwendung schwierig, dennoch können die Konsumenten effektiv preislich diskriminiert werden (ADAMS/YELLEN, 1976, S. 476).

Grundsätzlich existieren zwei Modellansätze, die sich hinsichtlich der Veränderlichkeit der Preise unterscheiden. Im Modell bei statischen Preisen werden Zahlungsbereitschaften angenommen, die keiner Veränderung im Zeitablauf unterliegen. Dies wird im Modell bei dynamischen Preisen berücksichtigt. Die Modelle beschränken sich auf den 2-Produkt-Fall. Dadurch bleiben die Modelle übersichtlich, während sich der 2+n Produkt-Fall nur mit Hilfe von Vektoren und Matrizen berechnen und graphisch nur ungenügend darstellen läßt. Außer der erhöhten Komplexität lassen sich die inhaltlichen

Erkenntnisse auf den Mehrprodukt-Fall übertragen. Das 2-Produkt-Bündel kann ein Leistungsbündel aus einer Sach- und einer industriellen Dienstleistung sein. Die Modelle sind nicht güterspezifisch.

3.2.1 Modell bei statischen Preisen

3.2.1.1 Prämissen und Eigenschaften des Grundmodells

Für das Modell mit statischen Preisen gilt die Prämisse, daß der Anbieter bei einem Produkt eine Monopolstellung auf dem Markt besitzt, während die zweite Komponente auf einem wettbewerbsintensiven Markt angeboten werden kann (TELSER 1979, S.222). Die zweite Annahme besteht darin, daß die Produkte voneinander unabhängig sind. Die Summe der Zahlungsbereitschaften der Komponenten (ZB_1, ZB_2) ist gleich der Zahlungsbereitschaft für das Bündel (ZB_B). Dies bedeutet ebenfalls, daß die Abnehmer bezüglich des Konsums der einzelnen Komponenten und des Bündels indifferent sind. Der Nutzen des Bündels entspricht aus ihrer Sicht der Summe der Nutzen der beiden Komponenten. (ADAMS/YELLEN, 1976, S. 477)[50]

Eine weitere Prämisse besteht darin, daß die Abnehmer kein Interesse für einen Konsum haben, der über eine Einheit des Bündels oder der Komponenten hinausgeht. Der marginale Nutzen einer zweiten Einheit beträgt Null. Weiterhin wird die Abwesenheit von economies of scope angenommen. Die Kosten des Bündels (c_B) ergeben sich als Summe der Kosten der Komponenten (c_1+c_2). Economies of scale werden ebenfalls ausgeschlossen, die marginalen Kosten sind in bezug auf die Ausbringungsmenge konstant. Die Vorteilhaftigkeit der Preisbündelung läßt sich also weder auf Mengen- noch auf Skaleneffekte zurückführen[51]. Außerdem werden bei den zunächst vorgestellten Modellen die Preise mit den Kosten gleichgesetzt, um eine getrennte Berücksichtigung der Kosten überflüssig zu machen.

Dem Anbieter bieten sich für die Bündelung vier Alternativen: Er hat die Möglichkeit, seine Komponenten ausschließlich in gebündelter Form zu einem Preis anzubieten, der seinen Ertrag maximiert, also eine reine Preisbündelung vorzunehmen. Er kann dem Anbieter bei der gemischten Bündelung die Wahl lassen, das Bündel oder die Komponenten einzeln zu erwerben. Hierbei werden die Preise für das Bündel und die Preise für die Komponenten wiederum erlösmaximierend gesetzt. Schließlich bietet sich ihm die Möglichkeit, die Komponenten ausschließlich separat anzubieten in Form der reinen

---

[50] DANSBY/CONRAD setzen diese Bedingung nicht, sondern nehmen die Möglichkeit eines höheren bzw. niedrigeren Nutzens des Bündels als die Nutzensumme der Komponenten an. (DANSBY/CONRAD 1984, S. 377) vgl. dazu Kapitel 3.2.1.4.

[51] Im Gegensatz dazu FRIEGE 1995, S. 121 ff.

Komponentenstrategie bzw. Einzelpreisstellung (ADAMS/YELLEN, 1976, S. 478). Darüber hinaus existiert noch eine Sonderform der gemischten Bündelung, das sogenannte Premium Bundling, das unter 3.2.1.2 genauer betrachtet wird.

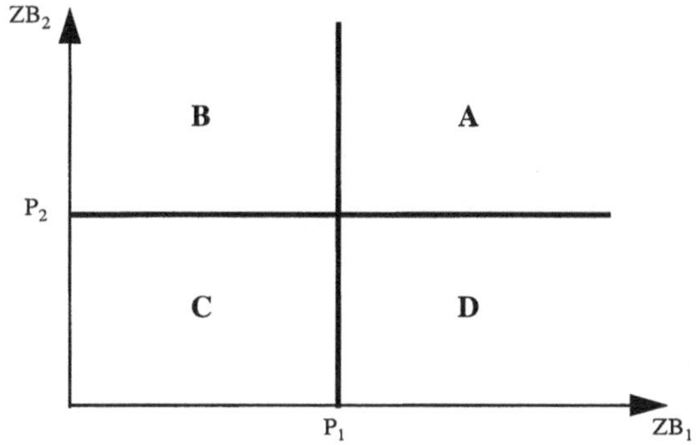

Abb. 9: Marktsegmentierung durch Einzelpreisstellung (ADAMS/YELLEN 1976, S. 478)

Durch die Einzelpreisstellung werden die Nachfrager in vier Gruppen segmentiert. Die Achsen bezeichnen die Zahlungsbereitschaft für jede der Komponenten. P_1 und P_2 stellen die vom Anbieter verlangten Monopolpreise bei Einzelpreisstellung. Die Zahlungsbereitschaft jedes Abnehmers läßt sich als ein Punkt in diesem zweidimensionalen Raum darstellen. Nachfrager im Quadranten B kaufen nur die Komponente 2, da ihre Zahlungsbereitschaft größer oder gleich dem zu zahlenden Preis P_2 ist. Der Nachfrager in Quadrant D erwirbt nur das Produkt 1. Im Quadranten A befinden sich diejenigen Abnehmer die beide Produkte kaufen, da ihre Zahlungsbereitschaften mindestens so hoch wie der Preis von Komponente 1 und der von Komponente 2 sind. Die Nachfrager in C kaufen nichts (ADAMS/YELLEN 1976, S. 479).

Wird vom Anbieter eine reine Preisbündelung eingesetzt, so daß nur die Wahl zwischen Kauf des Bündels oder keinem Kauf besteht, teilen sich die Nachfrager in zwei Gruppen: diejenigen, deren Preisbereitschaft höher oder gleich dem Preis des Bündels ist und denjenigen, die nichts kaufen, da ihre Zahlungsbereitschaft unter dem Bündelpreis liegt, d.h. für sie gilt $ZB_1+ZB_2 < P_B$.

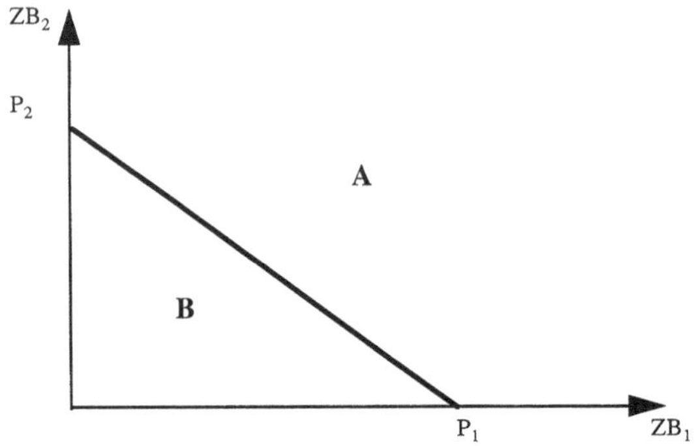

Abb. 10: Marktsegmentierung durch reine Preisbündelung (ADAMS/YELLEN 1976, S. 479)

Hier besteht zusätzlich die Prämisse, daß kein Weiterverkauf zwischen den Abnehmern stattfindet.

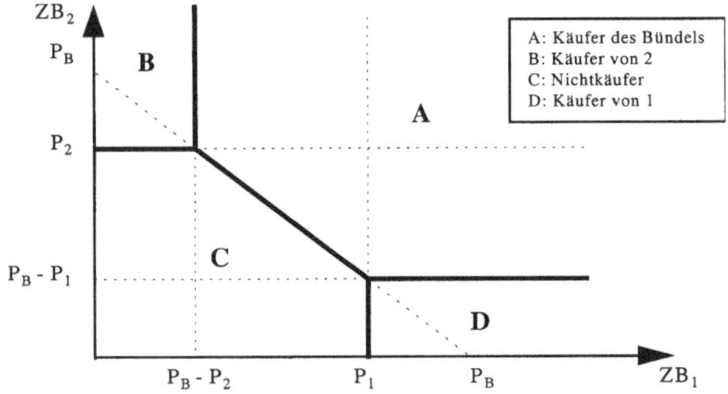

Abb. 11: Marktsegmentierung bei gemischter Preisbündelung (ADAMS/YELLEN 1976, S. 480)

Schließlich kann der Anbieter die Strategie der gemischten Preisbündelung anwenden. Hier unterteilen sich die Konsumenten wieder in vier Gruppen: Nachfrager, die weder eine Komponente noch das Bündel erwerben, weil für sie $ZB_1 < P_1$, $ZB_2 < P_2$ und $ZB_B < P_B$ gilt. Sie befinden sich im Bereich C.

Konsumenten im Bereich B konsumieren ausschließlich das Produkt 2. Für sie gilt: $ZB_1 < P_B - P_2$, $ZB_2 \geq P_2$ und $ZB_B < P_B$.

$P_B - P_2$ bezeichnet den impliziten Preis der Komponente 1 als Bestandteil des Bündels, wenn der Kauf von Komponente 2 bereits geplant ist. So hoch müßte ihre Zahlungsbereitschaft für P_2 mindestens sein, damit sie das gesamte Bündel erwerben. Für Nachfrager im Bereich D gilt es analog. Sie kaufen nur Produkt 1, da $ZB_2 < P_B - P_1$, $ZB_1 \geq P_1$ und $ZB_B < P_B$ gilt. Die Nachfrager im Bereich A kaufen nicht nur das Bündel, weil ihre Zahlungsbereitschaft über dem Bündelpreis liegt ($ZB_B \geq P_B$), sondern weil der Bündelkauf ihnen eine ebenso hohe oder höhere Konsumentenrente ermöglicht als beim Einzelkauf beider Produkte. Für sie gilt: $ZB_1 \geq P_B - P_1$ und $ZB_2 \geq P_B - P_1$, demnach auch $ZB_B \geq P_B$

	Zahlungsbereitschaft in TDM		
Nachfrager	Sachleistung	Dienstleistung	gesamt
A	18	3	21
B	6	15	21
C	15	12	27
D	9	7,5	16,5
E	12	1,5	13,5

Tab. 5: Zahlungsbereitschaften der Nachfrager für ein Leistungsbündel aus Sach- und Dienstleistungskomponente

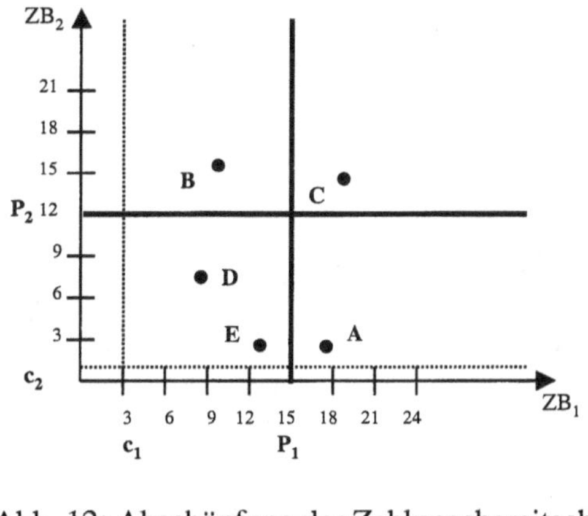

Abb. 12: Abschöpfung der Zahlungsbereitschaften bei Einzelpreisstellung

Geht man von unterschiedlich verteilten Zahlungsbereitschaften für ein Leistungsbündel aus zwei Komponenten bestehend aus - wie beispielhaft in Tabelle 3 - und berücksichtigt darüber hinaus die Stückkosten, ergibt sich eine jeweils unterschiedliche Abschöpfung der Zahlungsbereitschaften.

Die Stückkosten betragen bei der Sachleistungskomponente 3 TDM und 1 TDM für die Dienstleistungskomponente. Bei der gewinnmaximalen Einzelpreisstellung in Abbildung 10 werden folgende Käufe getätigt: A kauft nur das Sachgut. B kauft nur die Dienstleistung. C kauft beide Produkte und D und E kaufen keins. Es werden insgesamt zwei Sachgüter und zwei Dienstleistungen verkauft. Der Gewinn beträgt (15-3) * 2 + (12-1) * 2 = 46 TDM.

Eine Alternative besteht in der reinen Bündelung[52]. Durch mehrmalige Annäherung[53] wird ein optimaler Bündelpreis von 16,5 TDM ermittelt.

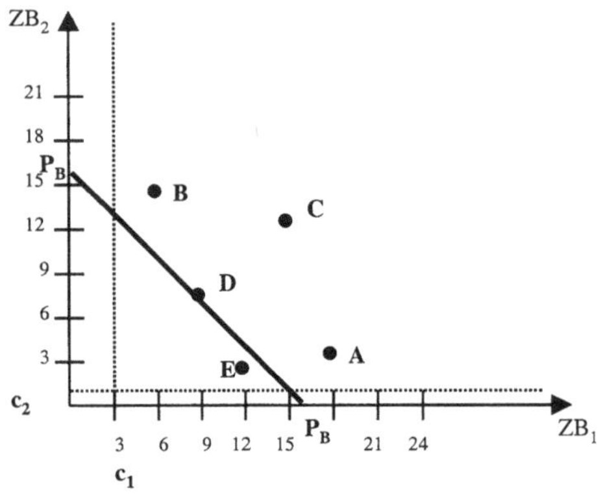

Abb. 13: Abschöpfung der Zahlungsbereitschaften bei reiner Bündelung

Im Fall der dritten Möglichkeit, der gemischten Bündelung, wird sowohl das Bündel zum Preis von 16,5 TDM angeboten wie auch die Sachleistung einzeln zum Preis von 12 TDM und die Dienstleistung für denselben Preis. Der Preis für die Sachleistung hat sich im Vergleich zur Einzelpreisstellung verringert, dennoch steigt durch diese Strategie der Gewinn auf 59 TDM, also um 28%, da E zu diesem Preis das Sachgut erwirbt (12 - 3 = 9 TDM).

[52] Die reine Bündelung wird auch als Tie-In-Sales bezeichnet, wenn Komplementarität der Güter besteht und es sich um eine Hauptkomponente (tying good) und eine Nebenkomponente handelt. (PHILIPS 1983, S. 183; BURSTEIN 1960, S.68), vgl. dazu auch Kapitel 2.3.2

[53] vgl. dazu ausführlich HANSON/MARTIN 1990, S. 157 ff.

Als Resultat der reinen Bündelung ergeben sich zwei Gruppen, die der Nichtbündelkäufer und die der Bündelkäufer, die das Bündel zum Preis von 16,5 TDM erwerben. Die Heterogenität der Nachfrager wird im Vergleich zur Einzelpreisstellung reduziert (SCHMALENSEE 1984, S. 229). A,B,C und D kaufen das Bündel, während E nicht kauft. Es entsteht ein Gewinn von (16,5-4) * 4, also 50 TDM. Bei dieser Verteilung der Zahlungsbereitschaften erbringt die reine Bündelung einen Gewinnzuwachs von 8,7% im Vergleich zur Einzelpreisstellung, obwohl der Bündelpreis mit 16,5 TDM deutlich unter der Summe der Einzelpreise liegt (15 + 12 = 27 TDM), da die Konsumentenrente besser abgeschöpft wird. So entsteht bei der reinen Bündelung quasi ein neues Produkt, dessen Preis so gesetzt wird, daß die Konsumentenrente der einen Komponente auf die der anderen Komponente übertragen wird (SIMON 1991, S. 1220). Der Nachfrager A behält bei der Einzelpreisstellung beim Sachgut 3 TDM, während ihm 9 TDM Preisbereitschaft für den Kauf der Dienstleistung fehlen. Die Addition beider Zahlungsbereitschaften und der für das Bündel gebotene Preisnachlaß bewirken, daß A zum Käufer des Bündels wird. Für B gilt dies analog bei der anderen Komponente. Der Preisnachlaß bewirkt bei D, daß er das Bündel kauft, obwohl er einzeln keine der Komponenten erworben hätte.

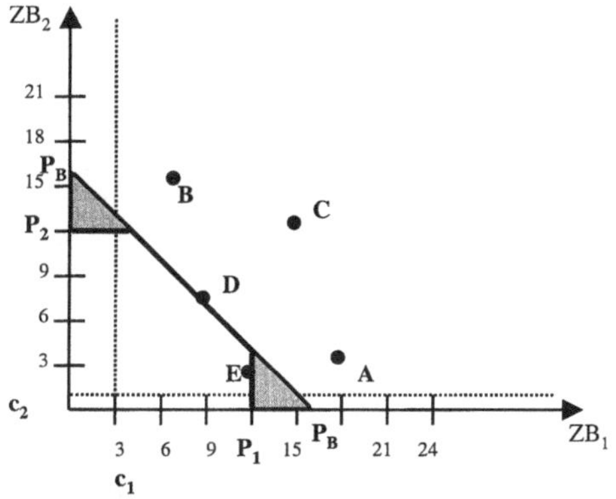

Abb. 14: Abschöpfung der Zahlungsbereitschaften bei gemischter Bündelung (in Anlehnung an SIMON 1992, S. 1222)

Bei jedem der Käufer ist die Vorteilhaftigkeit der Preisstellung in der Verteilung seiner Zahlungsbereitschaft begründet. Nachfrager A zahlt einzeln 15 TDM, beim Bündelkauf 16,5 TDM, also 1,5 TDM mehr, während bei Nachfrager C, dem unter Einzelpreissetzung 15 + 12 = 27 TDM abgeschöpft werden und unter Bündelung nur 16,5 TDM, ein Verlust von 10,5 TDM entsteht. Die Differenzbeträge der Nachfrager sind bei A: +5 TDM, bei B: +4,5 TDM, bei C: -10,5 TDM und bei D: +16,5 TDM, so daß der Umsatzsaldo +12 TDM, der Gewinnsaldo +4 TDM beträgt.

Zusätzlich werden durch die gemischte Bündelung die Zahlungsbereitschaften der Nachfrager abgeschöpft, die sich in den grauen Bereichen in Abbildung 12 befinden. Die gemischte Bündelung segmentiert demzufolge die Nachfrager genauer als die reine Bündelung und die Einzelpreisstellung. Die Vorteilhaftigkeit der Bündelungsformen ist von der Verteilung der Zahlungsbereitschaft abhängig. Im folgenden wird eben diese Vorteilhaftigkeit überprüft und die dazu notwendig Zahlungsbereitschafts- und Kostenkonstellationen aufgezeigt.

3.2.1.1.1 Reine Bündelung

Die Vorteilhaftigkeit der reinen Bündelung besteht für Nachfrager, deren Zahlungsbereitschaften für das Bündel hoch sind und die eine ähnliche Zahlungsbereitschaft für beide Komponenten haben.

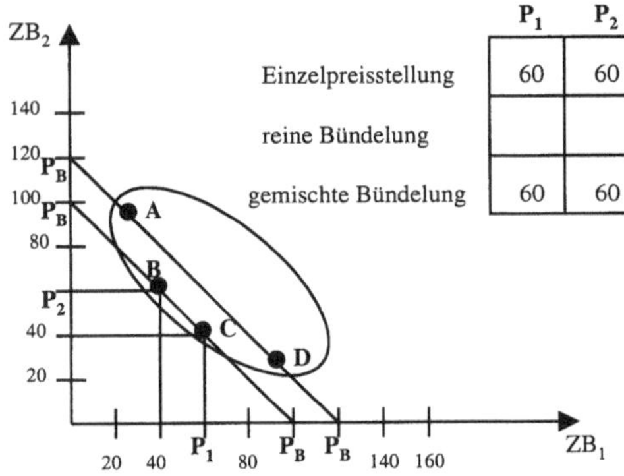

	P_1	P_2	P_B	Gewinn
Einzelpreisstellung	60	60		240
reine Bündelung			100	400
gemischte Bündelung	60	60	120	340

Abb. 15: Abschöpfung der Zahlungsbereitschaft bei Vorteilhaftigkeit der reinen Bündelung

Hier unterscheiden sich die optimalen Einzelpreise und die Einzelpreise bei gemischter Bündelung nicht. Gemischte Bündelung erweist sich aber als vorteilhafter, da dann keine Nichtkäufer mehr existieren. Im Falle der reinen Bündelung werden mit einem niedrigeren Bündelpreis alle Nachfrager das Bündel kaufen.

Bezieht man die Kosten in die Betrachtung ein, kann es zu der Situation kommen, daß Bündel von Nachfragern gekauft werden, obwohl die Kosten einer Komponente über der Zahlungsbereitschaft für diese Komponente liegen. Je höher die Kosten eines Produkts, desto größer ist auch die Wahrscheinlichkeit, manche Kunden zu beliefern, die keinen Deckungsbeitrag aufweisen. Dementsprechend gilt, daß je unbedeutender die Kosten im Vergleich zu den Zahlungsbereitschaften sind, umso unproblematischer ist die reine Preisbündelung.

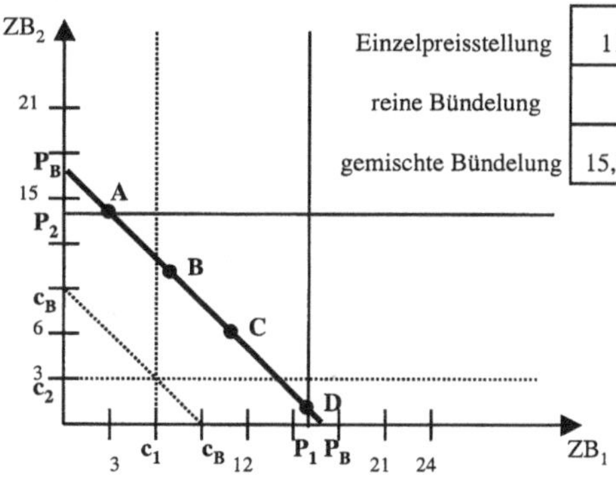

	P_1	P_2	P_B	Gewinn
Einzelpreisstellung	11	14,5		21,5
reine Bündelung			16,5	16,5
gemischte Bündelung	15,5	14,5	16,5	36

Abb. 16: Beispiel für eine die Kosten unterschreitende Zahlungsbereitschaft bei reiner Bündelung (in Anlehnung an ADAMS/YELLEN 1976, S. 482)

Um nicht auf eine Subventionierung der Kosten durch die zweite Komponente angewiesen zu sein, läßt sich die gemischte Bündelung nutzen.

3.2.1.1.2 Gemischte Bündelung

Wenn sich die Nachfrager im Zahlungsbereitschaftsraum im Bereich hoher Zahlungsbereitschaft für das Bündel und geringen Unterschieden in der Bewertung der einzelnen Komponenten oder im Bereich geringer Zahlungsbereitschaft für das Bündel und großen Unterschieden in der Bewertung der einzelnen Komponenten befinden, weist die gemischte Preisbündelung gegenüber der reinen Vorteile auf[54]. Der Anbieter kann einerseits einen hohen Bündelpreis verlangen und somit die Konsumentenrente derjenigen abschöpfen, die eine hohe Zahlungsbereitschaft für das Bündel

---

[54] vgl. Abb. 14

haben. Andererseits wird durch die Schaffung zweier separater Märkte für die Nachfrager, die nur eine Komponente hoch bewerten, auch deren Konsumentenrente abgeschöpft.

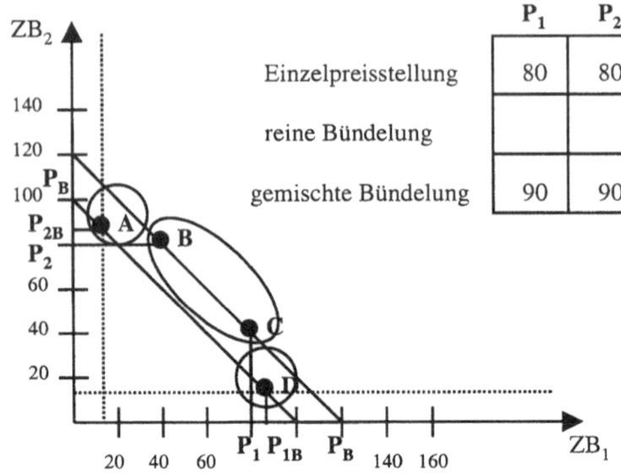

	P_1	P_2	P_B	Gewinn
Einzelpreisstellung	80	80		320
reine Bündelung			100	400
gemischte Bündelung	90	90	120	420

Abb. 17: Verteilung der Zahlungsbereitschaften bei Vorteilhaftigkeit der gemischten Bündelung (in Anlehnung an ADAMS/YELLEN 1976, S. 485)

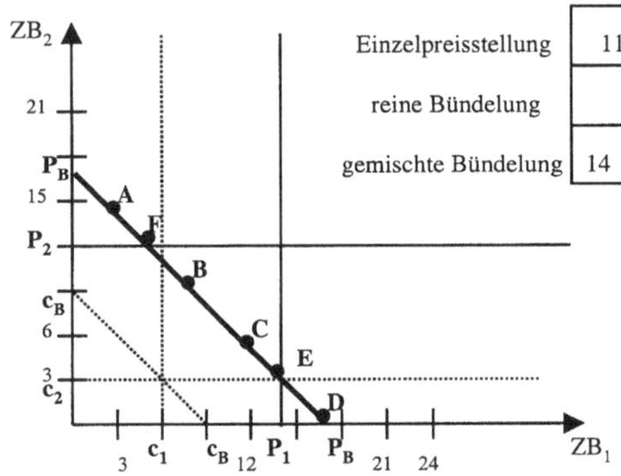

	P_1	P_2	P_B	Gewinn
Einzelpreisstellung	11	14,5		29,5
reine Bündelung			16,5	45
gemischte Bündelung	14	12	16,5	49

Abb. 18: Abschöpfung der Zahlungsbereitschaften vs. Preis > Kosten (in Anlehnung an ADAMS/YELLEN 1976, S. 484)

Die Kosten sind aus Vereinfachungsgründen in der Tabelle von Abbildung 15 nicht berücksichtigt. Bei der gemischten Preisbildung besteht aber die Möglichkeit durch die Setzung der Einzelpreise Nachfrager auszuschließen, deren Zahlungsbereitschaft nicht den Kosten entsprechen. Aus Abbildung 14 wird deutlich, daß die Einführung von Einzelpreisen P_1 = 15,5 TDM und P_2 =

14,5 TDM die Nachfrager A und D dazu bewegt, nur noch das höher bewertete Produkt zu kaufen und die zweite Komponente nicht zu erwerben.

Dennoch es kann unter bestimmter Verteilung der Zahlungsbereitschaft vorteilhafter sein, die Zahlungsbereitschaft unterhalb der Kosten inkauf zu nehmen. Dies wird in Abbildung 16 deutlich, da bei einer Senkung des Preises der Komponenten weniger der Zahlungsbereitschaft von A und D abgeschöpft würde. Es ist also in jedem Fall eine Abwägung der Maßnahmen nötig.

3.2.1.1.3 Einzelpreisstellung

Eine Einzelpreisstellung ist immer dann vorteilhaft, wenn die Nachfrager im Zahlungsbereitschaftsraum entlang der Achsen verteilt sind, sie also ein Produkt sehr hoch und das andere sehr niedrig bewerten. Dies wird zunächst ohne Berücksichtigung der Kosten betrachtet.

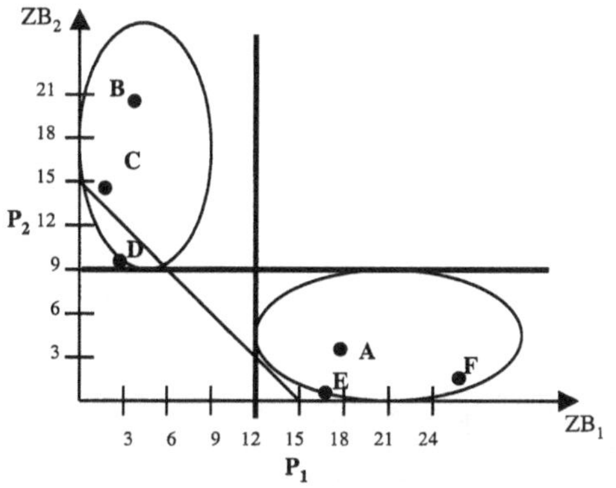

Abb. 19: Verteilung der Zahlungsbereitschaften bei Vorteilhaftigkeit der Einzelpreisstellung (in Anlehnung an Simon 1992, S. 1224)

Die zweite Konstellation, bei der Einzelpreisstellung die vorteilhafteste Alternative ist, ist die Existenz von Nachfragern, deren Höhe der Zahlungsbereitschaft sich stark voneinander unterscheidet. Die von ihnen jeweils akzeptierten Bündelpreise befinden sich auf stark unterschiedlichem Niveau. Um alle Bündelnachfrager abzuschöpfen, muß der Bündelpreis so niedrig angesetzt werden, daß auf mehr Zahlungsbereitschaft bei der Gruppe der höheren Zahlungsbereitschaft verzichtet wird, als der Einschluß der Gruppe mit der niedrigeren Zahlungsbereitschaft an Gewinn erbringt. Eine Erhöhung der Einzelpreise würde in dieser Konstellation auch keine Gewinnerhöhung bedeuten. Es werden in diesem Fall nur diejenigen Zahlungsbereitschaften abgeschöpft, die für mindestens ein Gut hoch liegt, während die Zahlungsbereitschaften nicht abgeschöpft werden, die sich für beide Güter auf mittlerem oder niedrigem Niveau befinden.

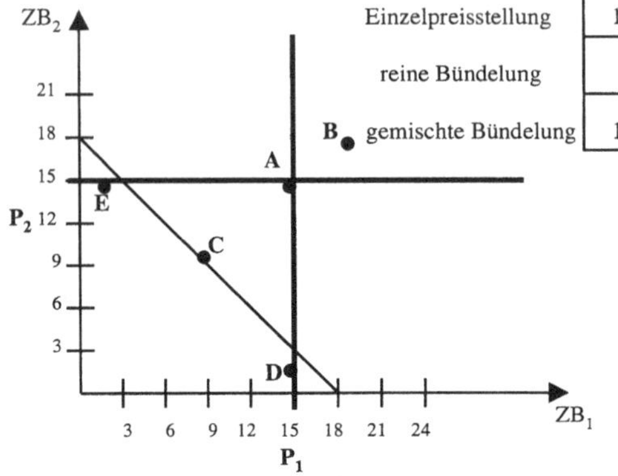

	P_1	P_2	P_B	Gewinn
Einzelpreisstellung	15	15		90
reine Bündelung			18	54
gemischte Bündelung	15	15	18	84

Abb. 20: Vorteilhaftigkeit der Einzelpreisstellung bei stark heterogenen Segmenten

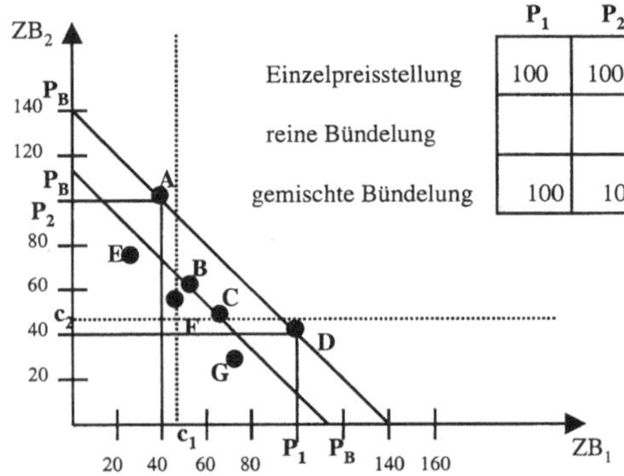

	P_1	P_2	P_B	Gewinn
Einzelpreisstellung	100	100		220
reine Bündelung			140	100
gemischte Bündelung	100	100	110	190

Abb. 21: Beispiel für eine die Kosten unterschreitende Zahlungsbereitschaft bei Einzelpreisstellung (in Anlehnung an ADAMS/YELLEN 1976, S. 488)

Berücksichtigt man die Kosten, zeigt sich, daß bei relativ hohen Kosten der Ausschluß von Nachfragern, deren Zahlungsbereitschaft niedriger als die Kosten ist, bei Einzelpreisstellung zu den besten Ergebnissen führt.

Würden die Kosten statt 45 TDM nur 30 TDM betragen, wäre die gemischte Bündelung die vorteilhafteste Angebotsform. Die Einzelpreisstellung ist also desto eher vorteilhaft, je höher die Kosten sind. Auch in diesem Fall werden gezielt nur diejenigen Zahlungsbereitschaften abgeschöpft, die für mindestens ein Gut deutlich über den Kosten liegen.

3.2.1.2 Premium Bundling als Sonderform der gemischten Bündelung

Bei Premium Bundling handelt es sich um eine Variante der gemischten Bündelung mit veränderter Prämisse. Der Bündelpreis liegt in diesem Fall nicht mehr unter der Summe der Einzelpreise, sondern übersteigt diese, so daß gilt: $P_B > P_1 + P_2$ (CREADY, 1991, S. 173ff.). Wenn die Nachfrager die Möglichkeiten hätten, beide Komponenten einzeln nachzufragen und dadurch den hohen Preis des Premium Bundlings zu umgehen, wäre diese Strategie nicht anwendbar.

Um die Nachfrager von der Selbstbündelung abzuhalten, muß der Anbieter dies den Nachfragern explizit durch vertragliche Klauseln bzw. Preise, die an gewisse Bedingungen gebunden sind, verbieten. Dem Konsumenten wird demnach nur die Wahl gelassen, das gesamte Bündel oder eines der Einzelprodukte, aber nicht beide Komponenten ungebündelt zu erwerben.

Auch hier wird weiterhin der Zwei-Produkt-Fall betrachtet, die Kosten werden zur Vereinfachung gleich Null gesetzt. Die Nachfrager haben bei diesem Modell ebenfalls keinen zusätzlichen Nutzen vom Konsum einer zweiten Einheit. Ferner haben die Nachfrager keine Nutzenerhöhung bzw. Nutzenminderung durch den Konsum des Bündels gegenüber dem Kauf der Komponenten.

Es gilt $ZB_B = ZB_1 + ZB_2$. Außerdem gilt für die Nachfrager, die das Bündel bevorzugen: $ZB_B > P_B$, $(ZB_B - P_B) > (ZB_1 - P_1)$ und $(ZB_B - Z_B) > (ZB_2 - P_2)$ (CREADY, 1991, S. 174). Hier gleicht das Premium Bundling den bisher vorgestellten Formen. Bei der Bevorzugung einer Komponente gelten die Gleichungen analog.

Hier werden die Konsumenten in 4 Gruppen eingeteilt: Käufer des Bündels, Käufer jeweils einer Komponente und Nicht-Käufer. Die Vorteilhaftigkeit von Premium Bundling ergibt sich bei einer speziellen Verteilung der Zahlungsbereitschaften. Die Zahlungsbereitschaft für eine Komponente muß deutlich unter derjenigen für das Bündel liegen. Durch den Ausschluß des Erwerbs beider Komponenten einzeln, liegen bei Premium Bundling nur die Alternativen Einzelpreisstellung und reine Bündelung vor.

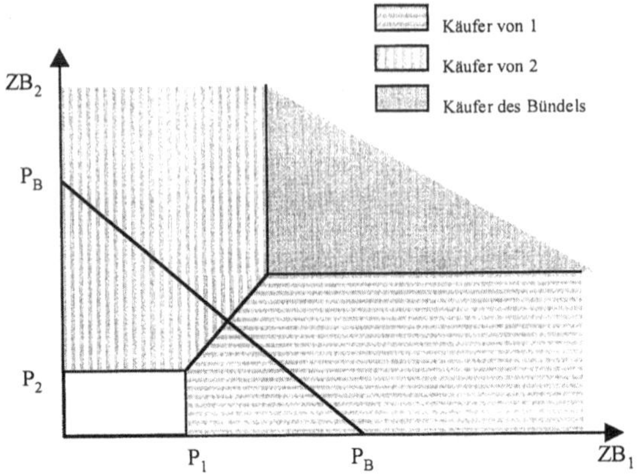

Abb. 22: Premium Bundling (in Anlehnung an CREADY, 1991, S.175)

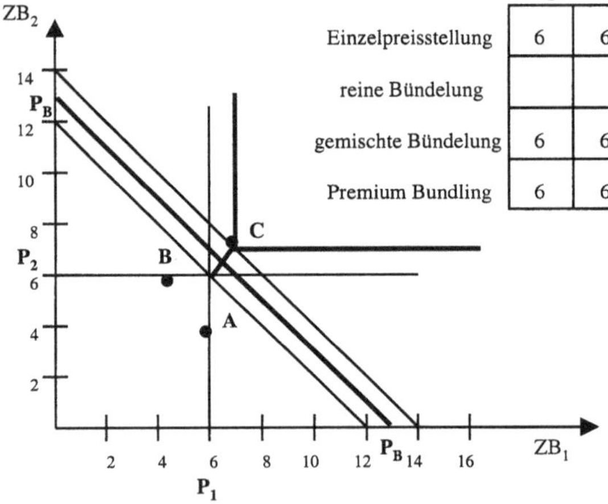

	P_1	P_2	P_B	Gewinn
Einzelpreisstellung	6	6		4
reine Bündelung			12	4
gemischte Bündelung	6	6	12	4
Premium Bundling	6	6	13	5

Abb. 23: Vorteilhaftigkeit des Premium Bundling ($C_1 = C_2 = 5$)

Allgemein sollte eine positive Korrelation zwischen den Zahlungsbereitschaften vorliegen und bei Nachfragern mit sehr niedrigen Zahlungsbereitschaften eine stark negative[55]. Bezieht man die Kosten in die Betrachtung ein, verändert sich die Vorteilhaftigkeit des Premium Bundling nicht. Der Bündelpreis liegt immer über der Summe der Einzelpreise, so daß er auch über den Kosten der Komponenten gewählt werden kann.

Die Vorteilhaftigkeit des Beispiels in Abbildung 21 liegt nur vor, wenn die Selbstbündelung erfolgreich unterbunden werden kann. Durch die Realitätsferne dieser Bedingung und der benötigten Verteilung der Zahlungsbereitschaften ist die Anwendbarkeit des Premium Bundling stark eingeschränkt.

3.2.2 Modell bei dynamischen Preisen

Während im vorangehenden Kapitel von der Prämisse ausgegangen wurde, daß im Vergleich zum Erwerb von Komponenten weder ein Nutzenzuwachs noch eine Nutzminderung bei Erwerb des Bündels auftritt, schließt das Modell bei Preisreagibilität auch die Möglichkeiten ein, daß der Nutzen des Bündels unter dem oder über dem der Komponenten liegt. Die Zahlungsbereitschaften sind demnach nicht unabhängig davon ob die Komponente separat oder als Teil eines Bündels angeboten wird, sondern sie ändern sich je nach Angebotsform. Die Veränderung der Zahlungsbereitschaften muß folglich beim Streben nach Erlösmaximierung berücksichtigt werden.

Die Nutzenstruktur bei den unter 3.2.1 behandelten Modellen, die rein additiv $b(x,y) = x + y$ ergibt, wobei x und y den Nutzen einer Einheit von Produkt X und Produkt Y darstellen und $b(x,y)$ dem Nutzen des Bündels entspricht, läßt sich auf den super- oder subadditiven Fall erweitern. Im Fall der Superadditivität verändert sich die obige Gleichung zu $b(x,y) > x + y$, im Fall von Subadditivität zu $b(x,y) < x + y$ (DANSBY/CONRAD 1984, S. 377). Im superadditiven Fall wird davon ausgegangen, daß die industrielle Dienstleistung, die zusammen mit dem Gut angeboten wird, das Gut ergänzt. Es besteht zwischen den Komponenten ein komplementäres Verhältnis[56]. Im subadditiven Fall behindern sich die Komponenten oder schließen einander aus. Im Fall komplementärer Beziehungen kann es sich um einseitig oder wechselseitig komplementäre Beziehungen handeln.

---

[55] Im Falle der gemischten Bündelung nach ADAMS/YELLEN sollte eine negative Korrelation der Zahlungsbereitschaften vorliegen (ADAMS/YELLEN 1976, S. 477 ff.). Sie ist aber keine allgemeine Voraussetzung für die Bündelung (SCHMALENSEE 1982, S. 228f.).

[56] Die Komplementarität bestimmt sich aus verringerten Suchkosten, erhöhtem Kundennutzen bzw. einem verbesserten Image und daraus resultirerend einer Nutzenerhöhung (OXENFELD 1966, S. 137 - 144).

Der Fall der einseitigen Komplementarität äußert sich dadurch, daß die Zahlungsbereitschaft für Komponente 1 unter der Bedingung des Kaufs von Komponente 2 höher ist als die Zahlungsbereitschaft für Komponente 2 einzeln. Diese durch den erhöhten Nutzen hervorgerufene erhöhte Zahlungsbereitschaft entsteht für die geringer geschätzte Komponente, da die Konsumentenrente von dem stärker geschätzten Produkt auf das geringer geschätzte übertragen wird. In bezug auf die Zahlungsbereitschaft für das Bündel folgt daraus, daß diese größer ist als die Summe der Einzelpreise (GUILTINAN 1987, S. 76, 77).

	Zahlungsbereitschaften				
Nachfrager	Z_1	Z_2	$Z_{1/2}$	$Z_{2/1}$	Z_B
1	8	1	8	4	12
2	3	6	3	8	11
3	8	7	8	8	16
4	5	2	5	4	9

Tab. 6: Die Auswirkungen einseitiger Komplementarität auf die Zahlungsbereitschaften der Bündel (nach GUILTINAN 1987, S. 77)[57]

Die Komponenten können als Bündel einen so großen Nutzen für den Nachfrager aufweisen, daß er gegenüber dem isolierten Erwerb bereit ist, für beide Produkte mehr zu bezahlen. Im Fall der dann vorliegenden wechselseitigen Komplementarität beeinflußt der Absatz der einen Komponente jeweils den Absatz der anderen, und beide Zahlungsbereitschaften steigen (DIECKMANN 1993, S 58). Entsprechendes gilt bei unerwünschter Bündelung und eingeschränkten Nutzungspotentialen umgekehrt.
Eine weitere Prämisse besteht darin, daß der Anbieter auf einem Markt eine Monopolstellung innehat, während sich die andere Komponente gegen Konkurrenzprodukte behaupten muß. Die Stückkosten sind konstant. Das Unternehmen kann die Produkte ungebündelt oder als Bündel anbieten. Beim separaten Verkauf lassen sich für eine Komponente der Monopolpreis, für die andere der Wettbewerbspreis realisieren.

Die Nachfrage der ersten Komponente ist somit nicht nur vom eigenen Preis, sondern auch vom Preis des komplementären Produkts abhängig. Die Komplementarität wird in einer Gleichung durch positive Konstanten ausgedrückt. Im Fall der Subadditivität sind die Konstanten negativ. Durch

[57] In diesem Fall erhöht die Komponente 1 den Nutzen der Komponente 2, so daß die Zahlungsbereitschaft für 2 steigt, wenn 1 gekauft wird, 2 ist also die geringer geschätzte. Der Bündelpreis ergibt sich aus der Addition der bedingten Zahlungsbereitschaften. Bei einem Bündelpreis von 9 würden alle Nachfrager kaufen (GUILTINAN 1987, S. 77).

Ableitung nach den Preisen und Umformung der Gleichung[58] ergeben sich Isoprofitlinien, auf denen der Anbieter bezüglich der Preissetzung indifferent ist, da der Ertrag konstant ist. Die Mitte der Ellipse gibt dann den gewinnmaximalen Punkt an. Bei einer Entbündelung würde der Preis des Produktes mit Wettbewerbspreis wieder fallen, während der Preis des Produktes mit Monopolpreis steigen würde (WARHIT 1977, S. 84). Dies läßt sich aber nur durchführen, wenn die komplementäre Wirkung auch in ihrer Stärke ermittelt ist, um als Konstanten in die Gleichung einzugehen, so daß die Anwendbarkeit des Modells stark eingeschränkt ist.[59]

3.2.3 Die Bündelungstheorie als Grundlage für eine nutzenorientierte Preisdifferenzierung

Bei der mikroökonomischen Preisbündelung handelt es sich um unter strengen Prämissen aufgestellte Modelle, die, um sie als preispolitische Instrumente einsetzen zu können, auf ihre Gültigkeit in der Realität überprüft und gegebenenfalls angepaßt werden müssen. Dazu wird zunächst die Preisbündelung als Preisstrategie betrachtet und die strategischen Optionen untersucht. Anschließend wird die Preisbündelung in die operative Preispolitik eingeordnet und die Preisbündelung als Grundlage zur Preissetzung und die Auswirkungen auf Preiswahrnehmung und Preisbeurteilung geprüft. Zum Abschluß werden empirische Ansätze zur Ermittlung der optimalen Bündelungsform vorgestellt.

3.2.3.1 Preisbündelung als Preisstrategie

3.2.3.1.1 Anpassung der Prämissen

Um die Bündelungstheorie realen Bedingungen anzupassen, müssen zunächst die Prämissen den realen Bedingungen angenähert werden, die die Entwicklung strategischer Marketingziele ermöglichen. Eine Prämisse stellt die Monopolsituation des Anbieters für ein Bündelbestandteil dar. Dies ist unter realen Bedingungen dann der Fall, wenn der Anbieter über einen Komparativen Konkurrenzvorteil verfügt, der von Konkurrenzunternehmen nicht kopierbar ist (BACKHAUS 1992, S. 6f.). Diese Monopolsituation ist in der Regel von begrenzter Dauer bis Folger auf dem Markt eintreten, so daß sich der Anbieter auf beiden Märkten einer Konkurrenzsituation gegenüber sieht. Er kann den Nachfrager nicht zwingen, beide Leistungen im Paket zu kaufen. Dennoch kann reine Bündelung als Angebotsform dadurch nicht ausgeschlossen werden, da

---

[58] vgl. dazu ausführlich WARHIT 1977, S. 83

[59] zu Spezialaspekten der Bündelung vgl. auch DRUMWRIGHT 1992, LEWBEL 1984, LONG 1984, PALFREY 1983, SALINGER 1995

die entsprechende Konstellation der Zahlungsbereitschaften und ein niedrigerer Angebotspreis als im Einzelverkauf beider Komponenten vorliegen können, die zu einem gewinnoptimalen Angebot führen.

Eine Aussage über die Höhe des Angebotspreises bei Konkurrenzanbietern läßt sich nicht treffen, so daß folgende Situationen möglich sind: Die Konkurrenz bietet eine der Komponenten oder das gesamte Bündel zum selben Preis, zu einem höheren Preis oder zu einem niedrigeren Preis an als der Anbieter des Bündels. Die nachfolgenden Betrachtungen beschränken sich auf die Beziehung zwischen einem Anbieter und potentiellen Nachfragern, ohne die Konkurrenzsituation zu berücksichtigen. So kann der Anbieter reine Preisbündelung betreiben, kann aber nicht ausschließen, daß die Preisvorteile auch bei Konkurrenzanbietern vorliegen. Gleichzeitig kann die Preisbündelung dazu führen, neue Nachfrager von Konkurrenten abzuwerben (GUILTINAN 1992, S. 354).

Ebenso wie die Betrachtung der Wettbewerbspreise ausgeschlossen wird, wird die Kostensituation nicht betrachtet, so daß als Grundorientierung der Preispolitik die Abnehmerorientierung gilt. Es wird grundsätzlich von einer Situation P>K ausgegangen.[60]

Der Hauptgrund für den Erfolg der Preisbündelung liegt darin, daß Konsumentenrente vom höher bewerteten Produkt auf das Produkt, für das eine Zahlungsbereitschaft unter dem Preis vorliegt, übertragen wird. Gleichzeitig wird Unabhängigkeit hinsichtlich der Nachfrage nach den Komponenten angenommen, wodurch die Annahme der Additivität der Zahlungsbereitschaften gegeben ist. Bei inhaltlich substitutiv wirkenden Komponenten kann nicht von Unabhängigkeit ausgegangen werden, ebenso bei komplementären[61]. Bei unabhängig wirkenden Komponenten besteht andererseits kein Grund dafür, daß die Konsumentenrente gerade auf das zweite Produkt des Bündels übertragen wird statt auf ein drittes (GUILTINAN 1992, S. 355). Wird ein Preisnachlaß durch die Bündelung geboten, wird die Übertragung der Zahlungsbereitschaft auf die zweite Komponente gelenkt. Bei komplementären Komponenten ist ein Preisnachlaß nicht nötig, sondern kann - im Falle der reinen Bündelung und je nach Stärke der Wirkung - auch eine Preiserhöhung beinhalten, d.h. Superadditivität liegt vor (vgl. DANSBY 1984, S.377).

---

[60] Damit entspricht dies auch den Ansätzen des Target Costing bzw. Target Pricing, bei denen der Zielpreis aus dem Kundennutzen und der sich daraus ergebenden Preisbereitschaft ermittelt wird und damit die am Markt erlaubten Kosten abgeleitet werden, an die die Kosten des Unternehmens angepaßt werden müssen (ZILLMER 1992, S. 286; FRANZ 1993, S. 125; FREIDANK 1992, S. 209; HAHN 1993, S. 110; SEIDENSCHWARZ 1993, HIEKE 1994, S. 498).

[61] vgl. dazu die Arbeitsdefinition S. 9 und Kapitel 3.2.2.

Um Preisreagibilität für die Leistungsbündelung nutzen zu können, muß die komplementäre Wirkung der Komponenten bekannt sein. Dies kann sich segmentspezifisch stark unterscheiden. Da bereits bei der Verteilung der Zahlungsbereitschaften eine Selbstsegmentierung der Nachfrager stattfindet, steigt bei Preisreagibilität das Entscheidungsproblem und damit die Informationskosten für den Anbieter. Gerade die Informationskosten sollen aber bei der Bündelung gesenkt werden, so daß der Sonderfall der Preisreagibilität aus Kostengründen im weiteren nicht berücksichtigt wird.

3.2.3.1.2 Bündelungsstrategien

3.2.3.1.2.1 Der Ansatz von GUILTINAN

Voraussetzung für die Verfolgung von Bündelungsstrategien ist das Vorliegen von heterogener Nachfrage, die eine Auswahl von Bündelungsformen zur Segmentierung erfordert. GUILTINAN (1992, S. 351 - 367) geht bei seinen Strategieempfehlungen von gemischter Bündelung aus, die die höchstmögliche Zahl von strategischen Optionen bietet. Demnach lassen sich die Nachfrager in folgende 4 Segmente einordnen[62]:

- Segment 1: Käufer von Gut A, Nichtkäufer von Gut B
- Segment 2: Käufer von Gut B, Nichtkäufer von Gut A
- Segment 3: Käufer beider Güter
- Segment 4: Nichtkäufer

Die Nachfrager segmentieren sich durch ihre Kaufentscheidung selbst[63]. Daraus ergeben sich mögliche Nachfragewanderungen, die in Abbildung 23 dargestellt sind.

Aus den drei Segmenten 1,2 und 4 können Käufer für das Bündel gewonnen werden. Dafür stehen zwei Strategien zur Auswahl:

- Strategie 1: Cross-Selling
- Strategie 2: Neukundenakquisition

Bei einer Entscheidung für Strategie 1 werden die Segmente 1 und 2 angesteuert. Wird die Strategie 2 gewählt, richtet sie sich an das Segment 4. Wird eine Beibehaltung des bestehenden Zustands angestrebt, stellen die

---

[62] vgl. dazu auch Abbildung 12.

[63] Es handelt sich hierbei um Preisdifferenzierung zweiten Grades (TACKE 1989, S. 44)

Segmente 1,2 und 3 entsprechend ihrer bisherigen Berücksichtigung die Zielsegmente dar.

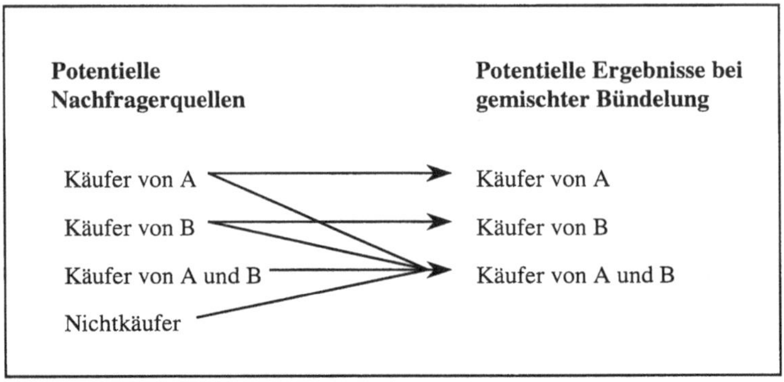

Abb. 24: Mögliche Nachfragewanderungen bei gemischter Preisbündelung (GUILTINAN 1992, S. 355)

Dem Anbieter ist die Verteilung der Zahlungsbereitschaften in der Realität unbekannt. Zur Auswahl der Strategie muß er aber die Nachfrageniveaus und die Reaktionen auf eine Veränderung der Nachfragebedingungen kennen, indem Kunden z.B. zur Konkurrenz abwandern (GUILTINAN 1992, S. 356).

Grundsätzlich existieren im Rahmen der gemischten Bündelung zwei Optionen: Das mixed leader und das mixed joint bundling. Beim mixed leader bundling erhält der Nachfrager einen Preisnachlaß auf das Nebenprodukt, während er für das Hauptprodukt denselben Preis bezahlt wie ungebündelt. Beim mixed joint bundling werden die Produkte zu einem eigenständigen Bündelpreis angeboten, der unter der Summe der Preise der Einzelprodukte liegt.

Um eine Cross-Selling-Strategie anzuwenden, sind die relativen Nachfragemengen der beiden Einzelprodukte zu betrachten. Wenn die Nachfrage für ein Produkt wesentlich höher ist als für das zweite, ist eine mixed leader Bündelung geeignet. Der Preisnachlaß auf das Nebenprodukt mit geringerer Nachfrage ist vom Grad der Komplementarität zwischen den Komponenten abhängig. Sind die Nachfrageniveaus der ungebündelten Komponenten auf ähnlicher Höhe, empfiehlt sich die mixed joint Bündelung. Da hier kein Führungsprodukt vorliegt, werden Nachfrager für jeweils beide Einzelprodukte zusätzlich das jeweils andere Produkt erwerben, es liegt eine bidirektionale Komplementarität vor. Die Übertragung der Konsumentenrente wird in beiden Fällen gezielt gesteuert.

Wird als Strategie die Neukundenakquisition gewählt, ist das Ziel, neue Kunden für das Produktbündel zu gewinnen. Der bisherige Nichtkauf kann einerseits darin begründet sein, daß die Nichtkäufer einen geringeren Nutzen als Zahlungsbereitschaft empfinden, andererseits darin, daß Konkurrenzprodukte einen höheren Nutzen stiften oder zu einem niedrigeren Preis angeboten werden (GUILTINAN 1992, S. 360). Zahlungsbereitschaften unter der Bedingung, daß ein Produkt bereits erworben wurde, konnten sich noch nicht entwickeln.

Unter diesen Bedingungen kommt dem Preisnachlaß eine höhere Bedeutung zu als bei der Cross-Selling-Strategie. Die Konsumentenrente muß geschaffen bzw. erhöht werden, um diejenige der Konkurrenzprodukte zu übersteigen. Eine entscheidende Rolle spielt dabei die Preiselastizität der Nachfrager. Je geringer die Informationskosten sind, desto elastischer ist die Nachfrage, da die Nachfrager über Informationen über eine größere Anzahl von Alternativen verfügen (GUILTINAN 1992, S. 360)[64]. Bei einer mixed-leader-Strategie bedeutet dies, daß die Nachfrage nach dem Führungsprodukt möglichst elastisch sein sollte, um Abnehmer von der Konkurrenz abzuwerben. Dazu kommt der Komplementaritätseffekt, so daß der Nutzen des zum Führungsprodukt komplementären Produkts steigt, wenn das zweite Produkt dazu gekauft wird.

Im Falle einer mixed-joint-Bündelung, bei der sich kein Produkt als Führungsprodukt eignet, ist entweder durch eine starke Preisreduktion oder durch eine starke Komplementaritätswirkung, die die Zahlungsbereitschaft für das Bündel erhöht, die Gewinnung von Neukunden möglich. Dies ist beim Vorliegen einer bidirektionalen Komplementarität eher wahrscheinlich, wobei die Komplementarität den Nachfragern vorher noch nicht bewußt geworden sein darf. Die Konsumentenrenten der Abnehmer müssen diejenigen der Abnehmer für Konkurrenzprodukte übersteigen.

GUILTINAN stellt seinen Strategien eine Segmentierung ausschließlich nach Kauf oder Nichtkauf voran. Die Segmente können sich abhängig von den Produkten unterscheiden und bieten keine weiteren Ansatzpunkte für eine segmentspezifische Ansteuerung. Problematisch ist außerdem, daß GUILTINAN sich auf gemischte Bündelung beschränkt und hiervon zwei Formen berücksichtigt. Dabei vernachlässigt er die Möglichkeit, daß durch einmalig geschaffenen Kundennutzen ein vorübergehender monopolähnlicher Zustand erreicht werden kann. Darüber hinaus sieht Guiltinan nicht die Bündelungsentscheidung als Strategie, sondern als operatives Mittel bei der Anwendung

[64] GUILTINAN (1992, S. 360f.) geht hierzu auf die informationsökonomischen Eigenschaften der Güter ein, führt also die Preiselastizität auf die Möglichkeiten zur Qualitätsbeurteilung und die dadurch entstehenden Informationskosten zurück, vgl. dazu Kapitel 5.1.

von einer Cross-Selling oder Neukundenakquisitionsstrategie. Das strategische Problem der Bündelungsentscheidung allgemein wird ebensowenig betrachtet wie die Möglichkeiten einer reinen Bündelung, da er von sie vornherein ausschließt.

3.2.3.1.2.2 Der Ansatz von PAUN

PAUN (1993, S. 29 - 34) geht demgegenüber nur von der strategischen Entscheidung der Bündelung oder Einzelpreisstellung aus und präsentiert dazu einen Kriterienkatalog. Die Kriterien werden zu vier Gruppen zusammengefaßt: Nachfragerfaktoren, Umfeldfaktoren, Unternehmensfaktoren und Produktfaktoren. Die Kundenfaktoren bestehen aus der möglichen Ersparnis an Zeit und Anstrengung beim Bündelkauf, dem verminderten Risiko und der Ähnlichkeiten der Nachfragerbedürfnisse (PAUN 1993, S. 30). Der erste Faktor bezeichnet also die Transaktionskosten, der zweite das wahrgenommene Risiko und der dritte das Vorliegen von Nachfragersegmenten. Zu den Umfeldfaktoren gehören das Bündelangebot der Konkurrenten, die Markteintrittsbarrieren und die Konjunktur[65]. Unter Firmenfaktoren werden Besitzverhältnisse an Produktlizenzen und -patenten, Kostenvorteile, weiterhin die Möglichkeit zur Preisdiskriminierung und die Bedeutung von technischem Service bei geleasten Produkten genannt. Die Produktfaktoren setzen sich aus dem Komplementaritätsgrad, der Stärke der Differenzierungswirkung und dem Neuheitsgrad sowie dem Grad der Optimierung der Produktperformance zusammen (PAUN 1993, S. 31).

Unklar ist die Form der Generierung der von PAUN entwickelten Liste, auf der strategiebeeinflussende Faktoren völlig unterschiedlicher Bedeutung gleichwertig nebeneinanderstehen. Man kann daher davon ausgehen, daß sie weder theoriegeleitet noch empirisch fundiert entwickelt wurde. Weiterhin sind einige Merkmale nicht unabhängig voneinander, so daß die Bewertung verzerrt wird. Beispielsweise ist die mögliche Transationskostenersparnis direkt im Komplementaritätsgrad enthalten. Daher sind die Faktoren in dieser Form nicht für eine Strategieentscheidung geeignet.[66]

---

[65] PAUN schließt außerdem staatliche Regelungen und Gesetze ein. Da sie nicht beeinflußbar sind und bei Vorliegen eine Bündelung unabhängig von den anderen Faktoren ausschließen, sind sie systematisch nicht auf derselben Ebene anzusiedeln und werden nicht betrachtet (PAUN 1993, S. 30).

[66] Eine auf Dienstleistungen im Investitionsgütermarketing bezogene Liste der Faktoren findet sich bei GRAßY (1995, S. 50 - 76). Hier steht allerdings der produktpolitische Aspekt im Vordergrund, während Preisbündelung keine Rolle spielt.

3.2.3.1.2.3 Die Preisbündelung als Strategie der Preisdifferenzierung

Weiterhin läßt sich auch die grundsätzliche Bündelungsentscheidung als Strategie betrachten, so daß drei Strategien existieren: die reine Bündelung, die gemischte Bündelung und die Einzelpreisstellung (VENKATESH/MAHAJAN 1993, S. 494). Da für jede der Formen eine bestimmte Verteilung der Zahlungsbereitschaften umsatzmaximierend ist, läßt sich eine Nachfragersegmentierung nach Zahlungsbereitschaften durchführen. Dies führt zur zweiten Prämisse:

Wenn die Verteilung der Zahlungsbereitschaften bekannt ist, lassen sich segmentspezifische Bündelungsstrategien ableiten.

Eine Monopolstellung in einem oder beiden Komponenten ist keine Bedingung für die Bündelung. Lediglich die Konkurrenzbetrachtung wird damit ausgeschaltet[67]. Komplementarität kann sich unterstützend auf die Bündelung auswirken, da Superadditivität vorliegen kann, ist aber keine Voraussetzung dafür. Als Grundlage der Bündelungsentscheidung dient ausschließlich die Verteilung der Zahlungsbereitschaften.

Die Preisbündelung läßt sich zu den Implementationsformen der Preisdifferenzierung zählen. Preisdifferenzierung liegt vor, wenn ein Produkt, das hinsichtlich der räumlichen, zeitlichen, leistungs- und mengenbezogenen Dimensionen identisch ist oder Varianten desselben zu unterschiedlichen Preisen verkauft werden (FAßNACHT 1996, S. 25). Die Preisdifferenzierung stellt also eine auf die Preispolitik konzentrierte Marktsegmentierung dar, deren Aufgaben in der Identifikation der Segmente und der Bestimmung und Implementation segmentspezifischer Preisstrategien bestehen (TACKE 1989, S. 9). Aus dieser Perspektive bildet die Preisbündelung die Umsetzung preispolitischer Strategien.

Je nach Ausmaß der Abschöpfung der Konsumentenrenten werden drei Typen der Preisdifferenzierung unterschieden (TACKE 1989, S. 12 - 15). Bei der Preisdifferenzierung ersten Grades werden sämtliche Konsumentenrenten vollständig abgeschöpft. In diesem Fall ist keine Preisbündelung notwendig, da immer der Maximalpreis verlangt wird. Die Preisdifferenzierung zweiten Grades liegt vor, wenn der Anbieter die Nachfrager in verschiedene Segmente einteilen kann und für jedes Segment einen Preis bestimmt. Den Nachfragern werden alle Preise angeboten, sie segmentieren sich selbst. Dies entspricht der Segmentierung nach GUILTINAN und funktioniert nur, wenn Segmente mit höherer Zahlungs-

---

67 CARBAJO/DE MEZA/SEIDMAN (1990, S. 283 - 298) sehen in der Bündelung eine Strategie zur Abwehr von Konkurrenten.

bereitschaft auch die höheren Preise wählen, so daß die verschiedenen Preise auch mit Qualitätsunterschieden gekoppelt sein sollten. Die Preisdifferenzierung dritten Grades erweitert die vorhergehende darum, daß der Anbieter die Nachfragersegmente mit Hilfe beobachtbarer und ansprechbarer Kriterien identifizieren kann. Der Erfolg ist demnach davon abhängig, wie gut es gelingt, die Segmente zu definieren und zu trennen.

Zu den möglichen Implementationsformen der Preisdifferenzierung dritten Grades gehört die personenbezogene Preisdifferenzierung[68], bei der ein Produkt, das hinsichtlich der räumlichen, zeitlichen, leistungs- und mengenbezogenen Dimensionen identisch ist, unterschiedlichen Nachfragern oder Nachfrager-gruppen aufgrund personenbezogener Merkmale zu verschiedenen Preisen angeboten wird (FAßNACHT 1996, S. 55). So kann jedes der Segmente mit einer unterschiedlichen Strategie angesteuert werden. Da ein Nachfrager niemals mehr als seinen Nutzenpreis zahlen wird, dementsprechend eine nutzenbasierte Preissetzung eine maximale Abschöpfung der Konsumentenrente ermöglicht, ist eine nutzenbasierte personenbezogene Preisdifferenzierung anzustreben[69]. Durch identifizierbare nachfragerbezogene Eigenschaften oder Verhaltensmerkmale, die aus der unterschiedlichen Zahlungsbereitschaft resultieren, können Segmente gebildet werden.

Die klassische Preisbündelung wird der Differenzierung zweiten Grades zugeordnet (TACKE 1989, S. 44, FAßNACHT 1996, S. 82), da allen Nachfragern derselbe Preis angeboten wird und sie sich dadurch selbst segmentieren. Dadurch sind die Einwirkungsmöglichkeiten des Anbieters eingeschränkt. Er wartet auf die Reaktion der Nachfrager und hat lediglich die Kaufentscheidung als Anhaltspunkt für eine segmentorientierte Ansprache. Um Gestaltungsmöglichkeiten für den Anbieter zu erreichen, gilt es Indikatoren für unterschiedliche Höhen der Zahlungsbereitschaften abzuleiten. Damit würde Preisbündelung eine Preisdifferenzierung dritten Grades darstellen, die für den Anbieter einen aktiven segmentspezifischen Einsatz der Preisbündelung ermöglicht. Von identifizierbaren Nachfragereigenschaften und -verhaltensmerkmalen lassen sich demzufolge Zahlungsbereitschaften ableiten.

---

[68] Andere, bedeutungsgleiche Begriffe sind persönliche Preisdifferenzierung (TACKE 1989, S. 17) und Preisdifferenzierung nach Kundenmerkmalen (FRIEGE 1995, S. 105; SIMON 1992, S. 392)

[69] Auf empirischen Wege ist dies durch benefit segmentation zu ermitteln (BAUER 1976, S. 185 ff.; MÜHLBACHER/BOTSCHEN 1990, S.161ff.).

Daraus entspricht der folgenden Prämisse:
Wenn Nachfragermerkmale identifiziert werden können, die eine unterschiedliche Zahlungsbereitschaft zur Folge haben, lassen sich davon Bündelungsempfehlungen ableiten.

Für die Ermittlung der Zahlungsbereitschaften ergeben sich die Möglichkeiten, sie empirisch zu erheben oder sie theoretisch anhand ihrer Determinanten abzuleiten, wobei die theoretische Ableitung zu modellhaften Aussagen führt, während die empirische Ermittlung einzelfallbezogen ist.[70]

3.2.3.2 Preisbündelung als Mittel der Preispolitik

Die konkrete Ausgestaltung der Bündelungsform, z.B. als mixed-joint- oder mixed-leader-Bundling oder in Form von Preisbaukästen ist eine Entscheidung der Preispolitik auf operativer Ebene. In diesem Rahmen sind auch verhaltenswissenschaftliche Aspekte wie Preiswahrnehmung und Preisbeurteilung bei Leistungsbündeln zu betrachten.

Da die Entscheidung über eine Preisdifferenzierung durch Bündelung strategischer Natur ist, muß im Rahmen der operativen Preispolitik über die Ausgestaltung der Bündelung entschieden werden. Für gemischte Bündelung existieren unterschiedliche Formen, während bei reiner Bündelung nur die Entscheidung über die Preishöhe zu treffen ist[71]. Neben den oben erwähnten Formen zählt das Add-on-bundling zur gemischten Bündelung. Es handelt sich aber um eine Sonderform des mixed-leader-bundlings bei der das Nebenprodukt nur einen Nutzen in Verbindung mit dem Führungsprodukt stiftet, es also ungebündelt nicht nachgefragt wird, so daß ungebündelt nur das Führungsprodukt angeboten wird.

Preisbaukästen stellen eine Anwendungsform von gemischter und reiner Bündelung dar. Bei Preisbaukästen handelt es sich um Angebotspreissysteme in Form von Listenpreisen für kombinierbare, komplementäre, standardisierte Teilleistungen oder für darauf aufbauende Leistungspakete mit speziellen (in der Regel günstigeren) Paketpreisen (DILLER 1992, S. 3; 1993, S. 270). Ein Preisbaukasten kann mehrere Angebotssysteme enthalten, in denen neben komplementären auch substitutive Leistungskomponenten enthalten sein können. Die Besonderheit von Preisbaukästen liegt darin, daß standardisierte Komponenten flexibel miteinander kombinierbar gemacht werden, also das Leistungsangebot trotz standardisierter Elemente individualisiert wird.

---

[70] vgl. zur Bündelung insgesamt auch die Zusammenstellung von FRIEGE (1995, S. 178f.), der nicht nach Betrachtungsebene und Prämissen differenziert.

[71] vgl. Abbildung 4. Der Kopplungsverkauf als Sonderform der reinen Bündelung geht von den Produktspezifika aus und leitet keine Preisempfehlungen ab.

Preispolitisch bestehen demzufolge zwei Optionen, die sich auch miteinander kombinieren lassen. Jede Komponente wird mit einem Einzelpreis versehen. Der Gesamtpreis ergibt sich aus der Summe der Einzelpreise. Oder der Anbieter versieht Leistungskombinationen mit Paketpreisen. Der Paketpreis liegt im Vergleich zu den Einzelpreisen niedriger, wenn er alternativ zu Einzelpreisen angeboten wird (DILLER 1992, S. 4; 1993, S. 271)[72]. Dadurch ergeben sich hinsichtlich der verhaltenwissenschaftlichen Preiswirkungen Hypothesen, die DILLER auflistet (DILLER 1992, S. 6 - 8 ; 1993, S. 272f.). Der Preis ist hier also nicht nur die Opfergröße, sondern muß in der Gesamtheit seiner Wirkungen betrachtet werden.

3.2.3.3 Ermittlung der optimalen Bündelungsform

Während die bisherigen Modelle und Theorien die Beschreibung und Erklärung von Bündeln und ihren Komponenten beinhalteten und daraus Empfehlungen ableiten, existieren darüber hinaus stark normativ orientierte Optimierungsverfahren und Entscheidungsmodelle, die Bündelung zum Gegenstand haben.

Von diesen Verfahren setzen die Optimierungsverfahren als Ziel die Gewinnmaximierung, während die Conjoint-Analyse zunächst den Kundennutzen in den Mittelpunkt stellt, der zur Gewinnmaximierung führen soll.

3.2.3.3.1 Optimierungsverfahren

HANSON/MARTIN entwickelten ein Optimierungsverfahren zur Ermittlung der gewinnoptimalen Bündelungsart und der entsprechenden Preise (HANSON/ MARTIN 1990, S. 155-174). Ein gewinnmaximierender Monopolist erstellt dazu eine Preisliste für alle möglichen Komponentenbündel. Die Nachfrager sehen diese Preisliste durch und tätigen diejenigen Käufe, die ihre Konsumentenrente maximieren[73]. Die Konsumentenrente ergibt sich aus der Zahlungsbereitschaft abzüglich des Bündelpreises. Wird kein Kauf getätigt, wird auch keine Konsumentenrente erzielt.

Die Zielfunktion ist die Gewinnmaximierung. Der Gewinn ergibt sich aus der Menge der Bündel, verkauft zum Maximalpreis abzüglich Kosten. Die Entscheidung für oder gegen den Kauf des Bündels wird durch eine binäre

---

[72] Die Abgrenzung DILLERS von der mikroökonomischen Bündelungstheorie ist nicht vollständig nachzuvollziehen, da sie bei Substitutivität und Komplementarität anzuwenden ist. Der Unterschied besteht vielmehr in der Standardisierung der Leistungskomponenten, da dies in der Bündelungstheorie nicht betrachtet wurde und der vielseitigeren strategischen Ausrichtung (DILLER 1992, S. 4f.; 1993, S. 271).

[73] Dies entspricht der Maximierung der Nutzenfunktion der Nachfrager (HANSON/MARTIN 1990, S. 161).

Variable in der Funktion ausgedrückt, die für jedes Segment bei einem bestimmten Bündel 1, also Kauf, sein muß. Die für die Optimierung benötigten Zahlungsbereitschaften wurden mittels Befragung von Konsumenten ermittelt[74]. Bei einer geringen Anzahl von Komponenten und Nachfragersegmenten läßt sich das Optimierungsproblem eindeutig lösen, während die Zahl der Bedingungen und Variablen exponential mit der Zahl der Komponenten ansteigt, was zu prohibitiv hohen Rechenkosten führt. Um dies auszuschliessen, schränken HANSON/MARTIN die möglichen Bündel auf Bündel mit einer vorher bestimmten Schlüsselkomponente ein (HANSON/MARTIN 1990, S. 166), so daß die allgemeine Anwendbarkeit nicht mehr besteht.

Das Optimierungsmodell ist nur einsetzbar, wenn die Zahlungsbereitschaften vorher ermittelt wurden. Es liefert dann genauere Ergebnisse als die Bündelungsmodelle, die aufgrund der Verteilung der Zahlungsbereitschaften Bündelungsempfehlungen ermöglichen. Es werden als Input aber genaue quantitative Informationen verlangt.

Ein Modell, das mit wahrscheinlichkeitsverteilten Maximalpreisen arbeitet, entwickelten FÜRDERER/HUCHZERMEIER (1997, S. 122-126). Jedem Kundenegment wird eine wahrscheinlichkeitsverteilte Zahlungsbereitschaftsstruktur zugeordnet, wobei die Zahlungsbereitschaften als normalverteilt angenommen werden. Bei einem mittleren Maximalpreis würden also 50% der Nachfrager das Bündel kaufen. Ein negativer Maximalpreis gibt die Abneigung des Nachfragers gegen eine ungewollte Komponente an, die nur mit Transaktionskosten in dieser Höhe entfernt werden kann oder als Bestandteil akzeptiert wird. Der Hersteller kann eine maximale Anzahl zu produzierender Bündel festlegen, deren Angebot durch eine binäre Variable ausgedrückt wird.

Der Kunde wird mit einer Wahrscheinlichkeit ein bestimmtes Bündel zu einem bestimmten Preis erwerben. Darüber hinaus finden die Kosten Berücksichtigung. Die Zielfunktion stellt den optimierten Gewinn in Form der Stückdeckungsbeiträge minus Fixkosten dar. Die Form der Bündelung wird über jeweils eine spezifische Randbedingung für die reine bzw. die gemischte Bündelung berücksichtigt. Wenn keine ausdrückliche Bündelungsstrategie verfolgt wird, kann diese Bedingung entfallen.

Auch in diesem Modell vereinfacht eine geringe Zahl von Segmenten und Komponenten die Lösungsfindung. In diesem Modell wird der Unsicherheit bei der Bestimmung der Zahlungsbereitschaften durch die Berücksichtigung von Wahrscheinlichkeiten begegnet. Die Annahme einer Normalverteilung schränkt

---

[74] HANSON/MARTIN schlagen darüber hinaus die Conjoint-Analyse vor (HANSON/MARTIN 1990, S. 162).

das Modell hingegen ein. Ebenso bleibt unklar, wie sich die Bündelpreise im Verhältnis zu den Einzelpreisen verhalten.

Beide Modelle haben die Gewinnoptimierung als Zielfunktion. Die Anzahl der Komponenten ist nicht beschränkt, ebenso können Einkomponentenbündel gekauft werden. Die Art der Bündelung wird im ersten Modell implizit als gemischte Bündelung angenommen, während im zweiten Modell gemischte oder reine Bündelung vorliegen können. Das Ergebnis besteht dementsprechend nicht in der Empfehlung einer Bündelungsform, sondern in der Gewinnmaximierung bei einer gegebenen Bündelungsform. Die Zahlungsbereitschaften müssen entweder aufwendig empirisch ermittelt werden oder werden als normalverteilt angenommen. Gesetzmäßigkeiten über die Verteilung der Zahlungsbereitschaften und entsprechende Bündelungsformen lassen sich nicht ableiten.

3.2.3.3.2 Conjoint-Analyse

Die Ermittlung der Zahlungsbereitschaften läßt sich mit Hilfe der Conjoint-Analyse durchführen, die sich auch zur Erstellung von Preisabsatzfunktionen nutzen läßt. Die Preisabsatzfunktion ermöglicht dann Rückschlüsse zur Gewinnmaximierung. Es handelt sich bei der Conjoint-Analyse um ein Instrument zur Präferenzforschung, das ermöglicht, ausgehend von einer Präferenz-reihenfolge von Produktalternativen, Rückschlüsse auf die Teilnutzenbeiträge der Merkmalsausprägungen zu ziehen (MENGEN 1993, S. 70).[75]

Der Grundgedanke der Conjoint-Analyse besteht darin, daß sich der Gesamtnutzen eines Produkts als abhängige Variable aus den Teilnutzenwerten der Merkmale oder Komponenten, den unabhängigen Variablen zusammensetzt. Im Falle der Leistungsbündelung mit industriellen Dienstleistungen kann es sich bei den Komponenten um die Sachleistungs- und die Dienstleistungskomponente handeln. Ebenso können beide Komponenten in einzelne Merkmale aufgeteilt werden, für die die Teilnutzenwerte ermittelt werden können.

Durch die globale Bewertung von Produktalternativen werden die Befragten dazu veranlaßt, unterschiedliche Produkteigenschaften oder –komponenten gegen-einander abzuwägen. Dabei werden Präferenzen als eindimensionale Indikatoren der Vorziehenswürdigkeit von Beurteilungsobjekten verstanden, die der subjektiven Wahrnehmungswürdigkeit von Konsumenten unterliegen

---

[75] Bei den Produktalternativen kann es sich um Kombinationen von Merkmalen von Sachleistungen, Dienstleistungen oder um Leistungsbündel mit unterschiedlichen Komponenten handeln.

(HAUSRUCKINGER/HERKER 1992, S.100; KUCHER/SIMON 1987, S. 29)[76]. Die Conjoint-Analyse gehört zu den dekompositionellen Verfahren (MÜLLER/KESSELMANN 1994, S. 264), die das Teilnutzenmodell als Bewertungsfunktion der Präferenzen verwenden (SATTLER 1991, S. 106) und kompensatorische Verknüpfungen durchführen (THOMAS 1979, S. 201).

Zunächst müssen bei einer Conjoint-Analyse die Untersuchungsziele festgelegt werden, (SCHUBERT 1991, S. 155). Dann werden die zu prüfenden Produktmerkmale ausgewählt und festgelegt, in welcher Form die Stimuli präsentiert werden und mit welcher Methode sie erhoben werden (BACKHAUS et.al. 1990, S.505). Es muß sich bei ihnen um für die Kaufentscheidung relevante Merkmale handeln. Bei einem Bündel aus Sach- und Dienstleistungen handelt es sich ebenfalls um ein Bündel nutzenstiftender Eigenschaften, wobei die Darstellung der Merkmale von Dienstleistungen aufgrund der tendenziellen Immaterialität schwieriger ist als der von Sachleistungen. Bei der verbalen Beschreibung von Dienstleistungskonzepten existieren Probleme hinsichtlich der Eindeutigkeit der Wortwahl.

Eine Möglichkeit der Verringerung des Problems besteht in der Materialisierung der Dienstleistung, einerseits in der Verwendung materieller Symbole für immaterielle Tätigkeiten (MEFFERT/BRUHN 1995, S. 64) oder die Betonung der tangiblen Elemente (SHOSTACK 1977, S.78). So sind für die Dienstleistungskomponente vor allem grafische bzw. physische Darstellungen von Dienstleistungskonzepten geeignet. Es ist also beim Untersuchungsdesign die durch die Immaterialität und das damit vorhandenen höhere wahrgenommene Risiko verstärkte kognitive Abwägung im Vergleich zu Sachleistungen zu berücksichtigen (FISK 1981, S.193). Hier ist aber der individuelle Charakter der Sachleistungskomponente zu berücksichtigen, die ebenfalls zum Zeitpunkt des Kaufes immateriell sein kann.

Aus dem additiven Modell der Conjoint-Analyse folgt die Notwendigkeit von unabhängigen Merkmalen bei Leistungsbündeln. Der empfundene Nutzen einer Merkmalsausprägung darf nicht durch die Ausprägungen anderer Merkmale beeinflußt werden. Um die Zahlungsbereitschaften der Nachfrager zu ermitteln, muß das Merkmal „Preis“ in die Untersuchung aufgenommen werden.

Da dann sofort eine gedankliche Verbindung zwischen dem Preis und den übrigen Leistungsmerkmalen gezogen wird, ist die Bedingung regelmäßig verletzt. Es kann zu unrealistischen Produktalternativen kommen, wie z. B. eine extrem hohe Leistung bei einem extrem geringen Preis (GOLDBERG/GREEN/WIND 1984, S. 111). Durch eine Beschränkung auf eine geringe

[76] vgl. zur Entwicklung der Conjoint-Analyse MENGEN 1993, S.71

Spannweite des Preises oder das Zusammenlegen der interaktiven Merkmale zu einem Hyperfaktor kann dieses Problem umgangen werden.

Abb. 25: Ablaufschritte einer Conjoint-Analyse (in Anlehnung an BACKHAUS et.al. 1990, S. 505; SCHUBERT 1991, S. 154)

Da der Preis mit fast allen Merkmalen korreliert, ist ein aussagekräftiger Hyperfaktor kaum zu ermitteln (SCHWEIKL 1985, S. 52). Die Beschränkung auf eine geringe Spannweite schließt auch Extremausprägungen in den Zahlungsbereitschaften, z.B. beim Vorhandensein unerwünschter Bündelbestandteile, aus. Die Berücksichtigung des Preises als Leistungsmerkmal führt demnach zu wenig aussagekräftigen Ergebnissen. Dies gilt für Gesamt- oder Einzelpreise des Bündels.

Das Merkmal „Preis" läßt sich als diskretes Attribut oder über ein Kontinuum abfragen. Als diskretes Attribut wird eine festgelegte Anzahl von Preisstufen vorgegeben, das für alle Befragten konstant gehalten wird, während bei der kontinuierlichen Form voneinander abweichende Preisintervalle für die Befragten verwendet werden können. Diese müssen dazu vorher nach dem für sie relevanten Preisintervall befragt werden. (DILLER/GEORGE/HAMMER 1992, S. 6) Durch den Einsatz kontinuierlicher Merkmale wird dem Problem begegnet, extreme Zahlungspräferenzen nicht zu berücksichtigen, indem die Spannweite pro Befragten zwar gering bleibt, im Vergleich zwischen den

Befragten aber starke Abweichungen vorliegen können, ohne daß es zu unrealistischen Produktalternativen führt.

Die Erhebung kann nach dem Profilansatz (full-profile approach), der den Befragten vollständige Kombinationen der Merkmalsausprägungen präsentiert oder dem Zwei-Faktoren-Ansatz (trade-off approach), bei dem jeweils Paare von Merkmalsausprägungen in eine Präferenzreihenfolge gebracht werden müssen, erfolgen (SCHUBERT 1991, S. 207,209) [77]. Die Stimuli, also die Kombinationen von Merkmalsausprägungen, können zur Verringerung des Erhebungsaufwands von der Gesamtmenge aller möglichen Stimuli (vollständiges Design) systematisch auf eine Teilmenge reduziert werden (reduziertes Design), durch die das vollständige Design möglichst gut repräsentiert wird (BACKHAUS et.al. 1990, S.508).

Durch die Schätzung wird ein Teilpräferenzwert als Beitrag einer Produkteigenschaft zu einer Gesamtpräferenz ermittelt und relative Wichtigkeiten entsprechend der Nutzenbereiche der einzelnen Eigenschaften bestimmt. Diese Teilpräferenzwerte können den Präferenzen für eine Bündelkomponente entsprechen. Die Gesamtnutzenwerte werden für alle, auch die nicht betrachteten Stimuli errechnet.

Anschließend lassen sich die Daten entweder auf Basis von Segmenten oder über die Gesamtdaten durch die Bildung von Mittelwerten aggregieren. Die Segmentierung kann entweder a priori nach Merkmalen der Befragten oder a posteriori ausgehend von den Präferenzstrukturen durchgeführt werden (MENGEN 1993, S.101). Eine Alternative dazu stellt die gemeinsame Conjoint-Analyse dar, bei der die Berechnung der Teilnutzenwerte gleichzeitig auf Basis aller Beurteilungen erfolgt (SCHUBERT 1991, S. 234). Durch die Segmentierung a posteriori lassen sich Gruppen von Befragten mit weitgehend verwandten Präferenzstrukturen oder relativen Wichtigkeiten zusammenfassen. Bei verwandten Präferenzstrukturen kann man auch von verwandten Zahlungsbereitschaften ausgehen, so daß sich je Segment unterschiedliche Bündelungsempfehlungen ableiten lassen.[78] Als Methode für eine solche Segmentierung ist besonders die Benefitsegmentierung geeignet (FRETER 1983, S. 98), die sich auch auf investive Märkten anwenden läßt (MORIARTY/REIBSTEIN 1986, S. 463ff.).

---

[77] Zu den neueren Ansätzen zählen der Hybrid-Ansatz (vgl. GREEN 1984, S. 155ff) und der Adaptiv-Ansatz (vgl. GREEN/SRINIVASAN 1990, S.11)

[78] Vgl. auch die ausführliche Zusammenstellung der Segmentierungsmethoden bei VRIENS/WEDEL/WILMS 1996, S. 74ff.

Da die Conjoint-Analyse Nutzenbeiträge der Merkmalsausprägungen ermittelt, kann sie trotz der Probleme der Verwendung des Preises als Produktmerkmal zur Zahlungsbereitschaftenbestimmung herangezogen werden. Von einer proportionalen Abhängigkeit der Zahlungsbereitschaft vom Ausmaß der Nutzenstiftung kann ausgegangen werden[79], so daß die Nutzenbeiträge der einzelnen Merkmale als tendentielle Zahlungsbereitschaften zu interpretieren sind und der Gesamtnutzen die Gesamtzahlungsbereitschaft ausdrückt. Dies kann die Zahlungsbereitschaft für das Gesamtbündel umfassen oder einzelne Zahlungsbereitschaften für Bündelkomponenten oder einzelne Leistungsmerkmale. Zur direkten Übertragung der Ergebnisse muß der Nutzenwert in eine monetäre Größe umgewandelt werden. Diese Umwandlung erfordert zusätzliche Informationen, die ermittelt werden müssen und die den Zusammenhang zwischen Nutzen, Kaufentscheidung und Zahlungsbereitschaft festlegen oder eine in die Conjoint-Analyse aufgenommene Entscheidungsregel. Die möglichen Entscheidungsregeln sind die first-choice-rule und die Attraktionsregel.

Nach der first-choice-rule wählen die Nachfrager dasjenige Produkt aus, das den höchsten Gesamtnutzenwert besitzt (BALDERJAHN 1994, S. 15). Bei der Attraktionsregel ergibt sich die Wahrscheinlichkeit dafür, daß der Konsument ein Produkt auswählt aus dem Quotienten des Nutzens dieses Produkts und der Summe der Nutzen aller Produkte (SIMON/KUCHER 1988, S. 179). Die Entscheidungsregeln setzen nur einen Zusammenhang zwischen Nutzen und Kaufentscheidung, nicht zur Zahlungsbereitschaft und lassen dadurch nur Schlüsse über die expliziten Zahlungsbereitschaften zu, wenn der Preis eines der untersuchten Merkmale darstellt. Bei Beachtung der Unabhängigkeit der Merkmale bzw. des Ausschlusses des Preises als Merkmal lassen sie wiederum nur Tendenzaussagen zu.

Um ähnlich wie in den vorgenannten Ermittlungsverfahren zu optimierende Größen zu ermitteln, lassen sich einerseits Preis-Absatz-Funktionen ableiten, andererseits durch den Conjoint+Cost-Ansatz Marktanteile bestimmen. Die Ableitung der Preis-Absatz-Funktionen, mit deren Hilfe sich die Abhängigkeit der Größe Absatz vom Preis ermitteln läßt, ist nur unter Berücksichtigung der genannten Entscheidungsregeln möglich, so daß auch sie ohne Verletzung der Bedingung der Unabhängigkeit nicht möglich ist[80]. Der Ansatz Conjoint+Cost hat die Gewinnmaximierung zum Ziel. Mit Hilfe von Simulationsmodellen werden die Marktanteile bestimmt, die Umsatzschätzungen ermöglichen. Dem werden die Kosten gegenüberstellt.

---

[79] vgl. dazu ausführlich Abschnitt 3.2.3.2

[80] vgl. zur Ermittlung der Preis-Absatz-Funktionen BALDERJAHN 1994, S.16ff, DILLER/GEORGE/HAMMER 1992, S.18

Durch einen Algorithmus, der alle Varianten der Merkmale analysiert und den Gesamtnutzen, auf den aufbauend Marktanteil, Umsatz und Kosten errechnet werden und durch den Einsatz einer Suchroutine läßt sich die Zusammensetzung des Bündels ermitteln, die den Gewinn des Herstellers maximiert (BAUER/HERRMANN/MENGEN 1994, S.89ff.). Der Preis geht aber auch hier als Merkmal in die Analyse ein. Also lassen sich mit Hilfe der Conjoint-Analyse nur Tendenzaussagen zur Zahlungsbereitschaft machen, die aber für die Wahl der Bündelungsform ausreichen.

Bei der Conjoint-Analyse handelt es sich um ein aufwendiges empirisches Verfahren, daß Interaktionseffekte zwischen den Merkmalen berücksichtigt (SIMON 1994, S. 75). Im Falle eines Erstkaufs von investiven Leistungsbündeln handelt es sich nicht um einen Impulsivkauf oder eine habitualisierte Kaufentscheidung, so daß von einer gewissen zeitlichen Stabilität der Präferenzen ausgegangen werden kann (THEUERKAUF 1989, S. 1191). Problematisch stellt sich die Festlegung der Untersuchungsmerkmale dar. Da sie vor der Untersuchung erhoben werden müssen, ist die Güte der Ergebnisse stark von ihnen abhängig. Gleichzeitig muß die Anzahl der Merkmale trotz der Gefahr eines Informationsverlustes begrenzt werden, da es sonst zu einer Informationsüberlastung der Befragten kommen kann (SCHUBERT 1991, S. 178). Gerade bei der Vielzahl von Merkmalen bei einem Leistungsbündel aus zwei Komponenten, von denen mindestens eine Komponente wegen der Immaterialität besondere Darstellungsformen nutzen muß, ist die Gefahr einer Informationsüberlastung hoch und die Beschränkung auf wenige Merkmale ohne starken Informationsverlust schwierig.

Die unterschiedlich hohe Materialität der Bündelteile muß aber bei der Auswahl der Merkmale berücksichtigt werden, da sonst die Entscheidung verfälscht werden kann. So ist die Conjoint-Analyse zur tendenziellen Ermittlung der Zahlungsbereitschaften geeignet, aber von einem sehr hohen Erhebungsaufwand gekennzeichnet, der besonders bei unterschiedlichen Güterarten für die Auswahl der Merkmale anfällt.

4 Der wahrgenommene Kundennutzen als Grundlage der Preisbereitschaft

Der Preis hängt mit dem Kundennutzen in doppelter Hinsicht zusammen. Bei der abnehmerorientierten Preisbildung wird der Preis in Abhängigkeit von der Wahrnehmung und Bewertung der Leistung gebildet. Diese Bewertung bestimmt die Zahlungsbereitschaft. Die Bewertung erfolgt aufgrund des vom Abnehmer wahrgenommenen Nutzens. Durch Betrachtung der Determinanten, die auf den Nutzen einwirken, läßt sich die Preisbereitschaft ableiten, die dann Bündelungsempfehlungen zuläßt. Der Kundenutzen läßt sich in Form der Zahlungsbereitschaft in monetäre Größen umsetzen.

Gleichzeitig wirkt der Preis als unabhängige Variable auf die Wahrnehmung der Leistungsqualität, stellt also selbst auch eine Determinante dar. Bevor auf die Determinanten eingegangen werden kann, wird zunächst der Nutzenbegriff definiert und von ähnlichen Größen wie Zahlungsbereitschaft abgegrenzt.

4.1 Der Nutzenbegriff

Die Verwendung des Nutzenbegriffs unterscheidet sich je nach Zusammenhang. Das volkswirtschaftliche Nutzenkalkül, was stark modellhaft ist, wird in der neueren Nutzenforschung als Größe aufgefaßt, um das Verhalten von Nachfragern zu erklären. Nach der Betrachtung des Nutzenbegriffs und der Abgrenzung zu ähnlichen Begriffen läßt sich eine Einordnung der Bündelung in die nutzenorientierte Preisbildung vornehmen.

4.1.1 Der mikroökonomische Nutzenbegriff

Das Nutzenkalkül der Volkswirtschaftslehre geht zurück auf die Werttheorie, die die Erklärung der Bildung der Einzelpreise auf den Märkten beinhaltet und von einem subjektiven Wertbegriff ausgeht (HOFFMANN 1971, S. 119)[93]. Grundlegend sind dabei die Gossenschen Gesetze. GOSSEN ging davon aus, daß das Lebensziel jedes Menschen in Genuß- und damit Nutzenmaximierung besteht und entwickelte das Gesetz des sinkenden Grenznutzens (1. Gossensches Gesetz) und das Gesetz des Genußausgleichs (2. Gossensches Gesetz), das besagt, daß bei einer Rivalität der Genüsse ein Genußausgleich vorgenommen wird (HOFFMANN 1971, S. 123ff.). Der Begriff „Genuß" läßt sich als subjektivierter Wert für den Nachfrager verstehen und entspricht damit dem Nutzenbegriff[94]. Ein Genußausgleich ist nur möglich, wenn der Grenznutzen der Alternativen mit Preisen gewogen ist. GOSSENS Gesetze zeigen den unterschiedlichen Nutzen eines Gutes im Zeitablauf und die Notwendigkeit bei

[93] Dem entsprechen die englischen Begriffe „value" für Wert und „utility" für Nutzen (vgl. HOFFMANN 1971, S. 116 und 121).
[94] vgl. dazu auch RECKTENWALD/KRELLE 1988

einer Rivalität verschiedener Güter einen Nutzenausgleich vorzunehmen. Die knappe Größe ist in diesem Fall die Zeit, so daß die Dringlichkeit der Bedürfnisse den Ausschlag für den Nutzenausgleich gibt (RECKTENWALD 1988, S. 9 ff.).

Ein vollständiges Theoriegebäude zur Erklärung von Preiszusammenhängen aufbauend auf Überlegungen zum Nutzen hat MENGER entwickelt. Die Bedürfnisse des Menschen wandeln sich in kaufkräftigen Bedarf, der geringer ausfällt als die Bedürfnisse und daher zu einer Güterknappheit führt. Der Wert eines Gutes ist dementsprechend nicht für alle Nachfrager gleich, sondern davon abhängig, welche Bedeutung der Bedürfnisbefriedigung beigemessen wird (subjektives Moment) und inwieweit die Bedürfnisbefriedigung konkret erreicht werden kann (objektives Moment) (MENGER 1871, S. 88). Er unterscheidet zwischen Gebrauchswert für den Nachfrager und dem Tauschwert, der dem Gut innewohnt und indirekt zur Bedürfnisbefriedigung beiträgt (HOFFMANN 1971, S. 134f.). Der Begriff „Nutzen" wird noch nicht verwandt, sondern der Wert ist die Größe, die zur Deckung des Bedarfs führt. Dies kann jedoch mit dem Nutzen eines Gutes zur Bedürfnisbefriedigung gleichgesetzt werden.

JEVONS verwendet den Begriff „Nutzen" (Utility), der die abstrakte Qualität eines Gutes bezeichnet, die darin liegt, ob das Gut den Zwecken des Nachfragers dient (JEVONS 1957, S. 38). Ein Gut besitzt also nicht einen Nutzen per se, sondern die Fähigkeit zur Nutzenstiftung ist vom Vorhandensein eines Bedürfnisses beim Nachfrager abhängig und von der Eignung zur Bedürfnisbefriedigung. JEVONS unterscheidet auch unterschiedliche Nutzengrößen: den gegenwärtigen (actual) Nutzen, den voraussichtlichen (prospective) Nutzen und den möglichen (potential) Nutzen. Je nach Nutzen unterscheidet sich die Möglichkeit und das Risiko hinsichtlich der Bedürfnisbefriedigung[95]. Im Gegensatz zum Nutzen kann ein Gut auch über einen „Unnutzen" (Disutility) verfügen (HOFMANN 1971, S. 151). Obwohl ihn JEVONS mit „absence of utility" definiert, kann die Wirkung des Unnutzens stärker sein, als nur im Nichtvorhandensein von Nutzen. Ein Gut kann für einen Nachfrager nur eine Belastung ohne Nutzen darstellen, da er das Gut lagern oder entsorgen muß. Unnutzen kann also als negativer Nutzen bezeichnet werden[96]. Den Wertbegriff differenziert er nach Gebrauchs- und Tauschwert und den durch die Dringlichkeit des Bedarfs geprägten Wert (JEVONS 1957, S. 75ff.).

---

[95] vgl. zum Risiko bei der Nutzenrealisierung Kapitel 4.3

[96] Handelt es sich bei einer Bündelkomponente um ein Gut mit Unnutzen, sinkt der Nutzen des gesamten Bündels.

EDGEWORTH verneint eine direkte Meßbarkeit des Nutzens, sondern geht von einer relativen Nutzenbetrachtung aus, so daß er sich nur als höher oder niedriger im Vergleich zu einem anderen bezeichnen läßt. Der individuelle Nutzen ist als Funktion aller Güter und nicht als Summe der Funktionen einzelner Güter zu verstehen (HOFFMANN 1971, S. 173). Dies trägt dem Vorliegen von Komplementaritätswirkungen Rechnung.

Der für die mikroökonomische Nutzenbetrachtung gängige Nutzenbegriff ist von PARETO geprägt, der einen wertungsfreien Begriff für die Ursache eines Kaufwunsches definiert. Er lehnt die scheinbare Objektivität des Gebrauchswertes ab und bezeichnet Nutzen als Nutzenvorstellung, die jemand mit einem Gegenstand verbindet, unabhängig davon, ob diese Vorstellung gerechtfertigt scheint oder nicht (HOFFMANN 1971, S. 188). Die Nutzenvorstellung ist nicht meßbar, sondern ergibt sich aus der individuellen Präferenzordnung. Es geht also um den relativen Stellenwert, den die Individuen den Gütern bestimmter Menge nach der Rangskala ihrer Präferenzen beimessen, wobei das Verhältnis einer Gütereinheit zu einer anderen den Ausschlag gibt. Damit legt er den Grundstein für die Erklärung von Wahlhandlungen, die nicht objektiv nachvollziehbaren, streng logischen Überlegungen unterliegen müssen, sondern auch auf psychischen, nicht meßbaren Entscheidungsgrößen beruhen können. Die Vorziehenswürdigkeit eines Gutes vor einem objektiv identischen Gut läßt sich durch nicht im Gut begründete Eigenschaften erklären, wie z. B. das Image des Anbieters, die die Nutzenvorstellung beeinflussen. Wenn das Gut einen hohen Anteil immaterieller Eigenschaften hat, läßt sich die Nutzenvorstellung bereits für das Gut selbst nicht objektivieren. Keine Berücksichtigung findet bei PARETO allerdings die Budgetrestriktion, die die Wahlmöglichkeiten einschränkt.

Bei den mikroökonomischen Nutzenauffassungen wird die Veränderung der Nutzenvorstellung nicht betrachtet, ebensowenig wie die Entstehung des Nutzens.

4.1.2 Der verhaltenswissenschaftliche Nutzenbegriff

Ob ein Produkt Nutzen stiften kann, ist zunächst vom Vorhandensein eines Bedürfnisses abhängig. Das Bedürfnis erwächst aus einem Mangelempfinden. Da Bedürfnisse zwar verhaltenswirksame, aber unspezifische Empfindungen sind, werden sie vom Nachfrager nicht auf ein konkretes Angebot gerichtet (NIESCHLAG/DICHTL/HÖRSCHGEN 1994, S. 1036)[97]. Der Nachfrager muß sich darüber klar werden, welche Probleme mit welchen Gütern zu lösen sind. Wird vom Nachfrager ein konkretes Angebot zur Bedürfnisbefriedigung bestimmt,

---

[97] zur Bedürfnisentstehung und -klassifikation vgl STAEHLE 1991, S. 150ff..

dann hat sich sein Bedürfnis zu Bedarf konkretisiert. Diese Konkretisierung zeigt, daß der Abnehmer sich einerseits von dem Angebot verspricht, sein Bedürfnis zu befriedigen und andererseits daß er über eine entsprechende Kaufkraft verfügt (VERSHOFEN 1940, S. 67).

Im Businessmarketing wird die Bezeichnung Problem benutzt, die die Diskrepanz zwischen einem gegenwärtigen, unbefriedigenden Istzustand und einem zukünftigen, erwünschten Sollzustand ausdrückt. Dabei ist das Ziel dem Nachfrager bewußt und wird als wichtig empfunden. Die Mittel zur Zielerreichung stehen jedoch (noch) nicht zur Verfügung, es handelt sich also um eine Aufgabe mit wahrgenommenem Lösungsdruck (PLINKE 1991, S. 39). Dadurch ist im Problembegriff der Wunsch zur Beseitigung desselben enthalten. Er entspricht also dem Bedürfnisbegriff, ohne daß bereits die Perspektive stärker auf den Nachfrager gelenkt wird. Nach einer Konkretisierung der zur Problemlösung benötigten Mittel liegt ein Bedarf vor [98].

Der Nutzen ist als subjektiver Maßstab zu verstehen, der es dem Nachfrager ermöglicht, über Inanspruchnahme oder Nicht-Inanspruchnahme bzw. die Höhe der Inanspruchnahme eines Gutes zu entscheiden (V. ROSENSTIEL/EWALD 1979, S. 24). Nutzen betrachtet aber nur die Größen, die der Nachfrager erhält, unabhängig von den von ihm zu leistenden Opfern[99]. Der Nutzen bezeichnet also die Summe aller Wirkungen einer Transaktion, durch die der Nachfrager bzw. Anbieter sich besser gestellt fühlt (PLINKE 1991, S. 13).

Die Kluft zwischen Problem und Befriedigung des Problems, also Lösung des Problems und den Gütern wird durch Nutzenerwartungen überbrückt (MEINIG 1985, S. 60). Es entwickeln sich dynamisch Nutzenvorstellungen und -erwartungen. Eine Veränderung beim Bedarf oder bei den Gütern schlägt sich in einer veränderten Nutzenerwartung nieder. Zur Bildung von Nutzenerwartungen sind Informationen i. S. v. zweckgerichtetem Wissen notwendig (MEINIG 1985, S. 61). Die Verfügbarkeit, Kosten und Verarbeitung dieser Informationen bestimmen demzufolge die Ausprägung der Nutzenerwartungen. Um die Nutzenerwartungen der Nachfrager beurteilen zu können, lassen sich deren Informationsquellen, -auswahl, -verarbeitungs- und -bewertungsprozesse heranziehen. Durch eine Beeinflussung der Informationen kann die Nutzenerwartung aktiv vom Anbieter gesteuert werden.

Der Begriff der Präferenz ist eng mit dem des Nutzens verknüpft, weil die Präferenz für ein Gut das Ergebnis eines Nutzenvergleichs darstellt

[98] vgl. zum Problem Kapitel 4.2.2.1

[99] Dies gilt natürlich für den Anbieter ebenso. Da hier der Nachfrager und seine Zahlungsbereitschaften im Mittelpunkt stehen, wird er ausdrücklich betrachtet.

(TROMMSDORFF/BLEICKER/HILDEBRANDT 1980, S. 270). Das präferierte Gut wird vom Nachfrager mit einem höheren Nutzen verbunden, es wird in der Rangfolge vor Konkurrenzprodukten eingeordnet. Präferenz stellt also die Bevorzugung eines Produktes im Vergleich zu anderen wegen einer höheren Nutzenerwartung dar. Der Nutzen kann vom Nachfrager im Vorhinein nur geschätzt werden, da er im Regelfall nicht über alle nötigen Informationen verfügt bzw. diese nur unter prohibitv hohen Kosten zu beschaffen sind.

Der Nutzen läßt sich nach unterschiedlichen Komponenten unterteilen. Verbreitet ist die Unterscheidung zwischen Grund- und Zusatznutzen. Der Grundnutzen bezeichnet dabei das Maß der Eignung eines Produkts, seinen Verwendungszweck zu erfüllen, also den Gebrauchs- oder Verwendungsnutzen, während der Zusatznutzen die Aspekte beinhaltet, die über den rein technischen Nutzen des Produkts hinausgehen (VERSHOFEN 1955, S. 69ff.). Die Unterscheidung nach diesen Nutzenbegriffen impliziert eine Hierarchie der Produktbestandteile, so daß der Grundnutzen für den Kunden wichtiger sein sollte als der Zusatznutzen. Da der Nachfrager durchaus ein Produktmerkmal, das als Zusatznutzen gilt, als wichtigstes kaufentscheidendes Merkmal ansehen kann, ist diese Unterscheidung nicht zweckmäßig.

SCHERHORN (1992, S. 26) unterscheidet statt dessen zwischen dem Ergebnis-, dem Handlungs- und dem Ausstattungsnutzen. Beim Ergebnisnutzen zieht man seine Befriedigung aus dem Ergebnis der Aktivität. Der Handlungsnutzen bezeichnet die Befriedigung, die man bei der Handlung selbst empfindet, weil die Aktivität an sich Freude macht. Dies trifft für die Nutzung eines Sachgutes ebenso zu wie für prozeßorientierte Dienstleistungen. Der Ausstattungsnutzen bezieht sich auf die Befriedigung, die aus der Güterausstattung einer Konsumaktivität entsteht, was alle Merkmale von Produkt und Konsumumgebung umfaßt, die Exklusivität, Luxus und Komfort betreffen. Während die erstgenannten Nutzenbegriffe unmittelbar einleuchtend sind, ist der dritte inhaltlich unklar abgegrenzt. Luxusattribute eines Gutes werden vom Ergebnisnutzen mit erfaßt, während Luxusattribute der Konsumumgebung im Handlungsnutzen enthalten sind.

Im Rahmen der Werttheorie hat THALER (1985, S. 205) die Unterscheidung nach Transaktionsnutzen, der alle positiven Wirkungen der Transaktion selbst umfaßt, und Vertragsnutzen, der den Nutzen des Gutes bezeichnet, vorgenommen. Dies entspricht dem Handlungs- und Ergebnisnutzen. PLINKE (1991, S. 14) teilt den Nutzen in drei Kategorien, von denen zwei denjenigen der Werttheorie entsprechen: der Vertragsnutzen und der Transaktionsnutzen. Darüber hinaus existiert der Folgenutzen, der den Nutzen aus Folgewirkungen der Markttransaktion bezeichnet. Dazu gehören aus Nachfragerperspektive die

Erfahrungen aus dieser Transaktion, die zur Vereinfachung zukünftiger Transaktionen beitragen wie z. B. geklärte Spezifikationen oder Routinisierung von Entscheidungsprozessen. Der Folgenutzen ist dementsprechend höher, wenn es sich um denselben Anbieter handelt.

Dem Nutzen steht aus Abnehmerperspektive ein Opfer gegenüber, das sich wie der Nutzen aus unterschiedlichen Komponenten zusammensetzt. Das Opfer bezeichnet den entgangenen Nutzen aller subjektiv wahrgenommenen hergegebenen Größen der Transaktion, also deren Kosten[100] (PLINKE 1991, S. 13). Es läßt sich ebenfalls in die Komponenten Transaktions-, Vertrags- und Folgekosten zerlegen. Das Opfer beinhaltet im Rahmen der Vertragskosten den Preis des Gutes.

Um eine Bewertung des Gutes mit allen Nutzen- und Opfergrößen durchzuführen, werden beide zueinander ins Verhältnis gesetzt:
wahrgenommener Wert = wahrgenommener Nutzen/wahrgenommenes Opfer (MONROE 1990, S. 74).

Wenn der Wert die Größe eins beträgt, sind Nutzen und Opfer für den Nachfrager gleich groß, er würde sich durch die Transaktion nicht verschlechtern. Dies wäre der Fall bei einem Wert, der kleiner eins ist. Der Kauf wird nicht durchgeführt. Ist der Wert größer als eins, wird der Kauf getätigt[101]. Der Nachfrager will seine Situation verbessern und einen Wertzuwachs erzielen[102] Zu unterscheiden ist diese Bewertung von der Preiswürdigkeitsbeurteilung, bei der wahrgenommene Produktqualität und wahrgenommener Preis miteinander verglichen werden, da dort nur der monetäre Preis und die Produkteigenschaften berücksichtigt werden. Folgekosten und -nutzen werden nicht berücksichtigt.

Auch die Wertgröße läßt sich analog zum Nutzenbegriff in unterschiedliche Wertbegriffe unterteilen. So unterscheidet MONROE zwischen Transaktions- und Vertragswert (MONROE 1990, S. 77). BOWEN verwendet vier Wertbegriffe (BOWEN 1987, S. 45): den Gebrauchswert, den Wertschätzungswert, der die Stärke des Bedarfs beschreibt, den Kostenwert, der das gesamte Opfer umfaßt und den Tauschwert. Hier wird nicht klar, warum die Unterscheidung erst auf

[100] Dieser Kostenbegriff entspricht nicht dem gängigen betriebswirtschaftlichen Kostenbegriff aus dem Rechnungswesen, sondern umfaßt alle Opfergrößen. Sofern der Kostenbegriff auftaucht, wird er in diesem Sinne verwendet.
[101] Empirische Ergebnisse zeigen, daß die Nachfrager die Produkte in eine Rangfolge entsprechend des Wertes bringen, die die Grundlage ihrer Kaufentscheidung unter Berücksichtigung der Budgetbeschränkung bildet (HAUSER/URBAN 1986, S. 460).
[102] Vgl. dazu auch die Anreiz-Beitragstheorie von MARCH/SIMON (1976, S. 81)

der Wertebene ansetzt und nicht auf der Nutzenebene und der Kostenwert nicht mit dem Opfer gleichgesetzt wird.

Eine Gleichung, die auch Referenzprodukte berücksichtigt, stellt der wirtschaftliche Wert für den Kunden („EVC" = Economic Value to the Customer) dar (FORBIS/MEHTA 1981, S. 34). Er setzt sich zusammen aus den Lebenszykluskosten[103] eines Referenzprodukts, von denen die Inbetriebsetzungskosten und die Kosten nach dem Kauf des in Betracht gezogenen Produkts abgezogen werden, und der Wertdifferenz zum Referenzprodukt. Das Referenzprodukt wird in der Regel das bisher genutzte Produkt sein. Dieser auf die investive Beschaffung ausgerichtete Ansatz geht einerseits von dem klassischen Kostenbegriff aus und ist daher zu eng. Außerdem gibt er keinen Aufschluß über die Entstehung oder etwaige Komponenten des Nutzens.
Der Zusammenhang zwischen Preis, Nutzen, Opfer und Wert läßt sich grafisch wie folgt darstellen:

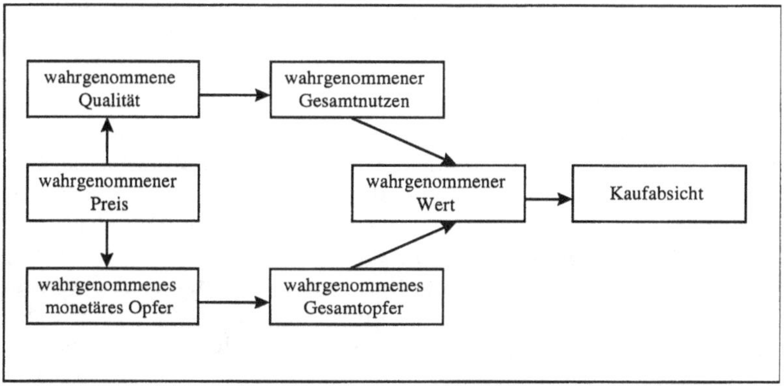

Abb. 26: Zusammenhang zwischen Nutzen, Opfer und Wert (in Anlehnung an MONROE 1990, S. 46; ZEITHAML 1988, S. 4)[104]

Der Preis wirkt auf die Wahrnehmung der Qualität ein, während er gleichzeitig ein monetäres Opfer darstellt. Da das Opfer auch nichtmonetäre Komponenten beinhaltet, beeinflußt nicht nur der Preis den Wert des Produkts.

[103] Gesamtkosten über die Lebensdauer des Gutes (FORBIS/MEHTA 1981, S. 34)
[104] Auf das wahrgenommene Gesamtopfer und den wahrgenommenen Gesamtnutzen wirken außerdem externe Faktoren ein.

4.1.3 Qualität und Nutzen

Während die Unterscheidung des Wertbegriffes vom Nutzenbegriff unmittelbar einleuchtet, sind die Größen Qualität und Nutzen oft ähnlich gebraucht. Neben verschiedenen produktbezogenen Qualitätsbegriffen hat sich der kundenbezogene subjektive Qualitätsbegriff durchgesetzt. Der Kunde definiert die Qualität durch die Wahrnehmung der Produkteigenschaften (BRUHN 1991, S. 24) und deren Bewertung[105]. Ausgehend von der Kundensicht werden die Leistungen, die die Nachfragerbedürfnisse am besten befriedigen, als die von höchster Qualität angesehen (GARVIN 1984, S. 25 ff.). Der Kunde bildet hinsichtlich seiner Bedürfnisbefriedigung Erwartungen, die durch das Produkt erfüllt werden sollen. Hier besteht Übereinstimmung mit der Nutzendefinition.

MONROE unterscheidet Qualität und Nutzen bei der Bewertung eines Produkts (MONROE 1990, S.77): Zunächst wird bei dem Bewertungsprozeß der maximal akzeptable Preis gesetzt und auf dieser Grundlage der wahrgenommene Nutzen der diese Grenze unterschreitenden Produkte bestimmt. Der Nutzen geht dann in den Vertragswert ein. Wenn demgegenüber ein Rahmen von Referenzpreisen vorliegt, dient der höhere Referenzpreis als Qualitätsindikator. Die Bewertung findet nicht unabhängig vom Preis statt[106]. In diesem Fall handelt es sich um wahrgenommene Qualität. Diese Unterscheidung ist nicht einleuchtend, da auch der Nutzen einer subjektiven Bewertung einzelner wahrgenommener Größen unterliegt. Die Unterscheidung nur an die Berück-sichtigung des Preises zu koppeln, wirkt willkürlich.[107] Gleichzeitig unterscheidet MONROE erst auf der Wertebene zwischen Vertragswert und Transaktionswert (MONROE 1990, S.77). In den Transaktionswert geht der zur Bewertung des monetären Opfers verwendete Referenzpreis ein, während beim Vertragswert der Nutzen des Produkts zum Maximalpreis bewertet wird. Dies unterscheidet sich von der Gesamtbewertung von Opfer und Nutzen. Im Grunde verbirgt sich hinter dem Transaktionswert nur eine Bewertung des Preises und kein Nutzen-Opfer-Vergleich, so daß der Begriff irreführend ist. Es handelt sich nicht um eine Wertgröße, sondern um den subjektiv wahrgenommenen, bewerteten Preis. Ebenso wie der Qualitätsbegriff abzulehnen ist, kann auch dem Wertbegriff MONROES nicht gefolgt werden.

---

[105] Dies ist nicht mit dem wertorientierten Qualitätsbegriff von GARVIN zu verwechseln , der einen Preis-Leistungsvergleich als Voraussetzung für eine Qualitätsbeurteilung sieht. Er versteht demnach Qualität als „Vertragswert“ (GARVIN 1984, S. 25 ff.).

[106] Der Preis als monetäres Opfer wird davon getrennt betrachtet.

[107] Auch MONROE ist bei der Unterscheidung nicht konsequent und setzt Nutzen und Qualität an anderer Stelle gleich (MONROE 1990, S. 46).

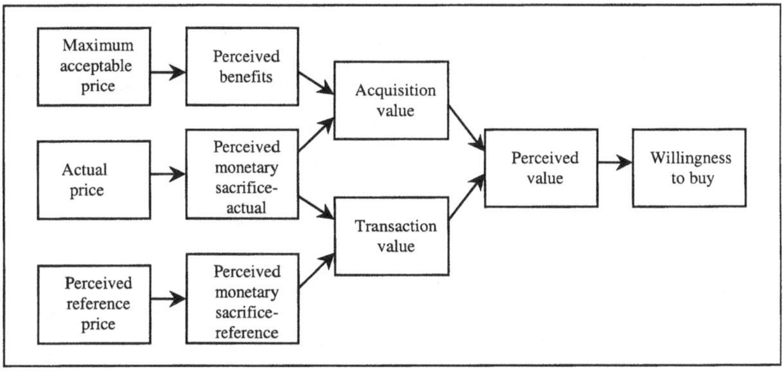

Abb. 27: Preis, Nutzen und Wert (MONROE 1990, S. 77)

Dennoch läßt sich ein deutlicher Unterschied zwischen Qualität und Nutzen ausmachen. Der Nutzen beinhaltet über den Nutzen der Produktbestandteile, dem Vertragsnutzen, der dem Qualitätsbegriff entspricht (DILLER 1991, S. 111), hinaus weitere Nutzenbestandteile. Insofern ist der Nutzenbegriff der umfassendere und daher besser geeignete Begriff im Vergleich zur Qualität, da er über die reine Produktqualität hinausgeht[108]. Um diese Unterscheidung zu verdeutlichen, wird im Folgenden der Begriff Nutzen in diesem Sinne verwendet.

4.2 Determinanten des Kundennutzens

Um die Ausprägungen des Kundennutzens und damit die Verteilung der Zahlungsbereitschaften beurteilen zu können, ist an den diese Größen beeinflussenden Faktoren anzusetzen. Damit werden Kundennutzen und Zahlungsbereitschaft als abhängige Variablen betrachtet. Während bei Modellen, die den Zusammenhang von Qualität, Wert und Preis betrachten, die Einflußfaktoren zu Gruppen zusammengefaßt werden, betrachten Nutzenmodelle diese Faktoren genauer[109]. Dabei wird von der allgemeinen Hypothese ausgegangen, daß sich der wahrgenommene Produktnutzen aufgrund einer systematischen Wahrnehmung aus mehreren Teilurteilen von einzelnen Produkteigenschaften bildet. Dies entspricht der Formel:

---

[108] Dies ist allerdings auch abhängig von der Definition der Produktbestandteile. Wird eine weite Definition im Sinne von KOTLERS Potentiellem Produkt verwendet, sind die Begriffe deckungsgleich, da dort auch zukünftige Entwicklungen enthalten sind. In diesem Rahmen wird darunter das erwartete Produkt verstanden (KOTLER/BLIEMEL 1992, S. 623 f.).

[109] vgl. bei ZEITHAML intrinsische und extrinsische Attribute und der wahrgenommene Preis (1988, S. 4) und bei MONROE wahrgenommene intrinsische und extrinsische Hinweise (cues) und der wahrgenommener Preis (1990, S. 54).

$P_{ij} = f(E_{ij1}, E_{ij2}, ..., E_{ijn})$

mit P_{ij}: wahrgenommener Nutzen des Produktes j für den Nachfrager i

und E_{ijk}: wertende Eindrücke des Nachfragers i von den einzelnen Eigenschaften des Produkts j (k = 1, ..., n).

Es handelt sich also um ein Multiattributmodell (KROEBER-RIEL/WEINBERG 1996, S. 305).

Zunächst werden die existierenden Gesamtmodelle betrachtet, während anschließend auf die einzelnen Determinanten eingegangen wird.

4.2.1 Gesamtmodelle des Kundennutzens

Gesamtmodelle des Kundennutzens existieren sowohl für Konsumenten als auch für Organisationen als Kunden. Obwohl der Businessbereich im Mittelpunkt der Arbeit steht, werden auch konsumentengerichtete Modelle auf ihre Anwendbarkeit im Businessbereich überprüft.

4.2.1.1 Konsumentengerichtete Modelle

4.2.1.1.1 Das Modell von MÜHLBACHER/BOTSCHEN

Ausgangspunkt von MÜHLBACHER/BOTSCHEN ist die Benefit-Segmentierung, bei der potentielle Kunden anhand des von ihnen gesuchten, erwarteten oder möglicherweise stiftbaren Nutzen Segmenten zugeordnet werden (MÜHLBACHER/BOTSCHEN 1990, S. 159 -168), um sie dann anhand von anderen gemeinsamen Merkmalen zu beschreiben.
Sie gehen davon aus, daß das Verhalten einer Person gegenüber einem Produktangebot aus der Interaktion zwischen seinen persönlichen Prädispositionen, den Eigenschaften der Umweltsituationen und den Merkmalen des Angebots resultiert. Es werden also persönliche Prädispositionen aktiviert, die zu einer subjektiven Wahrnehmung des Angebots und der Merkmale der Entscheidungssituation führen.
Die während des Entscheidungsprozesses vorweggenommene Konsumsituation wird auch durch die objektiven Fakten und die Prädispositionen geprägt. Die subjektiv geprägten Größen Angebot, Konsum- und Entscheidungssituation führen gemeinsam mit gespeicherten Informationen aus früheren Erfahrungen, persönlicher bzw. medialer Kommunikation einmal zu einer Wahrnehmung des konkreten Angebots und gleichzeitig zur Bildung einer bestimmten Erwartung.

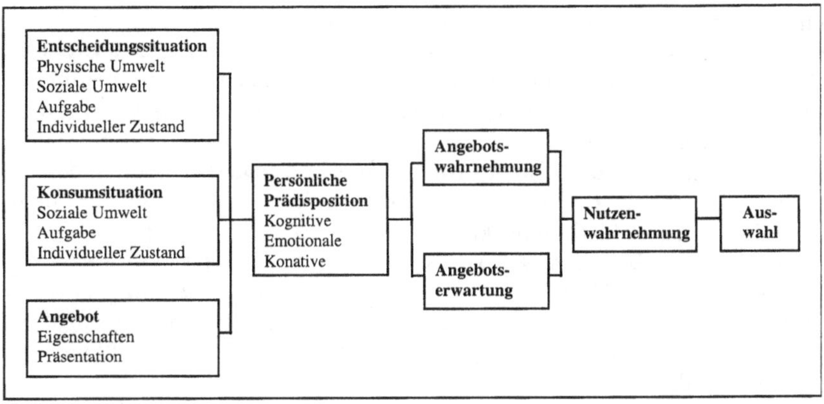

Abb. 28: Theoretischer Bezugsrahmen zur Nutzenwahrnehmung (MÜHLBACHER/BOTSCHEN 1990, S. 161)

Die Erwartungen und wahrgenommenen Eigenschaften werden verglichen und führen zur subjektiven Bestimmung des Nutzens dieses Angebots. Diese Nutzenschätzung bestimmt ihrerseits die Stärke der Präferenz für dieses Produkt im Verhältnis zu Konkurrenzangeboten.

Um Nutzenschätzungen vornehmen zu können, sind die Einflußfaktoren zu operationalisieren. Die Art der Entscheidungssituation läßt sich in impulsive, habitualisierte, limitierte und extensive Entscheidungen unterscheiden (KROEBER-RIEL/WEINBERG 1996, S.359). Impulsive Entscheidungen zeichnen sich durch eine überwiegend automatische Reaktion auf einen Reiz aus. Gewohnheitsmäßige Entscheidungen beruhen auf verfestigten Verhaltensplänen, ohne daß der Käufer Kosten und Nutzen dieser konkreten Beschaffung abwägt. Dies geschieht bei vereinfachten und extensiven Entscheidungen, wobei limitierte Entscheidungen auf einzelnen Merkmalen beruhen, die von den Nachfragern als Hinweisreize auf den Gesamtnutzen verwendet werden.

Extensive Entscheidungsprozesse laufen kognitiv dominiert ab. Sie liegen bei hochinvolvierten Nachfragern vor, die aktiv Informationen suchen und diese verarbeiten. Die Eigenschaften der zu vergleichenden Angebote werden von den Nachfragern bewertet und gegeneinander abgewogen. Die Art des Entscheidungsprozesses ist dementsprechend u.a. von den Merkmalen des Angebots abhängig und umgekehrt, da die Anzahl der berücksichtigten Angebotseigenschaften vom subjektiv wahrgenommenen Problemgehalt der zu

treffenden Kaufentscheidung abhängig ist (HANSEN 1976, S. 117 ff.)[110]. Während die von einer Person als entscheidend angesehenen Eigenschaften im Zeitablauf recht stabil sind, wird deutlich zwischen unterschiedlichen Entscheidungs- und Konsumsituationen unterschieden (MÜHLBACHER/BOTSCHEN 1990, S. 164). Die Entscheidungssituation wird also von dem jeweiligen Beschaffungsproblem des Nachfragers bestimmt. Das Modell bezieht sich aber nicht auf die Beschaffung investiver Güter und unterscheidet nicht zwischen Erst- und Wiederholungskauf.
Das Modell von MÜHLBACHER/BOTSCHEN beinhaltet vier Gruppen von Einflußfaktoren: die Entscheidungssituation und die vorweggenommene Konsumsituation, die den gesamten Entscheidungsprozeß umfaßt, das Angebot, also die Eigenschaften des angebotenen Guts und die individuellen Eigenschaften, die wie ein Filter auf die anderen Faktoren wirken. Die Konsumsituation wird während des Entscheidungsprozesses vom Nachfrager vorweggenommen, so daß beide Einflußfaktoren zu einer den Entscheidungsprozeß umfassenden Größe zusammengefaßt werden können.

Die subjektive Wahrnehmung des Angebots findet sich im Modell zweimal wieder. Beide Male wird es von individuellen Prädispositionen geprägt, so daß diese Unterscheidung überflüssig ist. Sollte der Angebotsbegriff unterschiedliche Bedeutung haben, so wird dies nicht deutlich. Ebenfalls wenig deutlich wird die Tatsache, daß durchaus objektive Eigenschaften der Entscheidungs- und Konsumsituation vorliegen, die dann subjektiv vom Nachfrager aufgenommen werden. Diese Wechselwirkung wird in der Modelldarstellung nicht sichtbar. Keinerlei Hinweise existieren auf das Zustandekommen des Modells. Ebenso werden keine Wirkungsrichtungen zwischen den Ausprägungen der Determinanten und der Höhe des Nutzens angegeben.

Als Oberbegriffe für Einflußfaktoren sind die Faktoren dieses Modells geeignet. Sie liefern aber nur Rubriken, denen detailliertere Determinanten noch zugeordnet werden müssen.

4.2.1.1.2 Das Modell von MYERS/TAUBER

1977 stellten MYERS und TAUBER ihr Konzept der Einflußfaktoren auf den Kundennutzen vor (MYERS/TAUBER 1977, S. 6 ff.). Sie betrachten vor allem die Möglichkeiten der empirischen Ermittlung der Faktoren. Im Mittelpunkt steht der vom Kunden gewünschte Nutzen, der durch mehrere Größen beeinflußt wird: die Bedürfnisse und Ziele des Nachfragers, das Muster der Produktverwendung und die Wahrnehmung und Bewertung von alternativen

[110] Im Normalfall werden drei bis fünf Merkmale für ausreichend erachtet (HANSEN 1976, S. 117 ff).

Konkurrenzprodukten. Dabei sind nicht nur die Bedürfnisse und Ziele selbst zu berücksichtigen, sondern auch deren relative Wichtigkeit untereinander. Bei der Wahrnehmung und Bewertung der Konkurrenzprodukte ist ebenfalls vor allem das Verhältnis der Angebote zueinander, also deren Positionierung, von Bedeutung. Darüber hinaus beeinflussen die individuellen Verhaltenscharakteristika den erwünschten Nutzen. Unter Verhaltenscharakteristika sind alle das Kaufverhalten beeinflussenden psychographischen und demographischen Eigenschaften zu verstehen (MYERS/TAUBER 1977, S. 8). Weitere Einflußfaktoren werden unter der Bezeichnung „Situation des Nachfragers" zusammengefaßt. Hier wird nicht zwischen vorweggenommener Konsumsituation und Entscheidungssituation unterschieden, sondern der situative Einfluß zusammenfassend betrachtet. Eine Situation kann ein einzelner Umstand oder eine Kombination aus mehreren darstellen, zahlreiche oder wenige Umwelteinflüsse beinhalten.

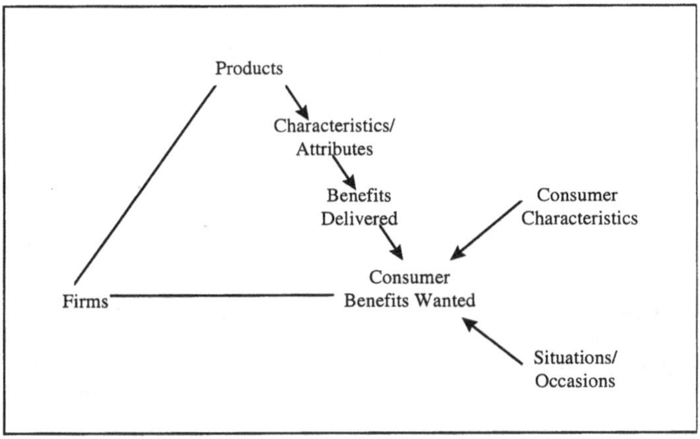

Abb. 29: Das Nutzenkonzept von MYERS/TAUBER (1977, S. 6)

Der zweite Bereich von Faktoren umfaßt die Eigenschaften des Angebots, wiederum unterschieden nach deren Wahrnehmung und Bewertung. Die Eigenschaften werden als nutzenstiftende Faktoren für den Kunden betrachtet, die dem erwünschten Nutzen des Nachfragers entsprechen sollen.

Für MYERS und TAUBER stehen die bisher erfolgten empirischen Untersuchungen zu den Determinanten im Vordergrund, so daß sie auf eine theoretische Herleitung des Modells verzichten. Ebenso fehlen klare Definitionen der Determinanten und Wirkungszusammenhänge. Weder beinhaltet die erläuternde Abbildung alle Faktoren, noch werden alle

Zusammenhänge erläutert. Zudem ist die Auswahl nicht einleuchtend. So kann der Ansatz keinesfalls als geschlossenes Modell betrachtet werden, sondern als Sammlung von Überlegung zu Einflußfaktoren des Kundennutzens.

Zum Ansatz von MÜHLBACHER/BOTSCHEN zeigen sich einige Parallelen: Eine Gruppe von Faktoren liegt in der Person des Nachfragers begründet. Situative Aspekte spielen eine Rolle ebenso wie die Produktwahrnehmung und -bewertung. Implizit wird auch hier von einem Vergleich der wahrgenommenen Produkteigenschaften mit den erwarteten Eigenschaften ausgegangen[111]. Gerade im Bereich der Nachfragerfaktoren unterscheiden MYERS/TAUBER verschiedene Faktoren, von denen ein Bereich die Charakteristika des Nachfragers sind. Bei MÜHLBACHER/BOTSCHEN findet sich der Nachfrager nur in allgemeiner Form durch Berücksichtigung der individuellen Prädispositionen wieder. Zusätzlich berücksichtigen MYERS/TAUBER die Konkurrenzanbieter.

So bieten beide Ansätze weder ein vollständig überzeugendes noch ein erschöpfendes Modell von den Einflußfaktoren auf den Kundennutzen. Gleichzeitig beschäftigen sich beide Ansätze mit Konsumenten, so daß sich darüber hinaus das Problem der Übertragbarkeit auf organisationales Kaufverhalten ergibt.

4.2.1.2 Organisationale Ansätze

Im Businessbereich existiert kein umfassendes Modell zu den Einflußfaktoren auf den Kundennutzen bei organisationalen Nachfragern. WEBSTER entwickelte eine Übersicht der Faktoren des wahrgenommenen Wertes als Ausgangspunkt für eine wertorientierte Preisbestimmung (1991, S. 207). Diese Faktoren werden im Hinblick auf das Zielsystem des anbietenden Unternehmens betrachtet. Auch hier handelt es sich nicht um ein geschlossenes Modell, sondern um einen systematisierenden Ansatz. Darüber hinaus steht hier nicht der Nutzen im Mittelpunkt, sondern der wahrgenommene Wert, der Ansatz enthält also auch die Opfergrößen. Gleichwohl lassen sich bei Nichtberücksichtigung der Opfergrößen die Faktoren betrachten, die den Nutzen bestimmen[112].

---

[111] Erwartete und gewünschte Eigenschaften müssen dabei nicht immer deckungsgleich sein. So kann das gewünschte Produkt Idealausprägungen enthalten, während das erwartete Produkt durch Vergangenheitserfahrungen beeinflußt ein niedrigeres Leistungsniveau umfaßt.
[112] Vgl. Kapitel 4.1.2

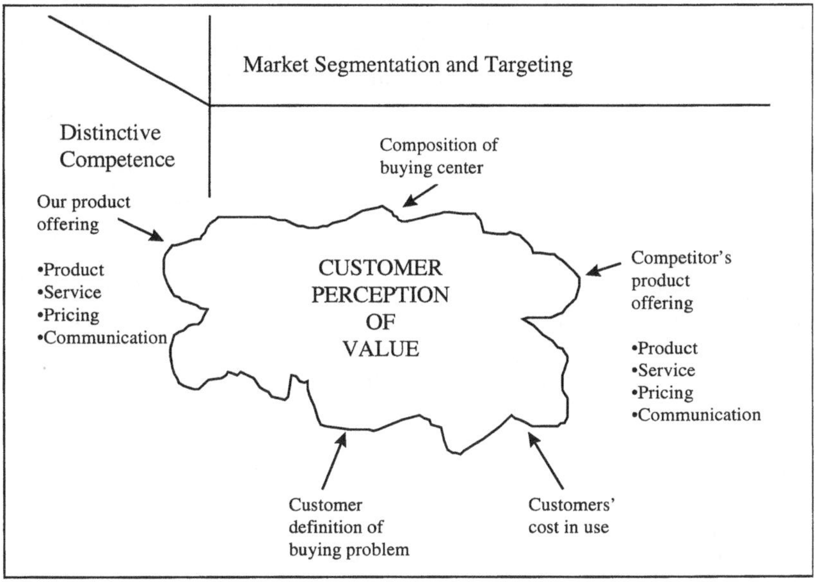

Abb. 30: Größen, die die Wertwahrnehmung des Kunden bestimmen (WEBSTER 1991, S. 207)

Im Mittelpunkt steht hier der vom Kunden wahrgenommene Wert, der wie eine Wolke dargestellt ist. Dadurch wird zum Ausdruck gebracht, daß sich die Definition des Wertes ständig ändert, da sie von internen wie externen Größen abhängig ist.

Die für den Anbieter relevanten Kunden werden entsprechend der Segmentierungsstrategie ausgewählt, weil der Wert des Angebots für unterschiedliche Segmente variiert. Ziel der Auswahl ist es, den Marktwert des Anbieters, der durch das Angebot dargestellt wird, zu maximieren. Ziel stellt also auch hier ein Maximierung der Abschöpfung der Zahlungsbereitschaften dar. Die Segmentierung findet aber durch den Anbieter statt, es liegt keine Selbstsegmentierung vor.

Das Angebot umfaßt nicht nur das reine Produkt, sondern auch begleitende Dienstleistungen, den Preis und die Kommunikationsmaßnahmen, durch die weitere immaterielle Leistungsbestandteile wie das Image oder die Marke berücksichtigt werden. Das Angebot wird dennoch explizit als Leistungsbündel betrachtet. Gleichzeitig ist der Nachfrager auch den Angeboten, also den Leistungsbündeln der Konkurrenz ausgesetzt, und die Interaktion zwischen den zahlreichen Angeboten beeinflußt die Erwartungen des Nachfragers und seine Wertdefinition (WEBSTER 1991, S. 208). Innerhalb des Nachfragerunternehmens prägt das Einkaufsgremium, also die Mitglieder des Buying Centers sowie ihre Definition des Problems und ihre Einschätzung der Kosten und Risiken die Bestimmung des Wertes des Angebots. Die Mitglieder des Buying Centers bringen weitere Erfahrungen und Kenntnisse ein, die zur Bildung realistischer Erwartungen beitragen und Unsicherheiten vermindern.

Durch die Zusammensetzung des Buying Centers werden demnach die Erwartungen und die Höhe der Unsicherheit bestimmt. Das Buying Center wirkt also nicht nur direkt auf die Wertwahrnehmung, sondern beeinflußt auch die Wahrnehmung des Problems, das je nach Kenntnissen der Mitglieder anders beurteilt werden kann. Die Kosten für den Einsatz des Produkts gehören zu den Opferbestandteilen, ebenso der Preis des Angebots, sofern er nicht als Qualitätsindikator wirkt.

WEBSTER entwickelte die Zusammenstellung der Einflußfaktoren mit dem Ziel einer wertorientierten Preisbestimmung, weshalb er nur in Ansätzen Wirkungen und Wechselwirkungen erläutert. Im Vergleich zu den konsumentengerichteten Ansätzen sind sowohl Parallelen als auch Unterschiede auszumachen. Der Nutzen ist hier ebenfalls eng gefaßt und beinhaltet weder Transaktions- noch Folgenutzen. Die Gruppen der Einflußfaktoren ähneln einander ebenfalls stark. Einfluß auf die Wertwahrnehmung hat der Nachfrager selbst, hier zunächst als Buying Center, da es sich um organisationales Kaufverhalten handelt, dessen Mitglieder zusätzlich über individuelle Prädispositionen verfügen. Trotz der Darstellung verweist WEBSTER darauf, daß alle Faktoren durch die Wahrnehmung und Beurteilung des Buying Centers gefiltert werden. Den Bedürfnissen und Zielen der Konsumenten entspricht das wahrgenommene Problem der Organisation.

Die Entscheidungs- und Konsumsituation tritt nur implizit bei der Betrachtung des Buying Centers und des Problems auf[113]. Im Gegensatz zu den vorher genannten, konsumentengerichteten Ansätzen spielen bei WEBSTERs Ansatz Unsicherheitsaspekte und das wahrgenommene Risiko eine Rolle. Deren Wirkung wird nicht dargestellt, nur Möglichkeiten zur Reduktion angesprochen (WEBSTER 1991, S. 208). WEBSTER bietet demnach einen umfassenden Ansatz von Einflußfaktoren, deren Beziehungen und Wirkungen er nur unzureichend verdeutlicht, die aber die Besonderheiten des organisationalen Beschaffungsverhaltens berücksichtigen. Sein Ansatz kann als Grundlage für weitere Betrachtungen dienen.

---

[113] Vgl. dazu die Struktur des Entscheidungsprozesses in Kapitel 4.2.2.2

4.2.2 Einzelne Determinanten des Kundennutzens in Organisationen

Im Gegensatz zu den oben vorgestellten, unvollständigen Ansätzen werden zunächst die einzelnen Determinanten des Kundennutzens, ihre Wirkungen und Wirkungsrichtungen betrachtet, um diese zu einem Gesamtmodell zusammenzufügen. Dies wird als Grundlage für die Einschätzung der Zahlungsbereitschaften bei Leistungsbündeln genutzt. Die einzelnen Determinanten werden auch hinsichtlich von Besonderheiten beim Vorliegen von Leistungsbündeln betrachtet.

Es wird ausschließlich der investive Erstkauf betrachtet. Die Nutzenwahrnehmung und damit die Zahlungsbereitschaft kann sich in ihrer Stärke im Zeitablauf ändern (ZEITHAML 1988, S. 10), daher stehen die Wirkungsrichtungen im Mittelpunkt. Ausgehend vom Modell der Einflußfaktoren organisationalen Beschaffungsverhaltens beschränkt sich die Betrachtung auf die Nutzenwahrnehmung, die nur durch Personen erfolgen kann. Folglich umfaßt sie das Buying Center und die Einflußgrößen auf das Buying Center.

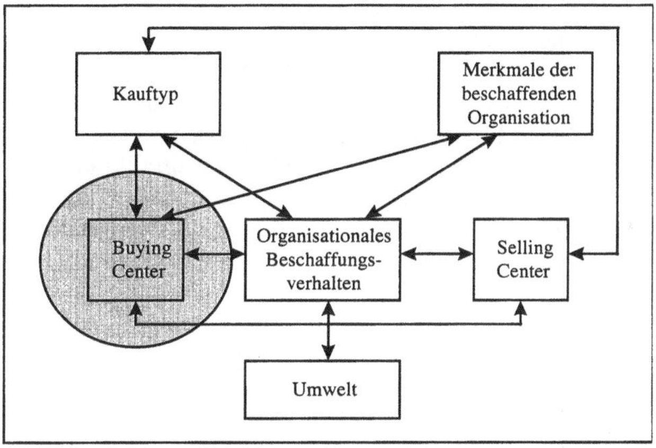

Abb. 31 Einflußgrößen des organisationalen Beschaffungsverhaltens (in Anlehnung an BACKHAUS 1990, S. 24)

Der Prozeß der Nutzenwahrnehmung und -beurteilung wird letztendlich von Individuen durchgeführt. Da diese Individuen Mitglieder einer Organisation sind und von deren Regeln beeinflußt werden, wirken auch die Merkmale der beschaffenden Organisation auf die Wahrnehmung[114]. Darüber hinaus hat der Kauftyp Einfluß auf die Zusammensetzung des Buying Centers und prägt damit das organisationale Beschaffungsverhalten, während das Buying Center gleichzeitig selbst die Zuordnung der Beschaffungsaufgabe zu einem Kauftyp vornimmt.

Der Kauftyp wird außerdem von der subjektiv wahrgenommenen Beschaffungsaufgabe, also dem zu lösenden Problem und möglichen subjektiv wahrgenommenen Problemlösungen bestimmt. So finden die Einflußgrößen zur Bestimmung des Kauftyps auch Eingang als Bestimmung des Nutzens[115]. Abbildung 32 stellt nur eine grobe Zusammenfassung der Einflußfaktoren dar. Problem und Eigenschaften des Produkts lassen sich z.B. unter den Oberbegriff Kauftyp einordnen. Daher werden die Faktoren, die sich aus den Einflußfaktoren und den Nutzenmodellen ableiten lassen, nachfolgend ausführlich betrachtet.

4.2.2.1 Merkmale des Buying Centers und seiner Mitglieder

Das Buying Center als Gruppe der einkaufsentscheidenden Fachleute setzt sich aus Individuen zusammen, die letztendlich die Entscheidung treffen. Auf der individuellen Ebene kommen die Konstrukte des Konsumentenverhaltens zum Tragen. Die Mitglieder unterscheiden sich u.a. hinsichtlich ihrer Persönlichkeit[116], ihrer Ziele und Kenntnisse, die sich u.a. in unterschiedlichen Motiven, Einstellungen und Wahrnehmungen niederschlägt (FRIEDRICH/GÖRGEN 1993, S. 14). Da jedes Mitglied des Buying Centers sich von den anderen unterscheidet, wäre eine Bildung von Segmenten innerhalb des Buying Centers notwendig, um Gruppen mit ähnlicher Nutzenwahrnehmung zu ermitteln. Diese Nutzenwahrnehmung kann sich hinsichtlich auf die Bündelbestandteile als einzelne Komponenten beziehen oder auf das Bündel als Ganzes.

---

[114] vgl. dazu die Modelle des organisationalen Beschaffungsverhaltens von WEBSTER/WIND 1972, S. 15; SHETH 1973, S. 51 und CHOFFRAY/LILIEN 1978, S. 22

[115] vgl. zum Kauftyp die Unterscheidung nach Kaufphase und den Dimensionen Neuheit des Problems, Informationsbedarf und Betrachtung neuer Alternativen bei ROBINSON/FARIS/WIND 1967, S. 25.

[116] Die Persönlichkeit umfaßt die individuellen psychologischen Merkmale und Verhaltensweisen, die eine Person von einer anderen unterscheidet (FRANK/MASSEY/WIND 1972, S. 50).

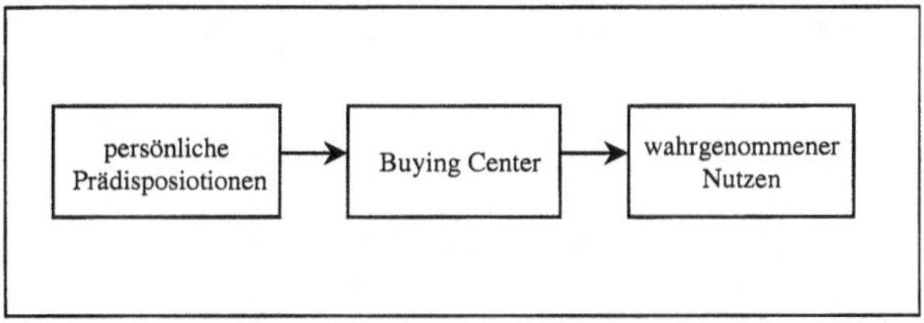

Abb. 32: Der Einfluß vom Buying Center und seinen Mitgliedern auf die Nutzenwahrnehmung

Gleichzeitig agieren die Mitglieder des Buying Centers als Individuen in einer Organisation. Die Organisationsmerkmale und -ziele beeinflussen die Individuen, so daß vielfach nicht nachzuvollziehen ist, welchen jeweiligen Einfluß Persönlichkeitsmerkmale und Organisationsmerkmale bei der Beurteilung eines Gutes ausüben. Die organisatorische Einbindung der Buying Center-Mitglieder und ihr Verhalten im Beschaffungsprozeß lassen sich vom Anbieter ermitteln bzw. beobachten, ohne beim Verhalten zwischen individuellen und organisationalen Einflüssen unterscheiden zu können. Auf das Buying Center und seine Mitglieder wirken Informationen ein und werden von ihnen verarbeitet, so daß eine bestimmte Nutzenwahrnehmung für das Leistungsbündel entsteht.

Für den Anbieter sind folgende Informationen von Interesse: Umfang und Struktur des Buying Centers, das Informationsverhalten und das Entscheidungsverhalten der Mitglieder. Umfang und Struktur lassen sich dann mit geringen Kosten ermitteln, wenn es sich um ein in der Organisation institutionalisiertes Buying Center handelt. Bei informellen Strukturen, die in der Regel vorliegen, ist die Erfassung schwierig, u.U. mit prohibitiv hohen Kosten verbunden. Die Struktur des Buying Centers läßt sich formal hinsichtlich der Positionen der Mitglieder im Organigramm oder entsprechend ihrer Rollen ermitteln (BACKHAUS 1990, S. 35). Nach dem Rollenkonzept von WEBSTER sind Einkäufer, Benutzer, Beeinflusser, Informationsselektierer und Entscheider zu unterscheiden (WEBSTER/WIND, 1972, S.30).

Einkäufer besitzen die formale Kompetenz, Kaufverträge abzuschließen, Benutzer verwenden das beschaffte Gut, Beeinflusser üben während des Beschaffungsprozesses Einfluß auf diesen aus, Informationsselektierer kontrollieren den Fluß von Informationen in die Gruppe und Entscheider sind aufgrund ihrer formalen oder informellen Macht in der Lage, die Beschaffungsentscheidung zu treffen. Je nach ihrer Rolle und ihrer durch die

Rolle geprägten Ziele haben die Mitglieder eine andere Sicht auf die Beschaffungsaufgabe.

Gleichzeitig beurteilen sie auch das Leistungsangebot hinsichtlich dieser Ziele und kommen zu unterschiedlichen Bewertungen. So wird der Einkäufer eher die Preiswürdigkeit betrachten, während der Nutzer den Gebrauchsnutzen in den Mittelpunkt stellt. Es unterscheiden sich sowohl die Problemwahrnehmung als auch die Nutzenwahrnehmung je nach der Rolle des Buying Center-Mitglieds. Daher lassen sich die Rollen als Segmente verstehen, die Personen mit ähnlichen Strukturen und ähnlichem Verhalten zusammenfassen[117]. Dies bezieht sich auch auf die Vorziehenswürdigkeit von Bündeln und ihren Komponenten.

Das Promotoren/Opponenten-Modell von WITTE als zweites Rollenmodell unterscheidet zwischen Förderern und Verzögerern der Beschaffung. Fachpromotoren leisten diese Unterstützung aufgrund ihres Fachwissens, während Machtpromotoren dies durch ihre Entscheidungsmacht aufgrund ihrer hierarchischen Position tun (WITTE 1976, S. 324 f.). Durch die Einteilung in Promotoren und Opponenten spiegelt sich die Einstellung und das Verhalten des Rolleninhabers wider. So wird der Promotor allgemein einen höheren Nutzen wahrnehmen als der Opponent und eine veränderte Wahrnehmung des Problems haben. Über die Besonderheiten der Nutzenwahrnehmung lassen sich aber keine genaueren Ableitungen treffen, so daß dieses Rollenkonzept für die Beantwortung der Fragestellung nicht geeignet ist.

Das Informationsverhalten hat zum Ziel, das wahrgenommene Kaufrisiko für das Buying-Center-Mitglied zu verringern. Bezüglich des Informationsverhaltens lassen sich Informationssuche und Informationsverarbeitung unterscheiden (STROTHMANN 1979, S. 92 ff.). Da sich das Informationssuchverhalten nur mit den bevorzugten Informationsquellen, nicht deren Inhalten beschäftigt und das Produkt selbst als Informationsquelle nicht berücksichtigt wird, wird es nicht weiter betrachtet. Das Informationsverarbeitungsverhalten läßt sich nach dem Fakten- und dem Image-Reagierer unterteilen. Der Fakten-Reagierer versucht, eine möglichst vollständige abgerundete Beurteilung der angebotenen Produkte durchzuführen. Es findet bei ihm keine isolierte Beurteilung der Produkteigenschaften statt, sondern er verlangt für jede Eigenschaft einen Stimmigkeitsnachweis. Der Stimmigkeitsnachweis wird besonders bei der Kombination von Leistungskomponenten zu einem Bündel nötig, um sicherzustellen, daß Komplementarität zwischen den Bestandteilen vorliegt. Der Preis stellt eine der Produkteigenschaften dar. Die Preisbereitschaft des Nachfragers wird um so höher sein, je überzeugender der

[117] Eine empirische Überprüfung des Rollenkonzeptes liegt noch nicht vor (BACKHAUS 1990, S. 36 f.).

Anbieter diesen Stimmigkeitsnachweis erbringen kann (STROTHMANN 1979, S. 99). Hier werden die Nutzenkomponenten nicht einzeln, sondern auch hinsichtlich ihres Zusammenwirkens beurteilt.

Der Image-Reagierer legt bei der Vermittlung produktbeschreibender Eigenschaften keinen Wert auf Vollständigkeit und betrachtet die Eigenschaften isoliert, ohne Bezug zu den Anwendungsbedingungen. Um das Produkt umfassend beurteilen zu können, muß er die zur Kenntnis genommenen Eigenschaften psychologisch verarbeiten. Emotionale Wirkungen der Eigenschaften verdichten sich bei ihm zu einem Produktimage, das durch Firmen-Imagefaktoren abgestützt werden kann (STROTHMANN 1979, S. 100). Hier stehen als Nutzenkomponenten nur einige Produkteigenschaften und Imagefaktoren bzw. Bündelbestandteile im Mittelpunkt. Die Nutzenwahrnehmung unterscheidet sich deutlich vom Fakten-Reagierer. Die Typologie ist dennoch nur als Tendenz zu werten, da empirische Untersuchungen gezeigt haben, daß sich Mitglieder des Buying Centers keinem der Typen zuordnen lassen[118].

Bezüglich des Entscheidungsverhaltens lassen sich drei Typen unterscheiden: der entscheidungsorientierte Typ, der faktenorientierte Typ und der sicherheitsorientierte Typ. Der Entscheider legt Wert auf eine zügige Entscheidungsfindung. Informationen werden zielorientiert auf die wesentlichen Fakten beschränkt selektiert und genutzt. Die Entscheidungen orientieren sich kaum am Firmenimage. Der Preis spielt nur eine Rolle bei wahrgenommener Gleichheit von Angeboten (STROTHMANN/KLICHE 1989, S. 82). Der faktenorientierte Entscheidungstyp erarbeitet sich umfassendes Detailwissen, was die Entscheidungsfindung verzögert. Dadurch ist er weitgehend unabhängig von der Wirkung des Firmenimages. Der Preis wird als Entscheidungskriterium berücksichtigt (STROTHMANN/KLICHE 1989, S. 82 f.). Der Sicherheitsorientierte ist ebenfalls ein langsamer Entscheider, der die Entscheidungen aber initiiert. Für ihn steht nicht das Detailwissen im Mittelpunkt, sondern die Absicherung der Entscheidung hinsichtlich ihres Nutzens und ihrer möglichen Folgen. Dabei selektiert er die Informationen nach ihrer Bedeutung. Er läßt sich stark vom Firmenimage beeinflussen (STROTHMANN/KLICHE 1989, S. 83). Hier zeigt sich, wie undeutlich die Informationsverarbeitungstypen von den Entscheidertypen abgegrenzt sind. Der Sicherheitsorientierte entspricht dem Image-Reagierer, der Fakten-orientierte dem Fakten-Reagierer. Auch das Informationssuchverhalten ist darin enthalten, so daß sich die letzte Unterscheidung als Grundtypologie des Entscheidungsverhaltens bezeichnen läßt.

---

[118] zu den möglichen Gründen vgl. STROTHMANN 1979, S. 101. Finden sich beide Typen in einer Person vereint, spricht STROTHMANN (1979, S. 100 f.) von Risikoneutralität.

Da das Hauptziel des Organisationsmitglieds im Informations- und Entscheidungsverhalten in der Reduktion des wahrgenommenen Beschaffungsrisikos besteht (WEBSTER/WIND, 1972, S.30), läßt sich über die Beeinflussung dieser Größe auch die Zahlungsbereitschaft steuern. Der Informationspolitik der Anbieter kommt dementsprechend die Aufgabe zu, die Entscheidungsrisiken der Nachfrager zu mindern, indem die gewählten Informationskategorien den Ursachen der Risiken entsprechen (STROTHMANN 1979, S. 88). Je nach Rolle im Buying Center und nach Entscheidungsverhalten werden sich die Strategien zur Reduzierung unterscheiden.

Die Rolle im Buying Center und das Entscheidungsverhalten beeinflußt demnach die Nutzenwahrnehmung. Das Entscheidungsverhalten hat die Risikoverringerung zum Ziel, daher gilt: Je nach Rolle und Entscheidungsverhalten im Buying Center kann eine unterschiedliche Risikowahrnehmung existieren.[119]

Darüber hinaus sieht sich das Buying Center auch Konkurrenzangeboten ausgesetzt. Der Anbieter eines Leistungsbündels kann die Wahrnehmung der Konkurrenzangebote durch den Nachfrager nur insofern beeinflussen, wenn er seine eigene relative Position zur Konkurrenz verbessern kann. Dementsprechend wird die Konkurrenz nicht weiter betrachtet.

4.2.2.2 Das wahrgenommene Problem

Eine Kaufsituation zwischen zwei Unternehmen entsteht aus den jeweiligen Interessen der Unternehmen, die eine Verbesserung anstreben. Den Ausgangspunkt bildet eine wahrgenommene Diskrepanz zwischen dem gewünschten Zustand und der aktuellen Situation (WEBSTER/WIND 1972, S. 14). Dieses aktuelle oder erwartete Mangelempfinden soll beseitigt werden. Das Bestreben, das Mangelempfinden zu beseitigen, äußert sich in einem unspezifischen, nicht auf ein Angebot ausgerichtetes Bedürfnis. Konkretisiert sich das Bedürfnis auf bestimmte Angebote, liegt ein Beschaffungsbedarf vor.

Der zwischen Soll- und Istzustand existierende Spannungszustand wird auch als Problem bezeichnet. Die Ausgangssituation ist gegeben, das Ziel ist bewußt und wird als wichtig empfunden. Die Mittel zur Zielerreichung stehen aber nicht ohne weiteres zur Verfügung, sind u.U. nicht einmal bekannt, d.h. ein Bedürfnis liegt vor. Daraus ergibt sich die Definition des Problems als Aufgabe mit wahrgenommenem Lösungsdruck (PLINKE 1991, S. 40). Die Stärke des Lösungsdrucks ist von verschiedenen Größen abhängig:

---

[119] Vgl. zum Konstrukt des wahrgenommenen Risikos Kapitel 4.2.2.5

1. Konsequenzen bei der Erfüllung bzw. Nichterfüllung der Aufgabe. Die erwarteten Kosequenzen ergeben sich aus der Einschätzung der Wichtigkeit der Erfüllung der Aufgabe. Wenn von einem Austausch wichtige Fortschritte in seiner Zielerreichung erwartet werden, wird sich der Partner besonders um eine Problemlösung bemühen. Ebenso erhöht die Androhung hoher Pönalezahlungenbei nicht erfolgter Lieferung an Dritte für einen hohen Lösungsdruck[120] (PLINKE 1995, S. 17)
2. die Schwierigkeit der Aufgabe und der Verfügbarkeit der Mittel. Die Schwierigkeit der Aufgabe läßt sich wiederum auf einzelne Determinanten zurückführen wie Neuheitsgrad und Komplexität der Aufgabe (PLINKE 1991, S. 40 f.).Eine schwierige Aufgabe liegt somit bei einem Erstkauf einer komplexen Technologie vor.
3. das verfügbare Zeitbudget.

Sowohl die Wahrnehmung und Beurteilung des Istzustands als auch des Sollzustands und der möglichen Mittel zur Problemlösung erfolgen subjektiv durch die Mitglieder des Buying Centers. Die möglichen Problemlösungen bestehen aus dem Leistungsangebot des Anbieters und der Konkurrenten. Auch die Stärke des Lösungsdrucks und Art und Ausmaß der Abweichung von Soll- und Istzustand werden subjektiv wahrgenommen.

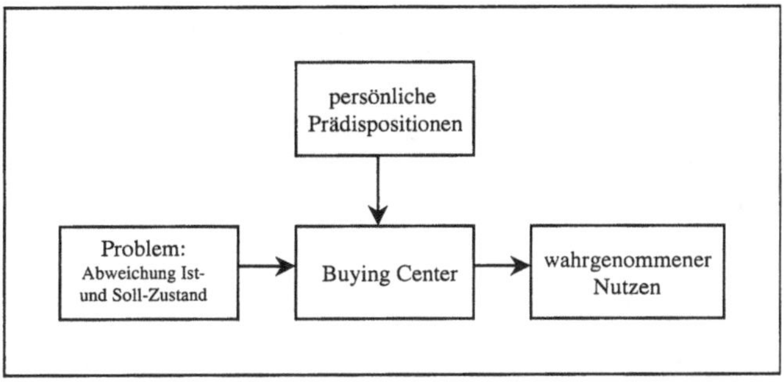

Abb. 33: Der Einfluß des wahrgenommenen Problems auf die Nutzenwahrnehmung

Für die Beeinflussung der Zahlungsbereitschaft spielen Lösungsdruck und Abweichung, also die Betrachtung der Ist-Komponente im Vergleich zum Sollzustand eine Rolle. Der Lösungsdruck ist die Zusammenfassung der

[120] Hier zeigt sich der Bezug zum wahrgenommenen Risiko, das sich aus dem Ausmaß der negativen Konsequenzen und der subjektiven Wahrscheinlichkeit des Eintretens derselben ergibt (KUHLMANN 1997, S. 9).

subjektiv empfundenen Abweichung des Ist- vom Sollzustand. Die Wahrnehmung des Istzustands und die Festsetzung des Sollzustands als zukünftiger Istzustand determinieren also die Abweichung. Für den Einfluß auf die Preisbereitschaft bedeutet dies zunächst:

Hypothese 1: Je höher der Lösungsdruck des wahrgenommenen Problems, desto höher die Zahlungsbereitschaft.

Der Lösungsdruck bezeichnet die Abweichung zwischen Soll- und Istzustand, so daß gleichzeitig gilt: Je größer die subjektiv empfundene Abweichung zwischen Soll- und Istzustand, desto höher die Zahlungsbereitschaft
Zur Verdeutlichung fließen die Soll- und Istkomponente aber in die Abbildungen ein.

4.2.2.3 Externe Einflüsse

Die Umweltvariablen schließen politische, rechtliche, kulturelle, technologische, ökonomische und physische Umfeldvariablen ein (WEBSTER 1991, S. 41). Der Einfluß auf diese Variablen wird von verschiedenen Institutionen ausgeübt wie dem Gesetzgeber, Gewerkschaften und Zulieferern der Nachfrager und Konkurrenten sowohl des Anbieters als auch des Nachfragers. Die Variablen liegen in Form von Informationen, Werten und Normen und allgemeinen wirtschaftlichen Bedingungen vor. Rezessive Tendenzen verringern die Zahlungsbereitschaft, Normen und Standards erhöhen die Vergleichbarkeit mit Konkurrenzangeboten. Das beeinflußt wiederum die Zahlungsbereitschaft.

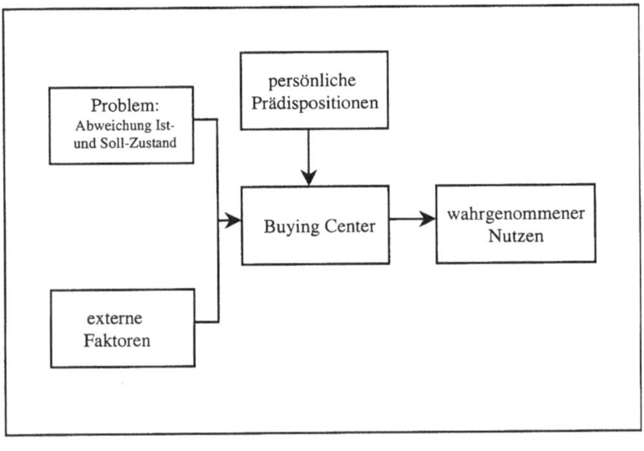

Abb. 34: Der Einfluß externer Faktoren auf die Nutzenwahrnehmung

Die Einflüsse der externen Faktoren sind häufig nicht klar auszumachen, da sie so zahlreich sind und Ursachen und Wirkungen schwer in direkte Beziehung gesetzt werden können. Gleichzeitig fehlt dem Anbieter eine Einwirkungsmöglichkeit auf die Faktoren. Seine Konkurrenten sind ebenfalls der Wirkung der Faktoren auf die Zahlungsbereitschaft der Nachfrager ausgesetzt, deren Wirkung nicht identisch sein muß mit der auf den Anbieter. Die Konkurrenzunternehmen können diese Faktoren ebensowenig beeinflussen.

Die Umfeldfaktoren wirken nicht nur auf den Vertragsnutzen, sondern auch auf die anderen Teilnutzen, indem z.B. die Vereinfachung zukünftiger Transaktionen durch neue Gesetze nicht mehr gegeben ist. Die Faktoren lassen sich aufgrund ihrer Vielzahl und der Vielzahl der Wirkungen nicht abschließend beschreiben. Durch die fehlende Einwirkungsmöglichkeit des Anbieters werden die externen Faktoren als gegeben angenommen und im Weiteren nicht berücksichtigt.

4.2.2.4 Der Preis

Der Preis eines Leistungsbündels kann als Opfer im Rahmen der Vertragskosten betrachtet werden oder als Indikator für den erwarteten Nutzen. Der objektiv ausgezeichnete Preis unterliegt also verschiedenartigen Wahrnehmungs- und Bewertungsprozessen. Daher müssen zunächst diese Prozesse betrachtet werden , um folgend den Preis als Produktbestandteil einordnen zu können.

4.2.2.4.1 Preiswahrnehmung und Preisbeurteilung

Die verhaltenswissenschaftliche Preisbetrachtung umfaßt die Preiswahrnehmung und die Preisbeurteilung (BÖCKER 1982, S. 27 ff.; MORRIS/MORRIS 1990, S. 55 ff.; DILLER 1991, S. 52 f.[121], DIECKMANN 1993, S. 126 ff). Der objektiv ausgezeichnete Preis wird durch die subjekte Wahrnehmung des Nachfragers zu einem subjektiven Preis, indem er auf bestimmte Weise kodiert wird (ZEITHAML 1982 S. 237; MÜLLER/KLEIN 1993b, S. 361). In den subjektiven Preis gehen auch nicht-monetäre Preiselemente ein (MÜLLER/KLEIN 1993b, S. 362). Für die Bündelung ist der Unterschied in der Wahrnehmung eines Gesamtpreises und verschiedener Teilpreise zu betrachten.

Im Bereich der Preiswahrnehmung dominiert die kognitive Sichtweise (DIECKMANN 1993, S. 132-172). Sie besagt, daß im Falle einer Teilpreissetzung eine andere Summe gespeichert wird als bei der Gesamtpreissetzung. Der Nachfrager nimmt den objektiven Preis bei Gesamtpreissetzung subjektiv als

[121] Diller subsumiert Preiswahrnehmung und Preisurteil unter den Oberbegriff Preisbeurteilungsverhalten, vgl. DILLER 1991, S.96.

geringer wahr als bei Teilpreissetzung[122]. Dies gilt nur für den Fall unveränderter Informationen und damit unveränderter Kodierung. Geht man von reduktiver Kodierung aus, muß bei Addition einer Reihe von reduzierten Preisen die Summe kleiner sein als ein einziger reduzierter Preis, der in der Höhe der Summe entspricht (DIECKMANN 1993, S. 173 f.). Bei reduktiver Kodierung wäre demzufolge eine Teilpreissetzung günstiger.

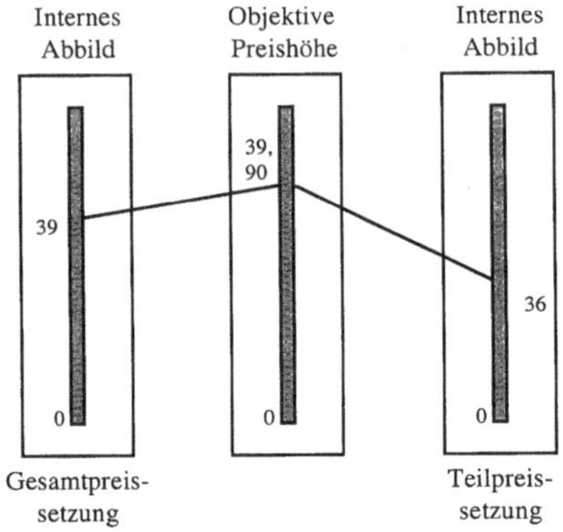

Abb. 35: Beispiel der internen Repräsentation von Preisen bei Gesamt- und Teilpreissetzung bei reduktiver Kodierung (DIECKMANN 1993, S. 174)

Bei der Teilpreissetzung wird für jede Teilleistung ein einzelner Preis im Zusammenhang mit einer speziellen Leistung gespeichert. Dadurch werden verschiedene Preiskomponenten vom Nachfrager unterschiedlich beachtet, z.B. die Preisreize reduziert, indem Teilpreise unbeachtet bleiben (DIECKMANN 1993, S. 176).

Das Preisbewußtsein von Nachfragern richtet sich nicht gleichmäßig auf alle Komponenten, sondern erfaßt einzelne selektiv (DILLER 1993, S. 272). Die Preise für relativ wichtigere Komponenten werden stärker beachtet als Preise weniger wichtiger Komponenten, so daß bei Vorliegen eines Gesamtpreises der Preis für die selektiv wahrgenommenen Leistungsbestandteile gespeichert wird. Die Stellung eines Gesamtpreises entlastet den Nachfrager von der kognitiven Leistung des Addierens verschie-dener Teilpreise. Dadurch wird seine Entscheidungssituation vereinfacht (DIECKMANN 1993, S. 177). Es läßt sich dementsprechend keine eindeutige Aussage über die Vorteilhaftigkeit von

[122] Dies gilt sowohl für den behavioristischen und für den kognitiven Ansatz. Beide Richtungen besagen, daß externe Reize auf eine logrithmische Skala übertragen und dadurch subjektiv verzerrt werden (DIECKMANN 1993, S. 133 - 136, 172 f.).

Gesamt- bzw. Teilpreisen bei der Preiswahrnehmung ableiten.[123] Die Wahrnehmung des Preises ist noch nicht mit einer Beurteilung hinsichtlich der Höhe verbunden, sondern stellt nur die Abbildung einer Zahl auf einer inneren Skala dar. Die Beurteilung des Preises kann nur mit Hilfe einer Vergleichsgröße erfolgen. Handelt es sich bei der Vergleichsgröße um andere Preise, liegt ein Preisgünstigkeitsurteil vor. Wird das Preis-Leistungs-Verhältnis beurteilt, handelt es sich um Preiswürdigkeitsurteile (DILLER 1991, S.98, 110f.)[124].

Die Nachfrager verfügen über absolute Preisober- und -untergrenzen und über differentielle Preisschwellen, die bezeichnen, wieweit zwei miteinander zu vergleichende Preise voneinander abweichen müssen, damit der Preisunterschied wahrgenommen wird (DIECKMANN 1993, S. 181f.). Für die Betrachtung zwischen Gesamt- und Einzelpreisen ist zu klären, ob Nachfrager Unterschiede zwischen Gesamt- und Einzelpreisen identifizieren können, um eine Beurteilung durchführen zu können. Entsprechend des Weber'schen Gesetzes, das besagt, daß, je höher das Reizniveau ist, desto größer die Differenz zwischen zwei Reizen sein muß, um wahrgenommen zu werden, könnte der Nachfrager aufgrund des für ihn nicht wahrnehmbaren Unterschieds den objektiv höheren Preis nicht als höher im Vergleich zur anderen Preisstruktur wahrnehmen. Wenn der Handlungsspielraum bei beiden Preissetzungsarten gleich ist, entspräche die Summe der Teilpreisschwellen der Schwelle der Gesamtpreissetzung. Allerdings kann davon nicht ausgegangen werden, da die Preise je nach Bündelung auch unterschiedliche Leistungsinhalte repräsentieren (DIECKMANN 1993, S. 186)[125]. Eine eindeutige Aussage kann auch hier nicht abgeleitet werden.

Eine andere Art von Preisschwelle bei der Preisgünstigkeitsbeurteilung stellt die Glattpreisschwelle dar (KUHLMANN 1990, S. 236). Bei der Zerlegung von Gesamtpreisen in mehrere Einzelpreise kann dadurch die Preisbereitschaft erhöht werden, daß sich die Preisoptik stärker auf die Teilpreise richtet (DILLER 1993, S. 272). Die Wirkung der Glattpreisschwellen kann bei allen Teilleistungen ausgenutzt werden, so daß die Preise geringer wirken als der Gesamtpreis, auch wenn hier ebenfalls die Glattpreisschwelle berücksichtigt wurde.[126]

---

[123] Das Preisinteresse wird hier nicht betrachtet, da es von den Eigenschaften des Nachfragers abhängt (Kuhlmann 1990, S. 232 f.; DILLER 1991, S.86ff.)

[124] vgl auch die Übersicht bei DILLER 1991, S. 97.

[125] Entscheidend ist dabei die Höhe der Weber'schen Konstanten, die den Faktor angibt, um den sich der Ausgangsreiz verändern muß, damit die Reizveränderung wahrgenommen wird. Vgl. die Auswirkungen unterschiedlicher Weber'scher Konstanten auf die Höhe der Preisschwelle bei Einzel- und Gesamtpreissetzung bei DIECKMANN 1993, S. 187 f..

[126] vgl. zum „odd pricing" auch MORRIS/MORRIS 1990, S. 66 ff.

Bei Preisgünstigkeitsurteilen werden Ankergrößen herangezogen, mit denen der Preis verglichen wird, wie die Art der Preisdarbietung, Preisgegenüberstellungen, Preiserfahrungen und Preiskenntnisse[127]. Als Anker- oder Referenzpreise können der zuletzt gezahlte Preis, der am häufigsten gezahlte Preis oder der mittlere Preis von ähnlichen Produkten dienen (ZEITHAML/GRAHAM 1983, S. 607). Dabei muß der Referenzpreis nicht dem tatsächlich zuletzt gezahlten Preis entsprechen.[128] Das Preisgünstigkeitsurteil läßt sich dementsprechend als Differenz des wahrgenommenen Angebotspreises zum mittleren empfundenen Preis, der sich aus den Ankergrößen ergibt, darstellen (DILLER 1991, S. 100; DIECKMANN 1993, S. 193)[129].

Für die Einzel- und Gesamtpreissetzung können sich durch unterschiedliche Verankerung der Preise Möglichkeiten zu höheren Preisen ergeben. So können für die Einzelpreise Ankerpreise existieren, während dies für den Gesamtpreis nicht der Fall ist. Dann kann durch Betonung von Ankergrößen das Preisgünstigkeitsurteil beeinflußt werden, z.B. durch Gegenüberstellungen des Gesamtpreises mit einem fiktiven aus den Teilbeträgen errechneten Preis oder durch den Vergleich mit Konkurrenzpreisen. Bei dem Gesamtpreis kann bei fehlenden Ankerpreisen auf die Summe der Einzelpreise als Referenzpreis zurückgegriffen werden, so daß die Preisgünstigkeit eines unter der Summe liegenden Gesamtpreises deutlich vermittelbar ist (DILLER 1993, S. 272).

Bei der Bewertung der Preiswürdigkeit werden bei der Betrachtung des Preises Leistungsmerkmale einbezogen. Es handelt sich um die Bewertung des Preis-Leistungs-Verhältnisses. Da die Produktqualität vom Nachfrager beurteilt wird, handelt es sich um einen nach subjektiven Kriterien bestimmbaren Qualitätsbegriff (BRUHN/STAUSS, 1991, S. 24). So findet auch bezüglich der Leistung eine Wahrnehmung von Produktmerkmalen statt, die dann vom Nachfrager bewertet werden[130]. Die Qualitätsbeurteilung resultiert in einer Einstellung dem Bündel oder den Komponenten gegenüber. Die Einstellung entspricht dem subjektiven Nutzen des Produkts und ist zusätzlich mit einer bestimmten Verhaltensbereitschaft verknüpft. In die Einstellungswerte fließen sowohl das Wissen über einzelne Qualitätskomponenten als auch deren subjektive Bedeutung für den Kaufentscheid ein (DILLER 1991, S. 111). Das Preiswürdigkeitsurteil kann in unterschiedlicher Form erfolgen.

---

[127] vgl. zu den Dimensionen der Preiskenntnis MÜLLER-HAGEDORN 1983, S.945.

[128] Eine Übersicht über empirische Untersuchungen zum Referenzpreis findet sich bei BISWAS/WILSON/LICATA 1993, S. 239 ff..

[129] $PGU = (MPE - p)^{\alpha}$ mit PGU = Preisuntergrenze; MPE = mittleres Preisempfinden; p = wahrgenommener Angebotspreis; α = Funktionsparameter

[130] vgl. zum Preis als Qualitätsindikator genauer Kapitel 4.2.2.6 und 4.2.3.3

Zum einen können Preis und Qualität auf einer mehrdimensionalen Urteilsskala direkt miteinander verknüpft werden. Im diesem Fall liegt ein kompensatorisches Urteil vor. Die Beurteilung kann vorgelagert zur Preisgünstigkeit erfolgen oder simultan mit Preisgünstigkeitsüberlegungen verknüpft werden (DILLER 1991, S. 97, S. 110). Die Komponenten Preis und Leistung können einander kompensieren, ohne daß eine Urteilsveränderung zustande kommt. Die Bewertung ist also gleich, wenn eine hoher Preis mit einer hohen Qualität verbunden ist und ein niedriger Preis die niedrige Qualität ausgleicht (DIECKMANN 1993, S. 219). Ein kompensatorisches Preiswürdigkeitsurteil läßt sich zusammenfassen zu (DIECKMANN 1993, S. 227):

$PWU_{ij} = A_{ij} / PGU_{ij}$

mit: PWU_{ij} : Preiswürdigkeitsurteil der Person i für das Produkt bzw. Produktbündel j

A_{ij} : Einstellung der Person i zum Produkt bzw. Produktbündel j

PGU_{ij} : Preisgünstigkeitsurteil der Person i für das Produkt bzw. Produktbündel j[131]

Zum anderen wird jede Kategorie, also Preis und Qualität, einzeln bewertet und zunächst nicht miteinander verknüpft. Dann wird zwischen den Kategorien ein Preiswürdigkeitsurteil getroffen. Hier wird ein kategoriales Urteil gefällt. Leistung und Preis werden also einzeln beurteilt und dann miteinander verknüpft (DIECKMANN 1993, S. 220). Die Preiswürdigkeit kann – anders als im kompensatorischen Fall – nicht mit einer Maßzahl belegt werden, sondern ist ordinal skaliert. Durch die Einordnung in Beurteilungskategorien ergibt sich ein Preiswürdigkeitsrang.

Beim kategorialen Urteil stellt der Nachfrager Mindestansprüche an Qualität und Preis. Hier wird der Zusammenhang zur Funktion des Preises als Qualitätsindikator deutlich (DILLER 1977, S. 60), da bei Unterschreitung des Mindestpreises Qualitätszweifel beim Käufer entstehen.

Komponenten eines Bündels werden dabei nicht immer gleich bewertet. Wenn bestimmte Komponenten von sehr hoher Wichtigkeit sind, besitzen sie die Eigenschaften von „Cut-Off"-Kriterien. Die Alternative wird nicht in Betracht gezogen, auch wenn die übrigen Kriterien gut bewertet werden (DIECKMANN 1993, S. 228). Die Einstellungsbildung erfolgt also nicht additiv über alle Teilleistungen.

---

131 vgl. die Zusammenstellung weiterer Ansätze bei Diller 1991, S. 112

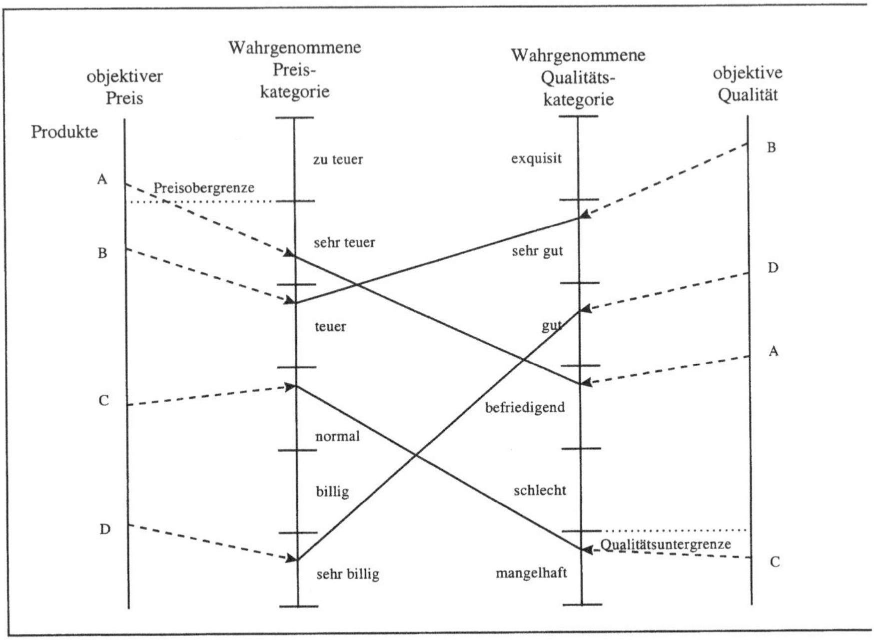

Abb. 36: Kategoriales Preiswürdigkeitsurteil (in Anlehnung an EMERY 1969, S. 104; MONROE 1973, S. 74; MORRIS/MORRIS 1990, S. 65, DILLER 1991, S. 117; DIECKMANN 1993, S. 230)

Bei Einzelpreisen erfolgt die Preisbeurteilung jeweils für die Komponenten, also eine gewisse Anzahl von Beurteilungen. Im Falle eines Gesamtpreises wird zwar nur die Gesamtleistung mit dem Gesamtpreis verglichen, also *ein* Preiswürdigkeitsurteil gefällt, durch die unterschiedlichen Komponenten ist aber die Qualitätsbeurteilung aufwendiger. So läßt sich auch für die Beurteilung der Preiswürdigkeit keine Vorteilhaftigkeit von Einzelpreisen oder Gesamtpreis feststellen. Das von DILLER vermutete erhöhte Leistungs- und Qualitätsbewußtsein bei Preisbaukästen (DILLER 1993, S.272) läßt sich nicht nachvollziehen, da dies auch bei der Präsentation aller Komponenten als einzelne Güter mit Einzelpreisen der Fall sein kann.

Empirische Untersuchungen zum Thema Preisbeurteilung bei Bündelung zeigten folgende Ergebnisse:

- Der Transaktionsnutzen als Summe aller positiven Wirkungen einer Transaktion der Bündelung ist eine Kombination von wahrgenommenen zusätzlichen Einsparungen beim Bündel und wahrgenommenen Einsparungen bei den Komponenten (YADAV/MONROE 1993, S. 355). Es erfolgt sowohl eine Gesamtbewertung als auch eine Einzelbewertung der Komponenten. Das Preisgünstigkeitsurteil bei Leistungsbündeln stellt also eine Kombination aus Einzelpreis- und Gesamtpreisgünstigkeit dar.

- Die Ankergrößen der Komponenten, wie z.B. Marken, beeinflussen durch ihre Bewertung stark die Bewertung des gesamten Bündels, sind also stark ursächlich für die die Preisbereitschaft für das Bündel und die einzelnen Komponenten. (SIMONIN/RUTH 1995, S. 225 ff.).

- Nachfrager reagieren stärker auf Preiserhöhungen des Bündels als auf Ermäßigungen im selben Umfang. Unterschiedliche Präsentationsformen für die Bündelpreisbeschreibung beeinflussen die Kaufabsicht. Nachfrager, denen das Bündel vertraut ist, hegen eine größere Kaufabsicht für niedrigpreisige Bündelangebote als Nachfrager, denen es weniger vertraut ist (HARLAM u.a. 1995, S. 64).

Zusammenfassend findet die in Abbildung 37 dargestellte Preisverarbeitung statt, die bei einem Gesamtpreis einmalig, bei Einzelpreisen in der entsprechenden Häufigkeit durchlaufen wird.

Betrachtet der Anbieter zunächst nur die Qualitätsbeurteilung des Kunden und den wahrgenommenen Nutzen und macht davon die Preissetzung abhängig, kann er im voraus dafür sorgen, daß der Nachfrager ein günstiges Preis-Leistungsurteil fällt. Der wahrgenommene Produktnutzen bildet dann in Geldeinheiten bewertet die Grundlage der Preisbereitschaft, die mit dem wahrgenommenen Preis verglichen wird. Preiswahrnehmung und Preisgünstigkeitsurteil müssen darüber hinaus betrachtet werden. Durch die Steuerung der Einflußgrößen auf die Zahlungsbereitschaft kann der Anbieter Preisdurchsetzungspotential schaffen.

Abb. 37: Konzeptionelles Schema der Preisinformationsverarbeitung (in Anlehnung an JACOBY/OLSON 1977, S. 75, ZEITHAML 1982, S. 237, HAY 1987, S. 46)

4.2.2.4.2 Der Preis als Leistungsmerkmal

Bisher wurde der Preis des Bündels als Opfer im Rahmen der Vertragskosten betrachtet. Gleichzeitig kann der Preis auch als Indikator für den erwarteten Nutzen fungieren. Der Preis stellt ein Produktbestandteil dar, ähnlich wie der Markenname oder die Verpackung (GABOR 1977, S. 207). Wenn der Nachfrager nicht über Produktkenntnis verfügt, Markennamen nicht kennt und weder kommunikationspolitischen Maßnahmen ausgesetzt wird, noch mit anderen Informationsquellen in Kontakt kommt, bleibt ihm der Preis als Indikator für die Qualität. Ein hoher Preis wird mit hoher Produktqualität verbunden, während ein niedriger Preis mit schlechter Qualität gleichgesetzt wird.

Die Situation, nicht über produktbezogene Informationen zu verfügen, trifft allenfalls bei einem Kauf vollständig neuer Produkte zu. Sie liegt in Abhängigkeit von der Rolle im Buying Center vor und ist eher beim Erstkauf anzutreffen. Der Zusammenhang ist weniger eindeutig, wenn der Nachfrager über mehrere Indikatoren verfügt (MORRIS/MORRIS 1990, S. 64)[132]. So erweist sich bei Berücksichtigung des Markennamens das Markenimage auch bestimmend für den Einfluß des Preises (MONROE 1973, S. 73; DODDS/MONROE 1985, S. 85). Liegen dem Nachfrager produktbezogene Informationen vor, sind diese aber zu komplex und vielfältig, nimmt er ebenfalls den Preis als Indikator.

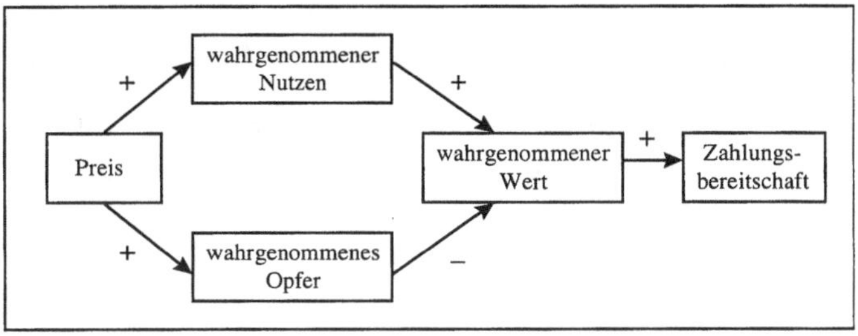

Abb. 38: Die Wirkung des Preises (in Anlehnung an DODDS/MONROE 1985, S. 86)

Obwohl zahlreiche Theorien zur Erklärung des Zusammenhangs existieren (DILLER 1977, S. 220 f.), läßt sich als Schwerpunkt die Theorie des wahrgenommenen Risikos[133] ausmachen. Sie geht davon aus, daß der Nachfrager ein teureres Produkt wählt, wenn eine bestimmte Toleranzschwelle der Unsicherheit beim Kauf überschritten ist, obwohl dadurch die möglichen negativen Konsequenzen des Kaufs steigen. Zur Verringerung des Risikos lassen sich intrinsische und extrinsische Informationen („cues“) heranziehen.

Die intrinsischen entstammen direkt der Leistung, während die extrinsischen keinen Bestandteil des Produkts darstellen (OLSON/JACOBY 1972, S. 173; MONROE/KRISHNAN 1985, S. 214 f.; MONROE 1990, S.54). Der Preis ist demzufolge ein extrinsischer Indikator. Empirische Untersuchungen haben überwiegend gezeigt, daß der Nachfrager intrinsische Informationen bevorzugt (MONROE/KRISHNAN 1985, S. 215). Der Markenname stellt hingegen einen

132 Eine Übersicht über empirische Befunde der Preis-Qualitätsrelation gibt DILLER 1977, S. 222 ff.. Die Auswahl der untersuchten unabhängigen Variablen erfolgte überwiegend intuitiv oder von einem bestimmten Forschungsinteresse geleitet (OLSON/JACOBY 1972, S. 167)

133 zum wahrgenommenen Risiko vgl. ausführlich 4.2.2.5

weiteren extrinsischen Indikator dar , ebenso wie Garantien und Werbeintensität (ZEITHAML 1988, S. 8)[134].

Insgesamt läßt sich feststellen, daß der Preis dann als Qualitätsindikator herangezogen wird, wenn:
- geringe Erfahrungen mit dem Produkt oder ähnlichen Leistungen bestehen,
- geringe oder keine produktbezogenen Informationen bekannt sind,
- das Produkt komplex ist
- ein hohes wahrgenommenes Kaufrisiko besteht
- ein hoher Grad von erwarteten Qualitätsunterschieden innerhalb der Produktklasse vorliegt
- ein hoher Grad von Preisunterschieden innerhalb der Produktklasse zu verzeichnen ist

(LAMBERT 1972, S. 35 ff.; PETERSON/WILSON 1985, S.58 ff.; ZEITHAML 1988, S. 12; NIESCHLAG/DICHTL/HÖRSCHGEN 1991, S. 276 f.; SIMON 1992, S. 609; MÜLLER/KLEIN 1993, S. 368 ff.).

Das Kaufrisiko stellt die umfassende Größe dar, die durch die Ausprägungen der übrigen Größen beeinflußt wird. Wenn intrinsische Indikatoren nicht heranzuziehen, schwer zu beurteilen sind oder ihre Beurteilung mit prohibitiv hohen Kosten verbunden ist, wird der Preis als extrinsischer Indikator genutzt (ZEITHAML 1988, S. 9)[135].

Die Betrachtungen des Preises als Qualitätsindikator beziehen sich auf den Konsumgütermarkt. Sie lassen sich aber direkt auf den Businessbereich übertragen (GABOR 1977, S. 71, ECKLES 1990, S. 371, SIMON 1992, S. 608), da alle Eigenschaften auf Businessmärkten ebenfalls vorliegen können.

Im Bezug auf die Zahlungsbereitschaft, wo der Preis die unabhängige Variable darstellt, läßt sich folgender Zusammenhang feststellen: Da der Preis als Qualitätsindikator wirkt, kann ein höherer Preis eine höhere Zahlungsbereitschaft bewirken. Liegt der Preis höher als die vom Nachfrager gesetzte Preisobergrenze, findet eine solche Wirkung nicht statt.

---

134 vgl. dazu die Zusammenstellung intrinsischer und extrinsischer Attribute bei LIVINGSTON/ZEITHAML 1987, S. 31.

135 PORTER (1992, S. 191 ff.) unterscheidet zwischen Nutzungskriterien und Signalkriterien. Während Nutzungskriterien den Abnehmerwert direkt beeinflussen, handelt es sich bei Signalkriterien um Kaufkriterien, mit deren Hilfe der Abnehmer auf den tatsächlichen Wert schließt. Die Begriffe sind bedeutungsgleich mit intrinsischen und extrinsischen Informationen.

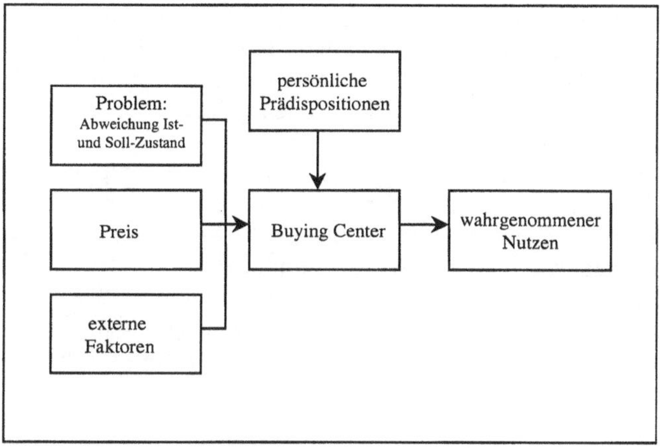

Abb. 39: Der Preis als Einflußfaktor auf die Nutzenwahrnehmung

Dem wirkt der Preis als abhängige Variable entgegen. Hier ist der niedrigste Preis am vorteilhaftesten, da er das Opfer des Austausches minimiert.

Der Preis wird außerdem nur zur Leistungsbewertung genutzt, wenn die intrinsischen Indikatoren nicht geeignet sind, das wahrgenommene Kaufrisiko unter die Toleranzschwelle zu senken. Wenn die Informationen über die Leistung selbst hoch sind, wird der Preis als Qualitätsindikator nicht herangezogen. Ein hoher Preis erhöht in diesem Fall eben nicht die Zahlungsbereitschaft, sondern wird nur als Opfer betrachtet (TELLIS/GAETH 1990, S. 44). Es gilt daher, sowohl die intrinsischen Indikatoren als auch das wahrgenommene Risiko genau zu betrachten.

4.2.2.5 Das wahrgenommene Risiko

Bereits in mehreren Kapiteln hat sich die hohe Bedeutung des Konstruktes des wahrgenommenen Risikos gezeigt. Das wahrgenommene Risiko umfaßt die Unsicherheit über den Eintritt negativer Kauffolgen. Es wirkt direkt auf das Entscheidungsverhalten des Nachfragers. Wenn es durch eine Bündelung von Leistungen möglich ist, das wahrgenommene Risiko zu senken und dadurch die Zahlungsbereitschaft zu erhöhen, ist eine genaue Beschäftigung mit dem Konstrukt notwendig.

Grundsätzlich lassen sich bei der Betrachtung des wahrgenommenen Risikos folgende Ansätze unterscheiden: globale Ansätze, Zwei-Komponenten- und mehrdimensionale Ansätze. Das wahrgenommene Risiko besteht im Falle des

Zwei-Komponenten-Ansatzes aus den Komponenten[136] wahrgenommene negative Kauffolgen und empfundene Unsicherheit bezüglich des Eintritts dieser Kauffolgen (COX 1967, S. 37; CUNNINGHAM 1967, S. 84). Die empfundene Unsicherheit läßt sich auch als subjektive Wahrscheinlichkeitsannahme über das Eintreten der negativen Folgen aus der Entscheidung bezeichnen (Kuhlmann 1997, S. 9)[137]. Die empfundene Unsicherheit ist vor allem die Folge von Informationsproblemen, während die negativen Kauffolgen die Bedeutung der Transaktion widerspiegeln. Die Verknüpfung beider Komponenten kann sowohl multiplikativ wie auch additiv erfolgen (POHL 1996, S. 122, KUHLMANN, 1980, S. 524). Vor dem Kauf werden hinsichtlich beider Größen vom Nachfrager Erwartungen gebildet. Dabei hängen beide Größen von folgenden Einflußfaktoren ab (KUHLMANN 1997, S. 11):

- den Eigenschaften der zu erwerbenden Leistung
- den Erfahrungen des Nachfragers mit gleichen oder ähnlichen Leistungen
- den vor dem Kauf verfügbaren relevanten Informationen
- der wahrgenommenen Einwirkungsmöglichkeit des Nachfragers auf die Leistungserstellung
- den vom Nachfrager erwarteten Bemühungen des Anbieters
- den vermuteten Umwelteinflüssen

Die erwartete Wahrscheinlichkeit und die erwarteten Kauffolgen sind dabei um so größer, je höher das Ausmaß der Gutseigenschaften und der Umwelteinflüsse sind. Die anderen Einflußfaktoren erhöhen das Risiko, je niedriger sie vorliegen (KUHLMANN 1997, S. 11).

Bei den Eigenschaften des Gutes handelt es sich sowohl um durch den Nachfrager im Vorhinein überprüfbare als auch um nicht überprüfbare Eigenschaften. Je mehr überprüfbare Eigenschaften vorliegen, desto komplexer ist das Produkt und desto aufwendiger und schwieriger ist die Überprüfung. Liegen nur wenige Eigenschaften vor, ist das Risiko geringer. Unterscheidet man zwischen materiellen, also eher überprüfbaren und immateriellen Eigenschaften, gilt immer noch: je mehr Eigenschaften desto höher das Risiko. Betrachtet man aber den Anteil überprüfbarer und nicht überprüfbarer

---

[136] Globale Risikoansätze werden wegen der geringen Aussagekraft nicht weiter berücksichtigt. Vgl. die Übersicht bei POHL 1996, S. 122.

[137] Daneben existiert der Zwei-Komponenten-Ansatz von BETTMAN, der das wahrgenommene Risiko durch die Komponenten Unsicherheit, dem Ausmaß der subjektiven Möglichkeit des Anlegens eines Markenwahlkriteriums und der Wichtigkeit, die eine befriedigende Markenwahl für den Käufer hat, bestimmt (1973, S. 184 f.).

Eigenschaften, läßt sich feststellen: Je höher der Anteil der nicht überprüfbarer Eigenschaften, desto höher wird das wahrgenommene Risiko.

Verfügt das Produkt über wenige Eigenschaften, die auch nicht überprüfbar sind, ist das Risiko trotz der geringen Anzahl hoch. Die Wirkung der Gutseigenschaften auf das wahrgenommene Risiko hat also zwei Dimensionen: die Anzahl und die im voraus bestehende Überprüfbarkeit.[138] Die Auswirkungen der Gutseigenschaften betreffen außerdem andere Einflußgrößen. So kann der Nachfrager einen hohen Anteil nicht überprüfbarer Eigenschaften durch vor dem Kauf verfügbare weitere Informationen ausgleichen. Auch die bereits gemachten Erfahrungen beeinflussen die Einschätzung der Gutseigenschaften. Die Einflußfaktoren wirken demnach nicht separat voneinander, sondern kompensierend.[139] Bei den Zwei-Komponenten-Ansätzen finden die verschiedenen Risikoinhalte keine Berücksichtigung.

Die mehrdimensionalen Ansätze hingegen berücksichtigen zusätzlich die Risikoinhalte. So unterscheiden SCHWEIGER, MAZANEC und WIEGELE zwischen Komponenten und Dimensionen (1976, S. 96). Die Komponenten bestehen aus der Unsicherheit über das Eintreten der Kauffolge und der subjektiven Wichtigkeit, während die Dimensionen die unterschiedlichen Risikoinhalte widerspiegeln. Die Dimensionen lassen sich grob in technisch-funktionale, wirtschaftliche, soziale und individual-psychische unterteilen (KUHLMANN 1978, S. 104 ff.; 1980, S. 525). Das wahrgenommene individual-psychische Risiko drückt die Gefahr aus, daß eventuell die Leistung verfehlt wird, die der Nachfrager bei eingehender Information gewählt hätte. Beim sozialen Risiko steht das Verfehlen der Wahl einer relevanten Bezugsperson oder –gruppe im Mittelpunkt, wohingegen das technisch-funktionale die Befürchtung ausdrückt, die Leistung zu verfehlen, die ein Expertengremium als technisch überlegen einstuft. Entsprechendes gilt bei dem ökonomischen Risiko für Wirtschaftsexperten. Eine ähnliche Unterteilung der Dimensionen legen TURLEY/LEBLANC für Dienstleistungen vor (1993, S. 15). Sie unterscheiden zwischen dem sozialen Risiko, dem Qualitätsrisiko, dem physischen Risiko, das die Gefährdung des Nachfragers durch das Gut bezeichnet, sowie dem Zeitrisiko, dem psychologischen und dem finanziellen Risiko.

BAAKEN (1993, S. 14 ff.) unterscheidet für die Beschaffung von investiven Innovationen zwischen drei Risikodimensionen, denen er in der Praxis typische Risikoausprägungen zuordnet: dem individual- und sozial-psychologischen

---

[138] vgl. zu den Gutseigenschaften ausführlich Kap. 4.2.2.6.

[139] Diese Einflußfaktoren gelten für Dienstleistungen, sind aber für Sachleistungen ebenso anwendbar.

Risiko, dem Risiko der wirtschaftlichen Beurteilung und dem technisch-funktionalen Risiko. Die Unterrisiken des sozial-psychologischen Risikos bestehen in dem Abhängigkeitsrisiko von einem oder wenigen Lieferanten, dem Akzeptanzrisiko innerhalb des Unternehmens, dem Informationsrisiko und dem Innovationsrisiko über das Eintreten positiver Effekte durch die Investition. Das Risiko der wirtschaftlichen Beurteilung setzt sich aus dem Finanzrisiko, dem Qualifizierungsrisiko der Mitarbeiter, dem Rentabilitätsrisiko und dem Technologierisiko über die zukünftige Wettbewerbsfähigkeit zusammen. Das technisch-funktionale Risiko bilden das Funktionsrisiko, das Integrationsrisiko, das Kompatibilitäts- und das Nutzungsrisiko.

Die Risikodimensionen betrachten einerseits die Ursachen des Risikos, aber gleichzeitig auch die Auswirkungen auf die wahrgenommenen Kauffolgen. Daher sind sie auch in den Zwei-Komponenten-Ansätzen integriert, soweit sie die Dimensionen der wahrgenommenen negativen Konsequenzen darstellen. Die Risikodimensionen knüpfen einerseits am Buying Center und seinen Mitgliedern an (BAAKEN 1993, S. 15; KUHLMANN 1980, S. 523), da diese das Risiko wahrnehmen. Andererseits resultieren sie aus dem Gut und seinen Eigenschaften und den aus dem Gut resultierenden möglichen finanziellen Konsequenzen (KROEBER-RIEL/WEINBERG 1996, S. 388). Dieses ökonomische Risiko ist mit dem Gut eng verbunden: Auf diese Weise läßt sich Preiswürdigkeit nicht ohne Unsicherheit beurteilen[140]. So ergibt sich das wahrgenommene Risiko als Filter für die Nutzenwahrnehmung und damit Zahlungsbereitschaft des Nachfragers.

Das Buying Center wie auch das Individuum beeinflussen das Risiko und werden selbst durch die Ausprägungen des Risikos beeinflußt. Die Nachfrager lassen sich hinsichtlich ihrer Bereitschaft, Risiken in Kauf zu nehmen, unterscheiden. Denn wenn das vom Nachfrager wahrgenommene Kaufrisiko eine individuelle Toleranzschwelle überschreitet, versucht er, das Risiko zu reduzieren (KROEBER-RIEL/WEINBERG 1996, S. 388; GEMÜNDEN 1985, S. 27). Die Mitglieder des Buying Centers betrachten darüber hinaus aufgrund ihrer Rollen die Risikodimensionen unterschiedlich.

Die präskriptive Entscheidungstheorie differenziert zwischen drei Grundtypen der Risikoneigung: den risikofreudigen, risikoaversen und risikoneutralen (MÜLLER, 1993, Sp. 3817 f.; POHL 1996, S. 131 f.). Im Falle des risikofreudigen Nachfragers liegt ein höherer Erwartungswert des Nutzens der Ergebnisse vor als der Nutzen des Erwartungswertes der Ergebnisse. Für den risikoaversen gilt

---

140 Zu dem Zusammenhang zwischen Variablen der Person, der Umfeldsituation sowie dem Gut und dem wahrgenommenen Risiko vgl. DILLER 1978, S. 28 f.; v. ROSENSTIEL/EWALD 1979, S. 98 ff.; KATZ 1983, S. 97 ff.)

es umgekehrt, während im Falle der Risikoneutralität beide Werte gleich hoch sind. Beide Größen basieren auf Wahrscheinlichkeiten und auf der Nutzenfunktion (POHL 1996, S. 132).

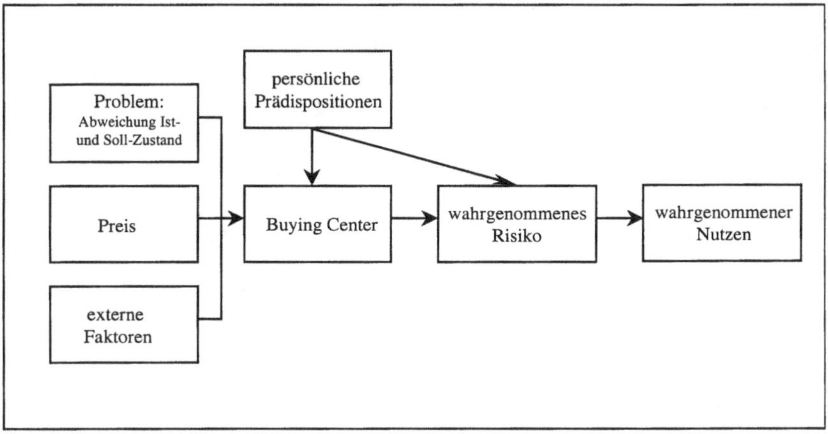

Abb. 40: Das wahrgenommene Risiko als Einflußfaktor auf die Nutzenwahrnehmung

Die Schwierigkeit, individuelle Nutzenfunktionen abzuleiten, wurde bereits oben dargelegt. Insofern lassen sich diese Typenbeschreibungen nicht im Rahmen der Nutzeneinflußfaktoren verwenden. Dennoch kann beim Individuum unterschiedliche Risikoneigung vorliegen. Diese Risikoneigung ist abhängig von der individuellen Toleranzschwelle, denn das wahrgenommene Risiko muß das akzeptierte Risikoniveau unterschreiten. Risikoneutralität liegt demzufolge vor, wenn die Risikoneigung der durchschnittlichen Risikoneigung der Nachfrager entspricht. Ein risikofreudiger Nachfrager verfügt über eine höhere Toleranzschwelle als der Durchschnitt, der risikoaverse über eine geringere. Je nach Risikoneigung verändern sich die notwendigen Informationen, unabhängig davon, ob sie aus dem Gut selbst aus Erfahrungen oder anderen Quellen herrühren, um die Toleranzschwelle zu unterschreiten.

Die rollenspezifischen Unterschiede bei der Bedeutung der Risikodimensionen entstehen aus den rollenspezifischen Aufgaben. Für den Nutzer spielt das technisch-funktionale Risiko eine wichtige Rolle, während für den Entscheider das ökonomische Risiko im Vordergrund steht.

Für das wahrgenommene Risiko gilt folgender Zusammenhang:
Hypothese 3: Je höher das wahrgenommene Risiko, desto geringer die Zahlungsbereitschaft.

Je nach Risikodimension und dem vorliegenden Informationsbeschaffungsverhalten finden sich Möglichkeiten der Risikoreduzierung. Dabei kann an den Einflußfaktoren des Risikos angesetzt werden. Ziel ist es, das wahrgenommene Risiko, das durch die Transaktion des Gutes entsteht, zu verringern. Das Gut steht als Ursache des Risikos im Mittelpunkt und determiniert sehr stark die Zahlungsbereitschaft[141].

4.2.2.6 Eigenschaften des Gutes

Das Gut im Sinne des Leistungsbündels stellt den Hauptnutzenstifter des Vertragsnutzens dar. Damit ist es auch wichtigste Determinante zur Bestimmung der Zahlungsbereitschaft. Es hat indirekt auch Einfluß auf die Wahrnehmung des Problems, da es als Problemlösung zur Erreichung des Sollzustandes dienen soll.

Dementsprechend gehen von ihm auch die meisten der Einflußfaktoren des wahrgenommenen Risikos aus. Wenn der Nachfrager den Nutzen des Gutes bestimmen kann, senkt sich das wahrgenommene Risiko und die Zahlungsbereitschaft orientiert sich an den Gutseigenschaften. Die Grundvoraussetzung für eine eher sichere Nutzeneinschätzung liegt zunächst in der Wahrnehmbarkeit des Gutes. Je weniger wahrnehmbar Gutseigenschaften vorliegen, also je höher der immaterielle Anteil der Gutseigenschaften ist, desto schlechter läßt sich der Nutzen einschätzen und desto höher ist das wahrgenommene Risiko.

Handelt es sich bei den Eigenschaften des Gutes um direkt wahrnehmbare Eigenschaften, bedeutet es jedoch noch nicht zwangsläufig, daß sich der Nutzen in jedem Fall beurteilen läßt. Durch eine hohe Komplexität des Gutes läßt sich u.U. erst nach der Nutzung der Nutzen sicher feststellen, ist also vorher mit hoher Unsicherheit behaftet. Es besteht aber nicht nur Unsicherheit darüber, welches Gut über nutzenoptimale Eigenschaften verfügt, sondern zusätzlich über das aus dem Problem abzuleitende Anforderungsprofil an das Produkt. Hier hängen also Problem, Gutseigenschaften und Risiko eng miteinander zusammen.

[141] Fünf von sechs Einflußfaktoren beziehen sich direkt oder indirekt auf das Gut und seine Eigenschaften.

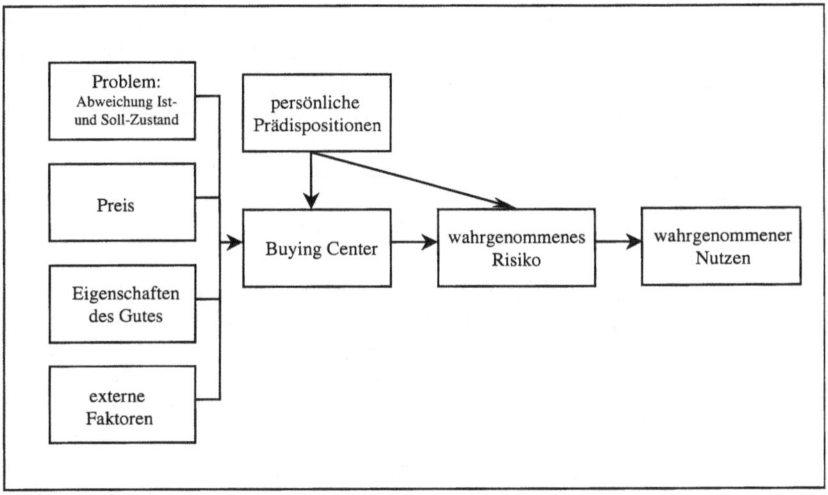

Abb. 41: Die Eigenschaften des Gutes als Einflußfaktor auf die Nutzenwahrnehmung

Dementsprechend gilt es zur Bestimmung der Zahlungsbereitschaften und zur Auswahl der geeigneten Bündelungsform, die im Gut begründeten Unsicherheiten genau zu betrachten. Wie oben erwähnt, besteht ein Leistungsbündel im Grundmodell aus einer Dienstleistungs- und einer Sachleistungskomponente. Dadurch ist ein Teil des Bündels überwiegend nicht wahrnehmbar vor Inanspruchnahme, während der andere je nach Eigenschaften überwiegend wahrnehmbar, aber nicht bewertbar sein muß. Der Anteil immaterieller Eigenschaften kann bei jeder der beiden Komponenten wiederum unterschiedlich hoch sein. Durch die Unterschiedlichkeit der Komponenten steigt die Bedeutung der im Gut begründeten Unsicherheit, da es sich in jedem Fall um ein komplexes Gut handelt. Dadurch lassen sich auch für die übrigen Determinanten der Nutzenwahrnehmung Auswirkungen ableiten.

4.2.2.7 Der Nutzen in Abhängigkeit der Gutseigenschaften von Leistungsbündeln

Das Leistungsbündel besteht aus einer Sach- und einer Dienstleistung. Aufgrund der güterbedingten Unterschiede können sich auch Unterschiede in der Nutzenbewertung ergeben. Grundsätzlich kann man bei der Dienstleistungskomponente von einem höheren Immaterialitäts- und Integrativitätsgrad ausgehen, der die Nutzenwahrnehmung erschwert. Dies hat Einfluß auf alle Determinanten des wahrgenommenen Nutzens.

Das Buying Center ist einerseits gezwungen, ein Gut mit zwei Komponenten zu beurteilen, andererseits unterscheiden sich beide Komponenten voneinander. Sie müssen also bezüglich beider Komponenten Informationen sammeln, bewerten und zu einer Entscheidung gelangen oder beide Komponenten als Einheit betrachten, was das Gut komplexer macht und höhere Anforderungen an die zu beschaffenden Informationen stellt. Dadurch wird die Beurteilung der Eignung von Informationen ebenfalls schwieriger. So können beide Komponenten in unterschiedlichem Maße beurteilbar sein.

Wegen des höheren Immaterialitätsanteils verlassen sich bei Dienstleistungen Nachfrager mehr auf persönliche Informationen (FRIEDMAN/SMITH 1993, S. 56)[142]. Gleichzeitig sind sie mehr auf Qualitätsindikatoren bzw. Schlüsselinformationen angewiesen, wodurch der Nachfrager von ausführlicher Informationssuche und -verarbeitung entlastet wird (KUHLMANN 1990, S. 330, S. 346) bzw. einen Ersatz erhält, wenn die Informationen von ihm nicht ermittelt werden können. Durch die erhöhte Integrativität ist die Möglichkeit zur Beeinflussung der Dienstleistungskomponente durch den Nachfrager ebenfalls höher, was zu einer geringeren Zahlungsbereitschaft führen kann, da vom Nachfrager Eigenleistung erbracht wird. Ebenso kann aber die Sachleistungskomponente aufgrund hoher Komplexität schwer zu beurteilen sein.

Hinsichtlich des wahrgenommenen Risikos läßt sich aufgrund der tendenziellen Gutseigenschaften die Hypothese ableiten, daß das wahrgenommene Risiko für Dienstleistungen höher ist als für Sachleistungen. Empirische Überprüfungen zeigten jedoch widersprüchliche Ergebnisse. Während einige Ergebnisse die obengenannte Hypothese unterstützen (GUSEMANN 1981, S. 201 f.), zeigen GEORGE/WEINBERGER/KELLY (1985, S. 90) gerade im Falle von Leistungsbündeln, daß je nach Gut auch die Sachleistungskomponente als risikohaltiger angesehen wird. Allerdings unterscheiden sich die Komponenten hinsichtlich der Risikodimensionen. Für Dienstleistungen besteht ein höheres Funktionsrisiko, für Sachleistungen ein höheres psychologisches und soziales Risiko (GEORGE/WEINBERGER/KELLY 1985, S. 89 f.). MURRAY/SCHLACTER (1990, S. 59 ff.) bestätigten die Grundhypothese eines höheren wahrgenommenen Risikos bei Dienstleistungen, allerdings ist hier das soziale und psychologische Risiko ebenfalls größer als bei Sachleistungen. Sie untersuchten aber kein Leistungsbündel, sondern Güter, die auf unterschiedlichen Positionen auf dem Sachleistungs-/Dienstleistungskontinuum angeordnet wurden.

[142] Hier handelt es sich um den Spezialfall von Kinderbetreuung, einer Dienstleistung mit hohem Immaterialitäts- und Integrativitätsanteil.

Die Höhe des Risikos hat auch Einfluß auf die Bedeutung der Einflußfaktoren. Im Falle von hohem Risiko steht eher der Nutzen einer Dienstleistung im Mittelpunkt, während bei geringem Risiko die Kosten betrachtet werden (OSTROM/IACOBUCCI 1995, S. 26). So zeigt sich insgesamt, daß Dienstleistungen tendenziell ein höheres Risiko besitzen, sich diese Aussage jedoch nicht auf alle Sach- und Dienstleistungen verallgemeinern läßt, sondern die Güter nach ihren jeweiligen Leistungseigenschaften zu betrachten sind.

Bei der Wahrnehmung und Beurteilung der Gutseigenschaften eines Bündels können die einzelnen Nutzen unterschiedlich zu einem Bündelnutzen aggregiert werden. So können die Komponentennutzen addiert werden oder komplexe Bewertungsprogramme beim Nachfrager ablaufen. YADAV ermittelte, daß zunächst die in den Augen der Nachfrager wichtigsten Komponenten bewertet werden, dann die weniger wichtigen in absteigender Reihenfolge. Die wichtigste Komponente wird zur Ankergröße, an deren Bewertung die übrigen angepaßt werden. Dies kann auch zu einer Schlechterbewertung führen, wenn die Bewertung der Ankerkomponente eher schlecht ist (YADAV 1994, S. 349)[143]. In diesem Fall wurden nur Sachleistungen betrachtet, so daß keine Aussagen über Unterschiede hinsichtlich der Gütercharakteristika bestehen.

GAETH ET AL. betrachteten ebenfalls Bündel aus Sachleistungen. Sie kamen zu dem Ergebnis, daß bei der Bewertung der Bündelkomponenten ein Durchschnitt gebildet wird, so daß Komponenten, deren Nutzen gering ist, durch diese Bewertung eine hohe Bedeutung bekommen (GAETH et al. 1990, S. 52). Handelt es sich um ein qualitativ hochwertiges Produkt, das mit einem qualitativ schlechten Produkt gebündelt wird, so wirkt dies auf die Zahlungsbereitschaft subadditiv. Bei nicht inhaltlich verbundenen Komponenten ist dieser Effekt nicht festzustellen (GAETH et. al. 1990, S. 53). Auch die inhaltliche Verbindung zwischen den Komponenten hat Auswirkungen auf die Bewertung.

Auch hier liegen demnach keine einheitlichen Erkenntnisse vor, so daß der Einfluß der Komponenten aufeinander nicht eindeutig bestimmbar ist. So lassen sich tendenziell unterschiedliche Nutzenwahrnehmungen und Zahlungsbereitschaften für die Bündelkomponenten ableiten, die auf den unterschiedlichen Anteil von Immaterialität und Integrativität zurückzuführen sind. Um sie für ein optimales Bündelungsangebot zu nutzen, müssen die Gutseigenschaften systematisiert werden, um dann ihre Wahrnehmung und Beurteilung steuern zu können.

---

143 Yadav untersuchte auch den Einfluß der Bewertungsreihenfolge auf die Gesamtbewertung. Bei einem Bündel mit zwei Komponenten hatte sie keinen Einfluß (YADAV 1994, S. 350).

Die Informationsökonomie bietet eine Systematisierung der Gutseigenschaften aufbauend auf der Informationsunsicherheit. Im Folgenden wird ihre Eignung betrachtet und sie in das Gesamtmodell integriert. Die Informationsökonomie wird dahingehend untersucht, ob sie eine differenzierte Betrachtung der Gutseigenschaften und des wahrgenommenen Risikos ermöglicht.

4.3 Die Informationsökonomie als Erklärungsansatz für das wahrgenommene Risiko

Bei der Durchführung von Austauschvorgängen ist der Informationsstand unvollständig, d.h., die vorhandenen Informationen umfassen nicht sämtliche benötigten Informationen. Nur dann wäre eine Entscheidung ohne Risiko möglich. Um trotz des Risikos Möglichkeiten zur Einschätzung von Nutzengrößen zu erreichen und diese gezielt zu beeinflussen, gilt es, die Quellen des Risikos zu analysieren. Die Informationsökonomie beschäftigt sich mit den Quellen der Unsicherheit, die eben diese unvollkommenen Informationen liefern. Im Mittelpunkt stehen die Eigenschaften des Gutes.

Zur Informationsökonomie lassen sich fünf Gruppen von Ansätzen zählen:

- Suchkostenansätze, in denen das Informationsbeschaffungsverhalten von Nachfragern in bezug auf Preise und/oder die Qualität von Gütern bei bestehender Preis- bzw. Qualitätsstreuung beschrieben wird.
- Qualitätsunsicherheitsansätze, die sich mit Fragestellungen beschäftigen, die sich aus dem Vorliegen bestimmter Gutseigenschaften zum Kaufzeitpunkt ergeben.
- Verhaltensunsicherheitsansätze, die sich mit der Problematik moralischer Wagnisse beschäftigen.
- Markt-Effizienz- und wohlfahrtsökonomische Ansätze, bei denen Fragen nach den Marktergebnissen dominieren. (BAYÓN 1997, S. 17 ff.)

Für die Betrachtung der Unsicherheit durch unvollständige Informationen sind vor allem die ersten drei Ansätze relevant.

4.3.1 Das wahrgenommene Risiko als Informationsproblem

Um das verhaltenswissenschaftliche Konstrukt des wahrgenommenen Risikos und die damit verbundene Unsicherheit sowie den in der Informationsökonomie verwendeten Unsicherheitsbegriff vergleichen zu können und auf die Gutseigenschaften beziehen zu können, werden die grundlegenden Bestandteile der Informationsökonomie dargelegt und mit denen des wahrgenommenen Risikos verglichen.

4.3.1.1 Der Zusammenhang zwischen Nutzenwahrnehmung und Informationsunsicherheit

Wie oben gezeigt, stellt das wahrgenommene Risiko einen wichtigen Einflußfaktor bei der Nutzenwahrnehmung dar. Die Informationsökonomie bietet dazu eine wichtige Ergänzung.

Im Mittelpunkt der verhaltenswissenschaftlichen Perspektive des wahrgenommenen Risikos steht das Verhalten des Konsumenten. Die Marktunsicherheit stellt eine psychische Variable dar und wird hinsichtlich ihrer Bedeutung für die Erklärung des individuellen Konsumentenverhaltens betrachtet (KAAS 1990, S. 542). Die Perspektive der Informationsökonomie als Ansatz der Neuen Institutionenökonomie ist der Markt, auf dem unvollkommene Informationen vorliegen (KAAS 1990, S. 539; KAAS 1991, S. 358). Hier stehen also die objektiven Marktbedingungen im Mittelpunkt, die zu Marktunsicherheit führen, und die Auswirkungen dieser Unsicherheit auf den Marktprozeß (KAAS 1990, S. 542). Das bedeutet, es herrscht Unsicherheit über das Verhalten der Marktteilnehmer, da die Informationen zwischen Anbieter und Nachfrager ungleich verteilt sind und zu unterschiedlichen Kosten zu erlangen sind (POHL 1996, S. 92; MENGEN 1993, S. 104f. ; SPREMANN 1990, S. 562 f.; SPREMANN 1988, S. 615). Der Anbieter ist in der Regel der besser informierte Transaktionspartner. Gegenüber dem Nachfrager besteht ein Informationsgefälle. Diese Informationsasymmetrien können in ihrem Ausmaß als Differenz zwischen der besser und schlechter informierten Seite unterschiedlich groß sein (MENGEN 1990, S. 105). KAAS (1992c, S. 886 f.) teilt die auftretenden Unsicherheiten wie folgt ein:

Die exogene Unsicherheit liegt in der unvollkommenen Information über die von außen vorgegebenen Zustände. Unvorhergesehene Schwierigkeiten bei der Leistungserstellung, Probleme mit der geplanten Technologie und Veränderungen der Rahmenbedingungen des wirtschaftlichen Handelns können die vorgesehenen Inputs der Partner verteuern, verändern oder unmöglich machen. Von dieser Unsicherheit sind beide Transaktionspartner betroffen.

Endogene Unsicherheit ist auf die asymmetrische Informationsverteilung zwischen Anbieter und Nachfrager zurückzuführen, da jede Seite im Hinblick auf ihren eigenen Input über einen Informationsvorsprung verfügt. Der Nachfrager hat mehr externe Informationen aus Anbietersicht wie z.B. die von ihm erwartete Leistungsspezifikation und die Eigenschaften des zu integrierenden externen Faktors. Der Anbieter beurteilt demgegenüber seine eigene Qualifikation und Anstrengung und das gegebenenfalls bereits vorliegende Leistungsergebnis besser[144].

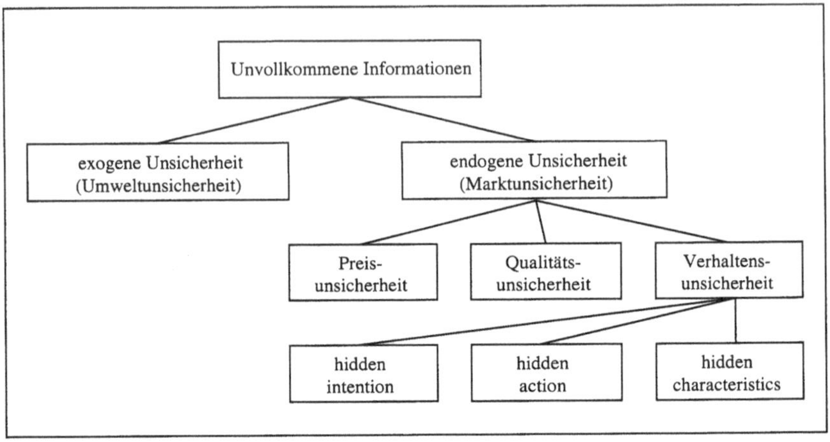

Abb. 42: Arten der Unsicherheit im Rahmen der Informationsökonomie (in Anlehnung an KAAS 1995b, S. 26; KAAS 1992b, S. 886)

Die Verhaltensunsicherheit ist als eine Ausprägung der endogenen Unsicherheit zu betrachten. Sie besteht in der Gefahr, daß sich der Vertragspartner opportunistisch verhält[145]. Dies umfaßt eigennütziges Verhalten vom Vorspiegeln falscher Tatsachen bis zum Betrug (KAAS 1991, S. 363). Die Möglichkeit, durch opportunistisches Verhalten geschädigt zu werden, ist auch von den Gutseigenschaften abhängig (KAAS 1992c, S. 887), besteht aber prinzipiell bei jeder Transaktion.

Die Verhaltensunsicherheit kann in drei Ausprägungen vorliegen, der „hidden intention", der „hidden action" und den „hidden characteristics". Im Falle von „hidden intention" verheimlicht ein Vertragspartner dem anderen transaktionsrelevante Absichten, während bei „hidden action" der Partner heimlich Maßnahmen ergreift oder unterläßt, die ihm auf Kosten des anderen einen Vorteil verschaffen oder einen Nachteil abwenden. Während „hidden intention" im Laufe der Transaktion dem Partner bekannt wird, bleibt „hidden

[144] Vgl. dazu die Unterscheidung zwischen Kontraktgütern und Austauschgütern (SCHADE/SCHOTT 1993a, S. 16 ff.; SCHADE/SCHOTT 1993b, S. 491 ff.; KAAS 1992c, S. 884 f.) und den tendenziellen Unterschieden zwischen Sach- und Dienstleistungen.

[145] Dies entspricht dem Begriff von WILLIAMSON: „self-interest seeking with guile" (WILLIAMSON 1985, S. 47).

action“ verborgen. „Hidden characteristics“ stellen vom Anbieter verschwiegene für den Abnehmer vor Vertragsabschluß nicht erkennbare Qualitätsdefizite dar (KAAS 1995b, S. 26). Bei der Nutzenwahrnehmung gibt es keinen Einflußfaktor, der das Verhalten des Anbieters beinhaltet. Die Verhaltensunsicherheit des Nachfragers geht aber als Einflußfaktor in das wahrgenommene Risiko ein. Die Bemühungen des Anbieters können unsicherheitsminderd wirken, müssen aber nicht zwangsläufig immer zugunsten des Nachfragers wirken oder können niedriger sein als möglich.

Die Qualitätsunsicherheit besteht darin, daß beide Vertragspartner über wichtige Bestandteile des Vertragsgegenstandes, also des Leistungsbündels, und über die spätere Einhaltung getroffener Vereinbarungen unterschiedlich genaue Kenntnisse haben (SPREMANN 1988, S. 625). Sie beinhaltet dementsprechend die Unsicherheiten über die Gutseigenschaften[146]. Die Qualitätsunsicherheit ist mit den „hidden characteristics“ eng verknüpft. Weil der Abnehmer die Qualität des Gutes nicht sicher einschätzen kann, also eine aus dem Gut herrührende Qualitätsunsicherheit besteht, kann der Anbieter ihm Qualitätsprobleme verschweigen, also die Unsicherheit opportunistisch ausnutzen. Hier zeigt sich außerdem die enge Beziehung zur Theorie des wahrgenommenen Risikos.

Die Qualitätsunsicherheit enthält zwei Dimensionen: die Unsicherheit darüber, welches Produkt ein solches Leistungsprofil aufweist, das dem Anforderungsprofil des Nachfragers optimal entspricht und die Unsicherheit darüber, ob das Leistungsprofil des ausgewählten Produkts in seiner Qualität dem erwarteten Leistungsproblem entspricht (Mengen 1993, S. 111 f.). Ein Spezialfall der vorgenannten Unsicherheit liegt im Fall von sogenannten „lemons“ vor (AKERLOF 1970, S. 489). Für den Nachfrager besteht die Unsicherheit, daß er ein mit versteckten, für ihn nicht zu erkennenden Mängeln behaftetes Exemplar des Produkts erhält. Im Grunde liegt hier eine Nichtübereinstimmung zwischen Produkt und Anforderungsprofil vor, die vom Nachfrager nicht wahrzunehmen ist. In der erstgenannten Dimension der Unsicherheit zeigt sich der Bezug zum Problem des Nachfragers.

Abbildung 43 zeigt die Quellen der Qualitätsunsicherheit bei Leistungsbündeln. Die Güter A und D stellen reine Sach- bzw. Dienstleistungsgüter dar, also jeweils ein Gut als Quelle der Qualitätsunsicherheit. Bei einem Leistungsbündel

---

[146] Kaas sieht in der Qualitätsunsicherheit die nachfragerorientierte Perspektive im Gegensatz zum Opportunismus (Kaas 1995b, S. 25; auch im Gegensatz zu Kaas 1992c, S. 887). Der Unterschied zwischen Verhaltens- und Qualitätsunsicherheit besteht dagegen darin, daß Verhaltensunsicherheit als Quelle den Anbieter als Person oder Personengruppe hat, während der Grund der Qualitätsunsicherheit im Gut begründet ist.

aus einer Sachleistungs- und einer Dienstleistungskomponente ergeben sich zwei Möglichkeiten. Im ersten Fall ist die Dienstleistung mit der Sachleistung inhaltlich eng verbunden und aufgrund des höheren Immaterialitätsgrad schwerer wahrnehmbar. Das Bündel stellt sich ihm als zusammengehörige Einheit dar, bei dem er nicht nach Sachgut und Dienstleistung unterscheidet. Wie in Situation B dargestellt nimmt der Nachfrager demzufolge das Sachgut deutlicher wahr und verankert seine Beurteilung dort. Die Quelle der Qualitätsunsicherheit liegt in einem Gut, das von der Sachleistung dominiert wird. Im zweiten Fall entsprechend Situation C werden Sach- und Dienstleistung getrennt wahrgenommen, auch wenn sie gemeinsam angeboten werden[147]. Es liegen also zwei Quellen der Qualitätsunsicherheit vor. Trotz Bündelung empfindet der Nachfrager die Güter als getrennte Produkte.

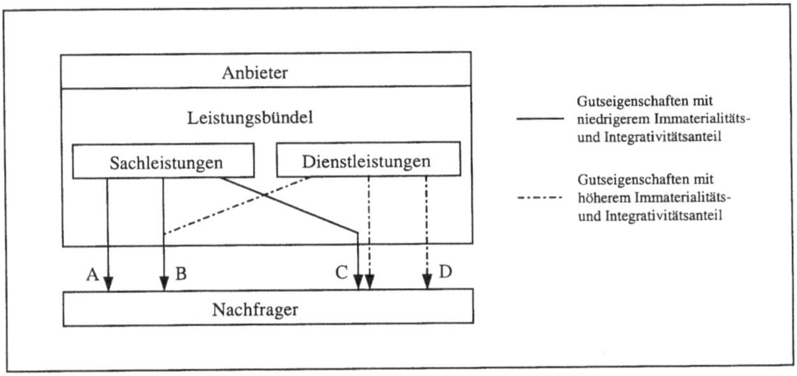

Abb. 43: Leistungsbündel als Quelle der Qualitätsunsicherheit

Die dritte Größe der endogenen Unsicherheit, die Preisunsicherheit, geht auf STIGLERS Suchkostenansatz zurück (STIGLER 1961, S. 213 ff sowie weiterführend ERNST/HOFMANN/WALPUSKI 1995, S. 68 f.; BÖSSMANN 1990, S. 338 f.; ARNOLD/HOFFMANN/MCCORMICK 1989, S. 27; HOPF 1983, S. 314 f.; HIRSHLEIFER 1973, S. 36 f.). Dieser Ansatz beschäftigt sich mit dem optimalen Suchverhalten eines Nachfragers nach dem niedrigsten Preis auf dem Markt. In die Informationsökonomie ist dieser Ansatz einzuordnen, da er bei einer grundlegenden Annahme von der neoklassischen Mikroökonomie abweicht. Es wird angenommen, daß auf dem Markt für ein homogenes Gut Preisdispersion herrscht. Der Nachfrager kennt die unterschiedlichen Anbieter und die Wahrscheinlichkeitsverteilung der Preise auf dem Markt. Die Preise, die die Anbieter fordern, kennt er hingegen nicht, er kann aber eine Suche in Form von

[147] Vgl. zu der Wahrnehmung von Leistungsbündeln Kapitel 5.1.1.

Preisvergleichen durchführen, die je Anbieter konstante Suchkosten verursachen. Die gesuchte Größe ist der vor der Suche festzusetzende Stichprobenumfang. Im Mittelpunkt steht hier nicht der Nutzen des nachgefragten Gutes, sondern die Nutzensteigerung, die bei dem Auffinden niedrigerer Preise erzielt wird. Solange also der erwartete Nutzen aus einem zusätzlichen Preisvergleich die Suchkosten übersteigt, wird die Stichprobe ausgedehnt. Dabei ist der Nutzen auch von der Art der Preisdispersion abhängig. Bei steigenden Suchkosten nimmt der Umfang der Suche ab (STIGLER 1961, S. 214 ff.).

Kritisch ist vor allem die Annahme zu betrachten, daß der Stichprobenumfang vor der Suche bereits festgelegt ist. Vielmehr scheint ein sequentielles Suchverfahren wahrscheinlich, bei dem der Nachfrager nach jeder Suche entscheidet, ob er eine weitere durchführen möchte. Die ebenso unrealistische Annahme von der Kenntnis aller Anbieter kann dadurch ebenfalls außer Kraft gesetzt werden, da vor der Suche nach einem niedrigeren Preis die Suche nach einem weiteren Anbieter erfolgen kann. Dadurch erhöhen sich die Suchkosten nicht, wie von STIGLER angenommen, etwa proportional zu den Suchschritten, sondern tendenziell überproportional.

Die asymmetrische Informationsverteilung wirkt sich auch auf die Marktstruktur aus, da sogar auf einem sonst homogenen Markt die unvollständige Information der Nachfrager monopolistische Spielräume für die Anbieter bewirkt (BÖSSMANN 1990, S 339).

Die Informationsökonomie betrachtet also Unsicherheiten, die von dem Anbieter herrühren, aus den nachgefragten Gütern und aus dem Angebotspreis im Vergleich zu Konkurrenzpreisen. Da bei der Preisunsicherheit die Konkurrenzbetrachtung im Mittelpunkt steht, die hier ausdrücklich ausgeschlossen ist, wird sie nicht weiter betrachtet. Der Preis wird in im Rahmen der Preisunsicherheitsbetrachtung nicht als Qualitätsindikator, sondern nur als Opfer gesehen, was eine wichtige Funktion des Preises bei der Zahlungsbereitschaft außer Acht läßt.

Die Verhaltensunsicherheit befaßt sich mit dem Verhalten des Anbieters, das zum Nachteil und ohne Wissen des Nachfragers und zum eigenen Vorteil vorgenommen wird. Die Möglichkeit dieses Verhaltens ist stark von der Beschaffenheit des Gutes abhängig. Kann sich der Nachfrager über alle Eigenschaften selbst informieren, bieten sich beim Anbieter keine Möglichkeiten zu opportunistischem Verhalten. Je weniger er dazu in der Lage ist, je höher also die Qualitätsunsicherheit ist, desto höher ist auch die Verhaltensunsicherheit des Nachfragers. Je nach Beschaffenheit des Guts entsteht eine bestimmte Qualitätsunsicherheit. Diese Qualitätsunsicherheit führt zu Verhaltensunsicherheit, die vom Anbieter ausgenutzt werden kann. Obwohl hier die Anbieterperspektive eingenommen wird und nachfragerschädigendes Verhalten ausgeschlossen wird, empfindet der Nachfrager diese Unsicherheit. Wenn es dem Anbieter gelingt, die Qualitätsunsicherheit zu reduzieren, reduziert er damit indirekt auch die Verhaltensunsicherheit. Da Qualitätsunsicherheit und wahrgenommenes Risiko eng verwandte Begriffe sind, kann auch der Zusammenhang zwischen Qualitätsunsicherheit und Zahlungsbereitschaft dem zwischen dem wahrgenommenen Risiko und der Zahlungsbereitschaft gleichgesetzt werden.

4.3.1.2 Qualitätsunsicherheit und Gutseigenschaften

Bezüglich der Art der Qualitätsunsicherheit lassen sich drei verschiedene Gutseigenschaften unterscheiden: Such-, Erfahrungs- und Vertrauenseigenschaften. Diese Unterscheidung geht zurück auf NELSON, der die Qualitätsunsicherheit zur Preisunsicherheit abgrenzt (NELSON 1970, S. 311f.). Während Informationen über den Preis relativ einfach zu beschaffen sind, verursachen Informationen über die Qualität tendenziell höhere Suchkosten. Einer der Gründe dafür liegt in der vermuteten größeren Varianz der Qualität im Vergleich zum Preis.

Um die Unsicherheit durch Informationsmaßnahmen zu reduzieren, unterscheidet NELSON zwischen zwei Informationsstrategien: der Suche und der Erfahrung. Im Falle der Suche muß der Nachfrager das Gut vor dem Kauf untersuchen. Güter, die dies ermöglichen, werden Suchgüter genannt[148]. Bei manchen Gütern ist für den Nachfrager eine solche Suche nur eingeschränkt möglich. Die Qualitätsunsicherheit läßt sich erst durch Kauf und Ge- bzw. Verbrauch vermindern, also durch Erfahrung. Bei den Gütern handelt es sich um Erfahrungsgüter. Während NELSON anfänglich den Güterbegriff benutzt, geht er später von Qualitäten aus (NELSON 1970, S. 312, 318f.; NELSON 1974, S. 730). Auf diese Weise berücksichtigt er die Möglichkeit, daß ein Gut sowohl Sucheigenschaften als auch Erfahrungseigenschaften innehaben kann.

Die Erweiterung dieser Systematik erfolgte durch DARBY/KARNI, die die Vertrauenseigenschaften („credence qualities“) hinzufügten. Diese Eigenschaften lassen sich selbst nach Kauf und Nutzung nicht zweifelsfrei beurteilen oder nur unter prohibitiv hohen Kosten für den Nachfrager. Die

148 HIRSHLEIFER verwendet statt Suchgüter die Bezeichnung Inspektionsgüter, die die Gutseigenschaften treffender wiedergibt (HIRSHLEIFER 1973, S. 37). Der Bergriff Suchgüter hat sich allgemein durchgesetzt und wird daher weiterhin verwendet. Eine Ausnahme hiervon stellen KAAS/BUSCH dar (1996, S. 243 ff.).

Autoren weisen außerdem darauf hin, daß alle drei Eigenschaftstypen in einem Gut vorliegen können (DARBY/KARNI 1973, S. 68 f.).

Sucheigenschaften können also vom Nachfrager vor Vertragsabschluß vollständig beurteilt werden, Erfahrungseigenschaften erst nach Vertragsabschluß und Nutzung. Vertrauenseigenschaften lassen sich weder vor oder nach Vertragsabschluß oder Nutzung beurteilen (ADLER 1996, S. 69; außerdem KAAS/BUSCH 1996, S. 243 ff.; POHL 1996, S. 95; KAAS 1995b, S. 28 ff.; MENGEN 1993, S. 129 ff. KAAS 1992a, S. 32 ff.; KLEINALTENKAMP 1992, S. 811). SCHADE/SCHOTT vertreten die abweichende Ansicht, daß die Qualitätsbeurteilung von Erfahrungsgütern in einem Trial-and-Error-Prozeß erfolgt, also eine Prozeßbetrachtung statt der oben genannten Zeitpunktbetrachtung vorliegt (SCHADE/SCHOTT 1993a, S. 17). Danach müßten solche Erfahrungseigenschaften im Laufe des Prozesses zu Sucheigenschaften werden (ADLER 1996, S. 77), oder es müßte sich um Teilleistungen der Gesamtleistung handeln (mehrere Bissen Brot), in welchem Fall aber keine eindeutige Abgrenzung zwischen Teil- und Gesamtleistung vorgenommen werden kann. Durch konsequente Beibehaltung der statischen Betrachtung werden derartige Probleme vermieden.

Diese Eigenschaften werden subjektiv vom Nachfrager beurteilt, so daß ein Produkt nicht über objektive informationsökonomische Eigenschaften verfügt[149]. Die Beurteilung ist von den Fähigkeiten des Beurteilenden abhängig. Verfügt er über Spezialkenntnisse, können für den Laien vorhandene Vertrauenseigenschaften bei ihm in Form von Erfahrungseigenschaften vorliegen, z.B. bei ärztlichen Leistungen für einen Arzt. Die Informationen sind für einen Laien nur unter sehr hohen Kosten zu erlangen, sind aber prinzipiell erreichbar (z.B. durch ein Medizinstudium). Die Unmöglichkeit der Beurteilung liegt also allein in den Kosten der Information. Ebenso können Experten bei komplexen Maschinen durch vorherige Inspektion die Funktionsfähigkeit feststellen, während sie für weniger vorgebildete Verwender überwiegend Erfahrungseigenschaften beinhalten. Aus den Ausführungen wird deutlich, daß sich die Beurteilung der Gutseigenschaften im Zeitablauf ändern kann, weil die Beurteiler über erweiterte Kenntnisse und Fähigkeiten verfügen. Im Buying Center können unterschiedliche Mitglieder das Gut nach seinen Gutseigenschaften verschieden einordnen.

Die zweite Größe, die die Beurteilung beeinflußt, ist die Bereitschaft, Informationen aufzunehmen und zu bewerten. So kann ein Nachfrager die Sucheigenschaften bewußt außer acht lassen, da er die Beurteilung über eigene Erfahrungen für zuverlässiger hält oder umgekehrt. Hier kann man aber davon

---

[149] im Gegensatz dazu KAAS/BUSCH 1996, S. 244 f..

ausgehen, daß die dominante Gutseigenschaft tendenziell wahrgenommen wird. Darüber hinaus können situative Faktoren die Zuordnung beeinflussen. Sie können z.B. die selektive Wahrnehmung verändern oder in Form von Zeitdruck vorliegen.

Jedes Gut setzt sich also segmentspezifisch aus diesen drei Eigenschaften zusammen. Diese Kategorien sind zueinander komplementär, so daß sie insgesamt die Qualitätsunsicherheit vollständig abbilden. Jedes Gut enthält also einen mehr oder weniger großen Anteil jeder Eigenschaftsart, so daß die Summe immer 100% ergibt (ADLER 1996, S. 72f.; POHL 1996, S. 194 f.). Dies wird in Abbildung 40 veranschaulicht. Der dargestellte Punkt ist ein Beispiel für eine Kombination der Eigenschaftstypen. Theoretisch ist ein Gut nach dieser Darstellung mit 100% einer Eigenschaft denkbar.

Ebenso wie bezüglich der Immaterialität läßt sich auch hier feststellen, daß es sich um Idealtypen handelt, die in der Realität nicht anzutreffen sind. Die Eigenschaften sind gleich auf die Gütertypen verteilt, wenn sich das Gut aus jeweils einem Drittel jeder Gutseigenschaft zusammensetzt. Jede andere Zusammensetzung führt dazu, daß mindestens eine Eigenschaftsart überwiegt, so daß man die Güter hinsichtlich ihrer überwiegenden Eigenschaft zu Gruppen zusammenfassen kann.

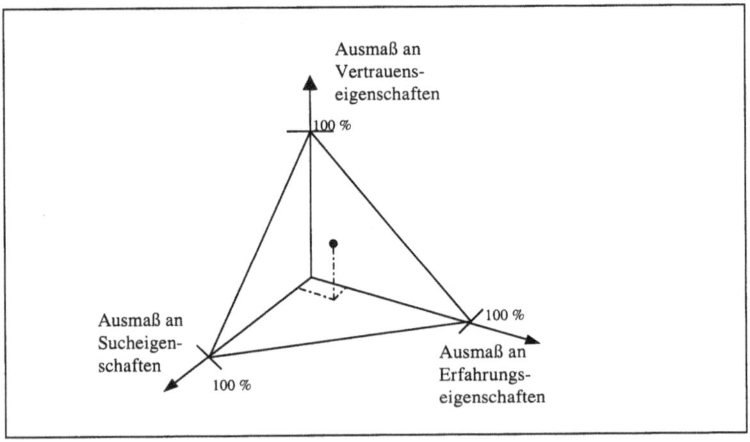

Abb. 44: Leistungseigenschaften bei Austauschobjekten (in Anlehnung an ADLER 1996, S. 72; WEIBER/ADLER 1995b, S. 61)

Daraus ergibt sich das informationsökonomische Dreieck, das die Güter nach ihren dominanten Gütereigenschaften einteilt. Dies ist bei gleich hohem

Vorliegen von Eigenschaften nicht eindeutig. Außerdem lassen sich die Anteile aus Gründen fehlender Meßgrößen eher tendenziell festlegen. Dementsprechend ist die Grenzziehung in der Abbildung nur modellhaft zu verstehen.

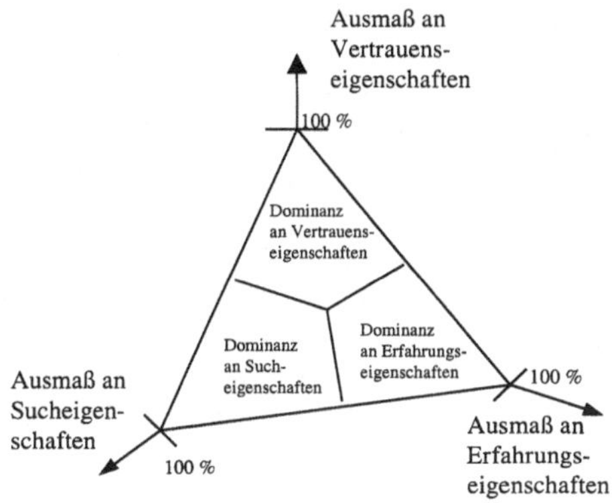

Abb. 45: Dominanzbereiche von Such-, Erfahrungs- und Vertrauenseigenschaften (in Anlehnung an ADLER 1996, S. 73; POHL 1996, S. 96; WEIBER/ADLER 1995c, S. 100)

SCHADE/SCHOTT erweitern diese Systematik um zwei zusätzliche Gutseigenschaften: die Quasi-Erfahrungseigenschaften und die Quasi-Vertrauenseigenschaften (SCHADE/SCHOTT 1993, S. 17 ff.). Dazu greifen sie auf eine Transaktionssystematik von ALCHIAN/WOODWARD zurück. Diese unterscheiden zwischen Austausch und Vertrag. Ein Austausch liegt vor, wenn die Absatzleistung zum Kaufzeitpunkt bereits existiert und somit seine Qualität im Moment der Übergabe weder durch den Anbieter noch durch den Nachfrager verändert werden kann. Vertragscharakter hat eine Transaktion, wenn die Absatzleistung erst nach dem Kaufzeitpunkt erbracht wird und die Leistung nach dem Kaufzeitpunkt zumindest teilweise noch verändert werden kann (ALCHIAN/WOODWARD 1988, S. 66 f.; vgl. auch WORATSCHEK 1996, S. 63). So wird zwischen Austauschgütern und Leistungsversprechen unterschieden.

Während die Beurteilung alternativer Austauschgüter häufig durch gleichzeitiges Anbieten an einem Marktplatz erleichtert wird, setzt eine vergleichende Beurteilung von Leistungsversprechen die Beschaffung von unterschiedlichen Informationen an unterschiedlichen Orten voraus. Güter dieser beiden Arten lassen sich im informationsökonomischen Dreieck der

Abbildung einordnen. Da Leistungsversprechen zum Zeitpunkt des Kaufs noch nicht konkretisiert sind, stellen Sucheigenschaften nicht die dominierende Eigenschaftsform dar. Sie können aber durchaus vorliegen, z.B. in Form von Einzelteilen oder Werkzeugen.

Leistungsversprechen lassen sich darüber hinaus in standardisierte und individuelle Leistungsversprechen unterteilen. Standardisierte Leistungsversprechen liegen auch nicht beim Kauf vor, aber dadurch, daß sie standardisierbar sind, ist die Wirkung von Risiken wesentlich geringer als bei anderen Leistungsversprechen. Die Qualitätsunsicherheit ist ähnlich gelagert wie bei Austauschgütern (SCHADE/SCHOTT 1993, S. 17). Individuelle Leistungsversprechen sind nicht standardisierbar und verursachen deshalb ein hohes Risiko. Sie unterscheiden sich auch stark von Austauschgütern. Während WORATSCHEK standardisierten Leistungsversprechen Erfahrungseigenschaften und individuellen Leistungsversprechen Vertrauenseigenschaften als Dominanzeigenschaften zuordnet (WORATSCHEK 1996, S. 63), führen Schade/Schott bei individuellen Leistungsversprechen die Quasi-Eigenschaften ein (SCHADE/SCHOTT 1993, S. 18).

Die Qualität vieler Leistungsversprechen läßt sich nach dem Kauf gut beurteilen. Da diese Güter aber nicht standardisierbar sind, kann jeder Kauf ein wenigstens geringes anderes Ergebnis erbringen als der vorherige. Das Ergebnis kann also nicht auf künftige Ergebnisse übertragen werden. Die Erfahrungen aus der wiederholten Inanspruchnahme lassen eine Erwartung bezüglich der durchschnittlichen Güte des Ergebnisses entstehen, so daß die Eigenschaften als Quasi-Erfahrungseigenschaften bezeichnet werden können. Quasi-Vertrauenseigenschaften sind ebenfalls ex-post ermittelbare Eigenschaften. Die Einschätzung der Qualität des Outputs nützt jedoch wenig, da die Produkte eine lange Erstellungsdauer haben, hochkomplex und von hohem Wert sind. Ein Wiederholungskauf findet nicht statt. Die beim Erstkauf erworbenen Erfahrungen lassen sich also nicht bei anderen Transaktionen nutzen. Individuelle Leistungsversprechen, die von Quasi-Vertrauenseigenschaften und Vertrauenseigenschaften dominiert werden, bilden die Gruppe der Kontraktgüter[150]. Prinzipiell erscheint die Unterscheidung zwischen Austauschgütern und Leistungsversprechen sinnvoll, da tendenziell unterschiedliche Dominanzeigenschaften vorliegen. Allerdings wird dabei vernachlässigt, daß auch individuelle Leistungsversprechen über Sucheigenschaften wie Material oder Werkzeuge verfügen können. Bei ihnen ist der Anteil geringer als bei Suchgütern, aber nicht unbedingt geringer als bei standardisierten Leistungsversprechen.

---

[150] Vgl. zur genauen Definition von Kontraktgütern Kapitel 2.2.3.

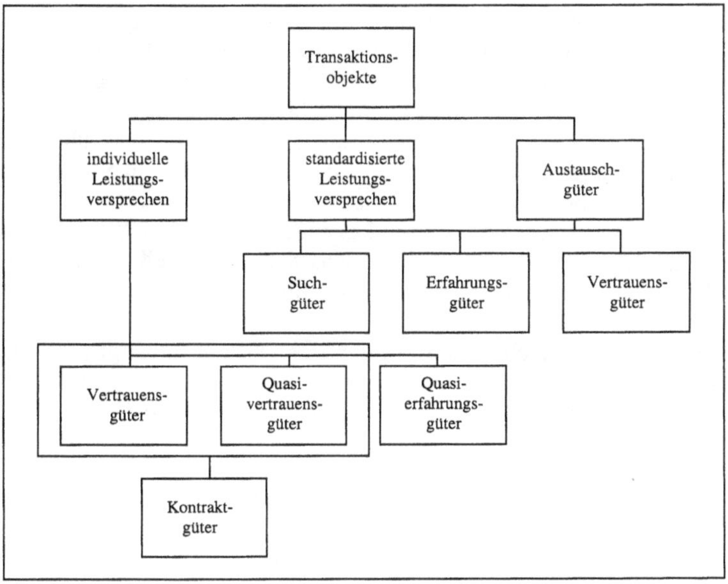

Abb. 46: Transaktionsobjekte und Qualitätsunsicherheit (in Anlehnung an WEINBERG 1994, S. 178; SCHADE/SCHOTT 1993, S. 17 ff.)[151]

Gleiches gilt für Erfahrungseigenschaften. Hier kann man allerdings davon ausgehen, daß standardisierte Leistungsversprechen überwiegend über Erfahrungseigenschaften verfügen, während individuelle Leistungsversprechen einen höheren Anteil von Vertrauenseigenschaften haben können.

Die Abgrenzung zwischen den Quasi-Eigenschaften und den Reinformen erweist sich ebenfalls als schwierig. So kann sich bei Vertrauenseigenschaften wie bei Quasi-Erfahrungseigenschaften durch eine entsprechende Wiederholungsrate eine Erwartungshaltung bilden. Da es sich bei der Güterbetrachtung um eine statische Betrachtung handelt, existieren zunächst Vertrauenseigenschaften, die durch die erworbene Erfahrung geändert werden können. Ebenso können Erfahrungseigenschaften durch Erfahrung zu Sucheigenschaften werden, wenn z.B. die Funktionsfähigkeit einer Maschine im Stillstand beurteilt werden kann. Es kommt bei dem Nachfrager zu einem Know-how-Zuwachs. Die Vertrauenseigenschaft stellt nun eine Erfahrungseigenschaft dar, die Erfahrungseigenschaft eine Sucheigenschaft. Die

[151] Bei den Güterarten handelt es sich hinsichtlich der Qualitätsunsicherheit um die jeweils dominanten Gutseigenschaften.

Abgrenzung zwischen Quasi-Erfahrungseigenschaften und anderen Eigenschaften ist damit hinfällig. Die Quasi-Vertrauenseigenschaften entsprechen den Erfahrungseigenschaften, ohne daß die erworbene Erfahrung genutzt werden kann. Gleichzeitig ist die Output-Qualität überprüfbar, so daß es sich um klassische Erfahrungseigenschaften handelt. Diese Gütereigenschaft sagt also etwas über andere Gutsmerkmale aus, wie Wert, Komplexität und Erstellungsdauer, beschreibt aber keine neue informationsökonomische Eigenschaft. Die Komplexität der Leistung weist darauf hin, daß die Informationskosten der Erfahrungseigenschaften tendenziell höher liegen und auch der Anteil der Vertrauenseigenschaften höher ist.

Zusammenfassend läßt sich feststellen, daß sich Güter unabhängig davon, ob sie zum Zeitpunkt des Kaufes existieren oder nicht, im informationsökonomischen Dreieck einordnen lassen. Eine Notwendigkeit für weitere Eigenschaftstypen besteht nicht.

Je nach Art des Gutes dominieren unterschiedliche Eigenschaften. Wegen der tendenziell höheren Immaterialität von Dienstleistungen kann man von einem geringen Anteil von Sucheigenschaften ausgehen. Die notwendige Integration des externen Faktors führt dazu, daß die Leistung vor dem Kauf noch nicht existiert, so daß auch aus diesem Grund der Anteil von Sucheigenschaften gering ist. Dennoch liegen sie vor[152]. Dies gilt dementsprechend auch für die 3 Phasen der Dienstleistung.

Durch die statische Betrachtungsweise wird die Qualitätsbeurteilung auf den Zeitpunkt vor dem Kauf und nach dem Kauf und Gebrauch bzw. Verbrauch beschränkt. Vor dem Kauf lassen sich die Potentiale beurteilen, nach dem Kauf Prozeß und Ergebnis. Zu beiden Zeitpunkten läßt sich die Dienstleistung im informationsökonomischen Dreieck positionieren. Dies gilt ebenso für Sachleistungen, die in Form von Leistungsversprechen vorliegen. Hier liegen Produktions- und Nutzungsprozeß nach dem Kauf, beide folgen aber im Gegensatz zu Dienstleistungen aufeinander.

---

152 ZEITHAML vertritt demgegenüber die Meinung, daß bei Sachgütern keine Vertrauenseigenschaften vorliegen, während reine Dienstleistungen keine Sucheigenschaften haben (ZEITHAML 1981, S. 186). Dies muß abgelehnt werden, da auch ein Brot über die Vertrauenseigenschaft der Verwendung ökologisch angebauten Getreides verfügt.

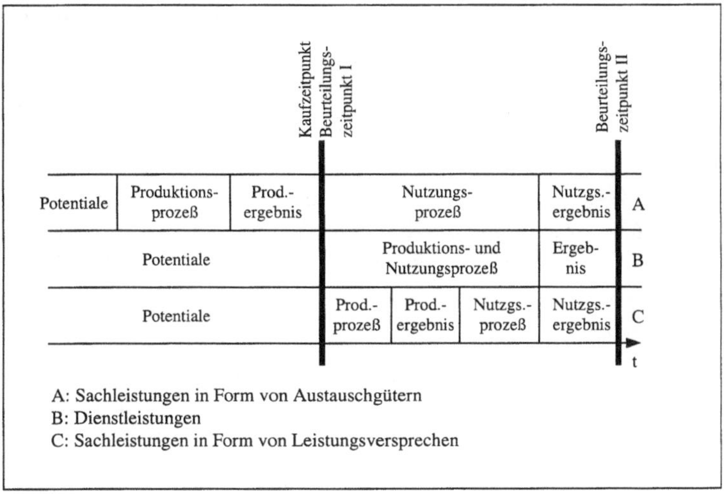

Abb. 47: Zeitpunkte der Qualitätsbeurteilung in der Informationsökonomie[153]

Bei den Sachleistungen, die Austauschgüter darstellen, liegt der Produktionsprozeß und das Produktionsergebnis vor dem Kaufzeitpunkt, während der Gebrauchs- oder Verbrauchsprozeß und das resultierende Ergebnis nach dem Kauf festgestellt werden. So können auch im Fall der Austauschgüter alle drei Eigenschaftstypen vorliegen.

4.3.1.3 Formen der Unsicherheit in Abhängigkeit von den Gutseigenschaften

Je nach Dominanzeigenschaft liegt ein höheres Risikoniveau vor. Die Höhe der Qualitätsunsicherheit beeinflußt die Verhaltensunsicherheit, da nur bei Qualitätsunsicherheit Möglichkeiten bestehen, diese Unsicherheit durch opportunistisches Verhalten zum eigenen Vorteil auszunutzen. Das geringste Risikoniveau liegt bei von Sucheigenschaften dominierten Gütern vor. Die Gutseigenschaften sind vor dem Kauf überprüfbar, so daß keine „hidden characteristics“ vom Anbieter verschwiegen werden können. Ebenso ist der Spielraum für „hidden action“ gering, da der Nachfrager selbst die Eigenschaften überprüfen kann und nicht auf Unterstützung durch den Anbieter

---

[153] Durch die stark schematische Darstellung wird die höhere Integrativität der Dienstleistung im Vergleich zum Sachleistungs-Leistungsversprechen deutlich. Die in der Abbildung aufgeführten Ergebnisse sind alle zeitpunktbezogen, während die Prozesse zeitraumbezogen sind. So ist der Beurteilungszeitpunkt II zeitgleich mit dem jeweiligen Ergebnis.

angewiesen ist. Es gibt für den Anbieter kaum Möglichkeiten, dem Anbieter gegenüber opportunistisches Verhalten zu zeigen, das dieser nicht aufdecken kann, wenn es sich auf das Gut und seine Merkmale richtet. Auch „hidden intention" wäre nicht möglich, da sie im Laufe der Transaktion dem Nachfrager bekannt wird und die Transaktionsdauer eher gering ist. So könnte man von „open characteristics" und „open action" und „open intention" sprechen [154]. Dies trifft überwiegend auf Austauschgüter zu, da sie vor Vertragsabschluß vorliegen und überprüft werden können. Sobald die Kosten der Überprüfung für den Nachfrager seine Toleranzgrenze überschreiten, werden Austauschgüter nicht von Sucheigenschaften dominiert. Es handelt sich also lediglich um eine Tendenz.

Im Falle von Erfahrungseigenschaften lassen sich die Gutseigenschaften vor dem Kauf nicht beurteilen, dafür aber danach. Die Verhaltensunsicherheit des Nachfragers kann sich auf die Leistungsfähigkeit und den Leistungswillen des Anbieters beziehen. Die Leistungsfähigkeit umfaßt die Qualifikation des Anbieters zur Problemlösung[155], wohingegen sich der Leistungswille auf die Bemühungen des Anbieters, die Kundenerwartungen zu erfüllen, bezieht (PLÖTNER 1994, S. 42). Beides spielt besonders bei Leistungsversprechen eine wichtige Rolle, da die Leistungsfähigkeit eher konstant ist, während sich der Leistungswillen während der Erstellung verändern kann (ADLER 1996, S. 65 f.; WEIBER/ADLER 1995b, S. 56). Bei Erfahrungseigenschaften von Austauschgütern hat eine Veränderung des Leistungswillen keine Auswirkungen, da das Gut zum Kaufzeitpunkt unveränderlich ist. Dennoch werden die Leistungsfähigkeit und der Leistungswillen erst nach der Nutzung für den Nachfrager deutlich, stellen also Unsicherheitsfaktoren dar.

Wenn der Anbieter bezüglich der Gutseigenschaften dem Nachfrager falsche Angaben gemacht hat, werden für diesen nach der Nutzung die „hidden characteristics" deutlich. Die „hidden characteristics" geben Auskunft über die objektive Leistungsfähigkeit des Anbieters. Vom Anbieter können Defizite in der Leistungsfähigkeit verschwiegen werden. Er kann die Qualitätsunsicherheit des Nachfragers durch opportunistisches Verhalten ausnutzen (ADLER 1996, S. 65 f.; WEIBER/ADLER 1995b, S. 56), da der Kaufabschluß vor dem Kenntniszeitpunkt des Nachfragers liegt. „Hidden intention" und „hidden action" umfassen den Leistungswillen, also die Anstrengung des Anbieters. Bei Erfahrungseigenschaften gibt es Möglichkeiten, mangelnden Leistungswillen zu verbergen. „Hidden intention" liegt in starkem Maße vor, da der Kauf getätigt

[154] vgl. anders: ADLER 1996, S. 64; WEIBER/ADLER 1995b, S. 56

[155] Sie kann aus der Wahrnehmungsperspektive des Kunden auch als Kompetenz bezeichnet werden (PLÖTNER 1994, S. 42).

wird und der Leistungswillen nicht überprüft werden kann. Dies geschieht im nachhinein, so daß die „hidden intention“ dann aufgedeckt wird.

Für „hidden action“ gibt es produktbezogen wenig Möglichkeiten, da der mangelnde Leistungswille sich bei Erfahrungseigenschaften nicht verbergen läßt. Dementsprechend kann man bei von Erfahrungseigenschaften dominierten Gütern von „hidden characteristics“ und „hidden intention“ sprechen.

Im Falle von Vertrauensgütern läßt sich die Qualität vom Nachfrager selbst nicht überprüfen. Die behauptete Leistungsfähigkeit des Anbieters läßt sich auch im Nachhinein nicht bestätigen. Ebenso läßt sich der Leistungswille nicht bestimmen. Das Unsicherheitsniveau verändert sich im Vergleich zur Situation zum Kaufzeitpunkt nicht. Es handelt sich hier also nicht nur um „hidden characteristics“, die zunächst verborgen sind, sondern um „veiled characteristics“ (ADLER 1996, S. 66.; WEIBER/ADLER 1995b, S. 56), die weiterhin verschleiert bleiben. Gleichzeitig existiert großer Spielraum für „hidden action“, da das Verhalten des Anbieters auch nach dem Kauf nicht überprüft werden kann.

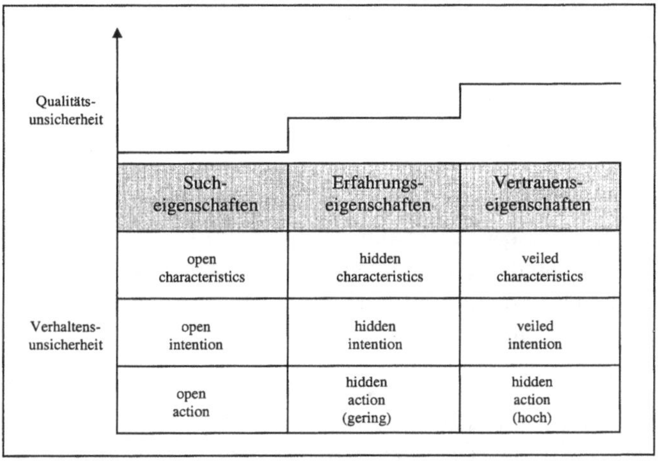

Abb. 48: Ausprägungen der Unsicherheit (in Anlehnung an ADLER 1996, S. 64; WEIBER/ADLER 1995b, S. 56)

Unsicherheiten liegen demnach in Form von Qualitätsunsicherheiten und Verhaltensunsicherheiten vor. Qualitätsunsicherheit steigt von Suchgütern bis Vertrauensgütern an. Die Verhaltensunsicherheit verstärkt sich ebenfalls, so daß sich die Möglichkeiten für opportunistisches Verhalten und zusätzlich die Möglichkeit des Unentdecktbleibens erhöhen.

4.3.1.4 Auswirkungen der Unsicherheit

Als Reaktion auf die Unsicherheit ergeben sich für den Nachfrager und Anbieter zwei Möglichkeiten: passives oder aktives Verhalten. Im ersten Fall kann der Nachfrager die Unsicherheit wahrnehmen, ohne eine Veränderung des Unsicherheitsniveaus anzustreben. Die Höhe der Unsicherheit wird mit dem individuellen Toleranzniveau verglichen. Übersteigt sie die Toleranzschwelle, wird der Kauf nicht durchgeführt. Unterschreitet sie das Toleranzniveau, wird das Gut für den Kauf in Betracht gezogen. Der Vorteil dieser Handlungsweise besteht darin, daß für den Nachfrager keine Informationskosten anfallen. Sie ist aber nur möglich, wenn einfach vergleichbare Alternativen bestehen bzw. der wahrgenommene Problemlösungsdruck gering ist, da der Nutzen des passiven Verhaltens größer sein muß als das Opfer, das durch Nichtkauf oder weitere Suche entsteht.

Dies ist tendenziell bei geringerwertigen von Sucheigenschaften dominierten Gütern der Fall. In dieser Situation verhalten sich Anbieter und Nachfrager passiv. Die Höhe der Zahlungsbereitschaft ist dann relevant, wenn die Unsicherheit unterhalb der Schwelle liegt. Dann setzt sie sich aus der Wahrnehmung und Bewertung der oben genannten Faktoren zusammen. Die Höhe des wahrgenommenen Risikos geht darin weiterhin ein, da es trotz Unterschreitens der Toleranzschwelle unterschiedlich hoch sein kann. Der Anbieter würde diese Zahlungsbereitschaften akzeptieren.

Die zweite Möglichkeit besteht darin, nach der Wahrnehmung der Unsicherheit diese zu verringern. Verhalten sich beide Transaktionsteilnehmer aktiv, werden beide Seiten Aktivitäten zur Reduktion durchführen. Dies kann unabhängig davon geschehen, ob das Risiko bereits die Toleranzschwelle unterschritten hat. Die Reduktion wird von den Informationskosten bestimmt, denn das Erwerben von Wissen über angebotene Güterqualitäten ist für den Nachfrager mit Anstrengungen verbunden, ebenso wie die Vermittlung der Güterqualitäten für den Anbieter (MENGEN 1993, S. 105). Auch hier gilt, daß der Nutzen der Risikoreduktion für die Transaktionspartner höher liegen muß als die dafür aufgewendeten Kosten. Die Aktivitäten können auch einseitig von einem Transaktionspartner ausgehen. So kann nur der Anbieter oder der Nachfrager Anstrengungen zur Risikoreduzierung unternehmen, beide parallel agieren, oder beider Aktivitäten können aufeinander aufbauen.

Im Falle der Risikoreduktion steigt die Zahlungsbereitschaft. Ergreift der Anbieter Aktivitäten, kann er dadurch die Nutzenwahrnehmung und dementsprechend die Zahlungsbereitschaft steuern. Ein aktives Verhalten ist demnach für den Anbieter vorteilhaft, wenn die Kosten dafür nicht zu hoch sind.

4.3.2 Möglichkeiten zur Reduzierung der Unsicherheit

Die Reduzierung der Unsicherheit setzt zielgerichtetes aktives Verhalten mindestens eines Transaktionspartners voraus. Da die Unsicherheit ausgehend von der Theorie des wahrgenommenen Risikos betrachtet wurde, wird auch hinsichtlich der Reduzierung untersucht, inwieweit sie eine Ergänzung zur informationsökonomischen Sichtweise darstellt.

4.3.2.1 Reduzierung des wahrgenommenen Risikos

Bei der Handhabung des wahrgenommenen Risikos kann man an den Komponenten des Konstrukts ansetzen (KUHLMANN 1980, S. 529 ff.). Setzt der Nachfrager bei der Verringerung des Ausmaßes der negativen Kauffolgen an, bieten sich ihm bei konstantem Anspruchsniveau die Möglichkeiten der Risikoüberwälzung, der Risikoteilung und der Reservenbildung (PLÖTNER 1994, S. 16 ff.). Im Falle von unteilbaren Gütern bzw. Gütermengen kann der Käufer dadurch mögliche negative Konsequenzen auf den Anbieter übertragen, indem er versucht, einen Kauf auf Probe mit dem Anbieter zu vereinbaren oder Rücktritts- oder Garantierechte mit ihm auszuhandeln (KUHLMANN 1970, S. 91 f.).

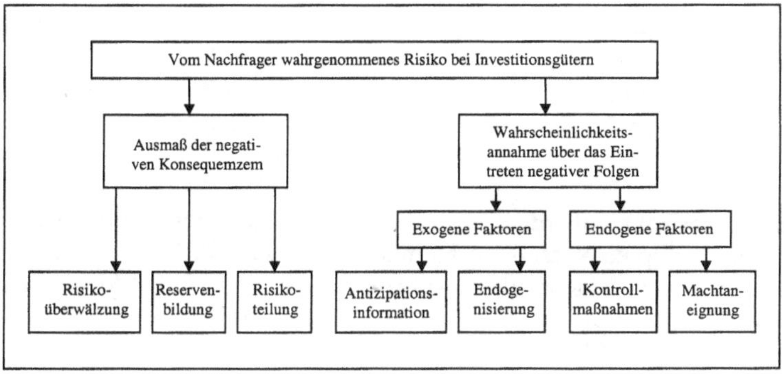

Abb. 49: Das wahrgenommene Risiko und seine Reduzierungsmöglichkeiten (in Anlehnung an PLÖTNER 1994, S. 34)

Dies kann in Form von Versicherungen, bei denen das Risiko auf Dritte überwälzt wird, als Vertragsstrafe (PLÖTNER 1994, S. 18) oder bei Miete bzw. Leasing anstatt eines Kaufs geschehen.

Bei teilbaren Gütern kann dies durch Käufe kleinerer Mengen oder Packungsgrößen erreicht werden. Bei komplexen investiven Problemlösungen ist dies sinnvoll möglich, wenn sich die Gesamtproblemlösung in einzelne Elemente teilen läßt, zwischen denen keine komplementären Beziehungen bestehen (PLÖTNER 1994, S. 20). Für die hier betrachteten Leistungsbündel gilt dies nicht. Reservenbildung dient dazu, die Resistenz des Unternehmens gegen die negativen Konsequenzen zu verbessern, z.B. durch finanzielle Reserven. Dies stellt eine Art von Selbstversicherung dar.

Der Nachfrager kann auch versuchen, die exogene und endogene Unsicherheit zu reduzieren. Die exogene Unsicherheit umfaßt die Größen, die nicht im Einflußbereich eines Transaktionspartners liegen. Der Nachfrager kann deshalb die Unsicherheitsursachen nur akzeptieren und nicht selbst gestalten (PLÖTNER 1994, S. 21). Er kann sich also nur Informationen über Möglichkeiten und Folgen des Eintretens sowie kausale Zusammenhänge verschaffen, sogenannte Antizipationsinformationen. Im Falle der Endogenisierung versucht der Nachfrager exogene Größen durch sein eigenes Verhalten zu beeinflussen und so zu endogenen Größen zu machen, z.B. durch politische Lobbyarbeit (PLÖTNER 1994, S. 23).

Im Mittelpunkt der Reduzierung der endogenen Unsicherheit steht die Beschaffung und Verarbeitung von Informationen. PLÖTNER sieht dabei zwei Ansatzpunkte: Handelt es sich nur darum, das eigene Opfer-Nutzen-Verhältnis zu verbessern, handelt es sich um Kontrollmaßnahmen. Dies umfaßt z.B. die Beschaffung von Informationen über Produktqualität, die je nach dominierender Gutseigenschaft einfach und billig bis zu prohibitiv teuer ist. Die Informationen können die Problemlösung selbst betreffen oder in Form von Ersatzinformationen wie Image oder Marke vorliegen.

Der Nachfrager kann außerdem aktiv auf das Verhalten des Anbieters einwirken und dessen Opfer-Nutzen-Verhältnis verändern. Dies bedeutet eine Vergrößerung der Macht des Anbieters und wird als Machtaneignung bezeichnet (PLÖTNER 1994, S. 21 ff., vgl. dazu auch KAAS 1992, S. 893 f.; SPREEMANN 1988, S. 617 f.).

Auch die Informationsaneignung unterliegt Opfer-Nutzen-Erwägungen (KUHLMANN 1970, S. 94 ff.). Dies ist wiederum von der Art der Entscheidung abhängig[156]. Ist der Nachfrager bei hohem wahrgenommenen Risiko der Meinung, daß seine Entscheidungskapazität nicht ausreicht, um zusätzlich relevante Informationen beschaffen zu können, so orientiert er sich aufgrund des Strebens nach kognitiver Entlastung an anderen Merkmalen, den

---

[156] Vgl. zum Informationsangebot und dessen Nutzung die Zusammenstellung der empirischen Ergebnisse bei KUPSCH/HUFSCHMIED 1979, S. 242 f.. So werden bei großer Variabilität der Informationen mehr Informationen nachgefragt, eher auf gemeinsame Merkmale von Alternativen zurückgegriffen, Käufer mit Kauferfahrung und Alternativen benutzen mehr Merkmale zur Information als Käufer ohne.

Surrogatinformationen (KROEBER-RIEL/WEINBERG 1996, S. 280). Die Art der Informationsquelle ist von der Art des Risikos abhängig. So werden personale Quellen bei sozial-psychologischem Risiko bevorzugt und mediale Quellen bei technisch-funktionalem Risiko (KUHLMANN 1980, S. 530). Für Investitionsgüter bestehen diese Quellen aus Außendienstmitarbeitern, Mitarbeitern des Anbieterunternehmens, Mitarbeitern anderer Unternehmen, Prospekten, Geschäftsberichten, Anzeigen, Messen, Direktmailings u.a. (BUNN 1993, S. 71 mit zahlreichen Verweisen).

Die Theorie des wahrgenommenen Risikos setzt bei der Risikoreduktion nicht nur an der Unsicherheit an, sondern auch an den Kauffolgen. Bei der Informationsökonomie steht die endogene Unsicherheit im Mittelpunkt, wobei die Kontrollmaßnahmen der Reduzierung der Qualitätsunsicherheit und die Machtaneignung der Verringerung der Verhaltensunsicherheit entsprechen. Der Risikoreduktion durch Verringerung des Ausmaßes der negativen Konsequenzen entspricht der Reduzierung des Risikos durch Selbstbindung.

4.3.2.2 Reduzierung der Unsicherheit aus informationsökonomischer Sicht

Da die Ursache der Unsicherheit aus informationsökonomischer Sicht aus der Asymmetrie der Informationsverteilung besteht, dienen Informationstransfers zur Verringerung dieser Unsicherheit. Im Mittelpunkt der Unsicherheitsreduktion stehen also Informationstransfers zwischen den Marktteilnehmern. Diese Informationstransfers verursachen Informationskosten und können außerdem die Unsicherheit nie vollständig abbauen. Es bleibt stets eine Restunsicherheit (MENGEN 1993, S. 104; KAAS 1991, S. 358).

Marktinformationen werden danach unterschieden, von welcher Seite der Informationsfluß in Gang gesetzt wird, d.h. ob der Anbieter oder der Nachfrager ein Interesse am Informationstransfer haben. Von Informationsbeschaffung oder auch Screening wird gesprochen, wenn der schlechter mit Informationen versorgte Transaktionspartner, in der Regel der Nachfrager, sich um Informationen bemüht. Der Nachfrager ist in diesem Fall die aktive Partei. Informationsübertragung bzw. Signaling liegt dann vor, wenn die Initiative von der besser informierten Seite ausgeht (ADLER 1996, S. 45 ff.; KAAS 1991a, S. 359).

Beim Signaling gehen meist die Aktivitäten vom Anbieter aus. Signaling und Screening sind dabei als Extrempunkte eines Kontinuums des Informationsverhaltens anzusehen (V. LINGEN 1992, S. 448). Im Marktprozeß wird das Verhalten der Transaktionspartner einander abwechseln oder gleichzeitig auftreten. Ebenso kann sich das Informationsgefälle in der Transaktion ändern, so daß der Anbieter durch Screening Informationen über seinen Kunden einholt. Bei einer hohen Integration des Kunden ist dessen Beitrag zur Leistungserstellung die Quelle der Unsicherheit für den Anbieter, der damit zur schlechter informierten Partei wird.

		Nachfrager	
		passiv	aktiv
Anbieter	passiv	-	Screening
	aktiv	Signaling	Self-Selection

Abb. 50: Informationsverhalten von Anbieter und Nachfrager

Schließlich existiert die Möglichkeit, daß beide Transaktionsparteien aufeinander abgestimmt Aktivitäten ergreifen. In Form der Self-Selection gibt die uninformierte Marktseite der anderen Gelegenheit zur Selbsteinordnung. Dabei gibt sie Kategorien vor, die der besser informierten Seite als Indikatoren für das nicht beobachtbare Verhalten dienen (ADLER 1996, S. 46 f.; V. LINGEN 1992, S. 448).

4.3.2.2.1 Screening

Screening bezeichnet i.d.R. die Informationsaktivität der Nachfrager. MENGEN spricht beim Screening von der Leistungsuntersuchung des Nachfragers (MENGEN 1993, S. 109)[157]. Auf diese Weise informieren sich die Nachfrager über die offerierten Produkte und deren Preise, was je nach informationsökonomischer Dominanzeigenschaft unterschiedlich schwierig bzw. mit unterschiedlich hohen Kosten verbunden ist. Der Nachfrager sucht so lange nach Produktinformationen, bis die Grenzkosten der Suche ihrem erwarteten Grenznutzen entsprechen (MENGEN 1993, S. 111; KAAS 1991, S. 361; NELSON 1970, S. 313; STIGLER 1961, S. 216).

Bei Investitionsgütern, bei denen die Transaktion durch einen multipersonalen Problemlösungs- und Entscheidungsprozeß und ein aktives Informationsbeschaffungsverhalten gekennzeichnet ist, spielt Screening eine wichtige Rolle (MENGEN 1993, S. 113).

[157] Der von KAAS gebrauchte Begriff der Leistungsfindung bezieht sich auf die Entwicklung besserer oder billigerer Angebote (KAAS 1990, S. 543) und gehört über das Produkt und den Preis zu den Signalingaktivitäten.

Die zur Verringerung der Unsicherheit nötigen Informationen können unterschiedlichen Quellen entstammen (auch im folgenden ADLER 1996, S. 106 f.; MENGEN 1993, S. 114 ff.): von anderen Nachfragern oder Anbietern. Andere Nachfrager können einerseits Nutzer sein, die durch ihre gewonnene Erfahrung Informationen über die Funktionsfähigkeit des Produktes besitzen oder Dritte, die über das Produkt informieren, z.B. Fachzeitschriften. Die Informationen über die Anbieter können im Produkt selbst liegen oder sich auf das anbietende Unternehmen beziehen. Läßt sich ein Produkt nicht vor dem Kauf beurteilen, da es überwiegend über Erfahrungseigenschaften verfügt, lassen sich Unternehmensinformationen als Ersatz heranziehen.

Es lassen sich dementsprechend direkte Produktinformationen oder Informationssubstitute nutzen. Direkte Informationen sind nur diejenigen, die vor dem Kauf zu beschaffen sind. Im Falle von Erfahrungseigenschaften ist dies nicht der Fall. Um dennoch leistungsbezogene Informationen zu bekommen, müssen Substitute herangezogen werden wie der Preis oder die Garantie. Wird z.B. das Firmenimage oder der Bekanntheitsgrad als Information genutzt, handelt es sich um ein leistungsübergreifendes Substitut.

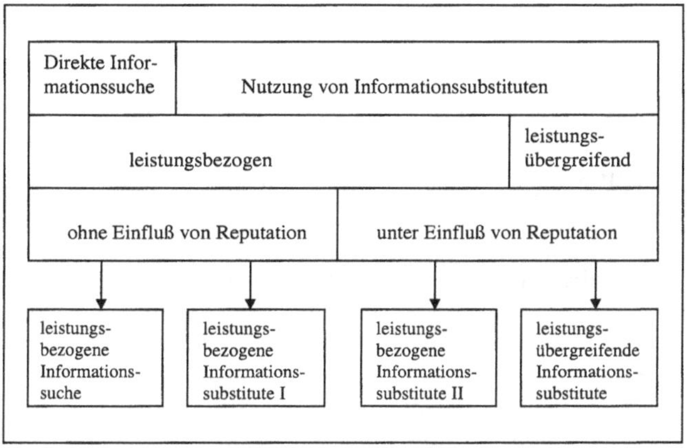

Abb. 51: Typologisierung von Unsicherheitsreduktionsstrategien (in Anlehnung an Adler1996, S. 106)

Diese Indikatoren, die Qualitätsinformationen liefern, sind identisch mit den im Rahmen der Preiswürdigkeitsbeurteilung herangezogenen extrinsischen „cues", während die intrinsischen Indikatoren die Gutseigenschaften sind. ADLER unterscheidet außerdem Informationen nach dem Vorliegen eines Reputationsmechanismus. Vertragliche Selbstbindungen wie Garantien oder Konventionalstrafen funktionieren auch ohne Reputation, da sie vertragliche

Verpflichtungen darstellen. Der Preis oder die Höhe der Werbeausgaben werden nur mit Hilfe des Reputationsmechanismus wirksam. Beim Preis greifen Preisgünstigkeits- und –würdigkeitsbeurteilungen, die vom Nachfrager durchgeführt werden müssen und auf die auch andere Größen Einfluß haben können.

Um die Informationen systematisch zu betrachten, wird die Einteilung von ADLER bei der weiteren Analyse zugrunde gelegt.

4.3.2.2.1.1 Leistungsbezogene Informationen

Für leistungsbezogene Informationen steht das Produkt mit seinen Eigenschaften im Mittelpunkt. Auch hier gilt die Relation zwischen Suchkosten und Nutzen der Information. Die Suche kann sich auf alle für den Abnehmer relevanten Produktmerkmale beziehen oder selektiv erfolgen, indem sich der Nachfrager auf wenige Alternativen oder ein beschränkte Anzahl von Produkteigenschaften bezieht (ADLER 1996, S. 109; KUPSCH/HUFSCHMIED 1979, S. 237 f.).

Da keine Leistungssubstitute genutzt werden, sind diese Informationen überwiegend auf die Sucheigenschaften des Produkts beschränkt. Bereits erworbene Erfahrungen mit diesem Produkt, sofern es sich tatsächlich um dasselbe Produkt und einen reinen Wiederholungskauf oder einen Kauf nach einer Probephase handelt, sind darin ebenfalls eingeschlossen. Das bedeutet, daß Erfahrungseigenschaften leistungsbezogene Informationen darstellen, wenn die Leistung völlig standardisiert ist und keine individuellen Abweichungen möglich sind.

Der Käufer muß absolut sicher sein, daß die Leistungseigenschaften identisch sind. Da bei Maschinen aber immer ein Ausfallrisiko durch technischen Defekt oder Verschleiß besteht, besteht formal immer die Chance der Individualisierung der Leistung, so daß Erfahrungen als Informationssubstitute anzusehen sind. Durch die Entwicklung extrem haltbarer Materialien kann zukünftig eine Standardisierung möglich sein. Bei persönlich erbrachten Leistungen lassen sich inter- und intraindividuelle Schwankungen nicht ausschließen.

Darüber hinaus tragen Leistungsmerkmale aber zur Bildung und Aufrechterhaltung von Vertrauen bei, das notwendig ist, um eine Reputation des Anbieters aufzubauen. So können sie indirekt bei Erfahrungs- und Vertrauenseigenschaften wirksam werden.

In der Theorie des wahrgenommen Risikos entsprechen leistungsbezogene Informationen den Einflußfaktoren in Form von Gutseigenschaften und den unmittelbar vor dem Kauf verfügbaren Informationen (KUHLMANN 1997, S. 11), die in diesem Fall identisch sind, da nur die direkt leistungsbezogenen Informationen betrachtet werden und Gutseigenschaften auch Informationen für den Abnehmer darstellen.

4.3.2.2.1.2 Leistungsbezogene Informationssubstitute ohne Reputationswirkung

Leistungsübergreifende Informationen, die ohne Wirkung des Reputationsmechanismus nutzbar sind, umfassen alle Formen der Selbstbindungen. KAAS unterscheidet zwei Formen der Selbstbindung: die inputbezogene Selbstbindung und die ergebnisabhängige Selbstbindung (KAAS 1992, S. 893 f.). Unter inputbezogenen Selbstbindungen sind alle freiwilligen Einschränkungen des Handlungsspielraums bei der Auswahl des Inputs zu verstehen. Dies kann in der Verpflichtung des Anbieters bestehen, nur bestimmte Materialien zu verwenden oder festgelegte Mitarbeiter einzusetzen. Die Einhaltung dieser Verpflichtung muß dem Nachfrager nachgewiesen werden, damit sie unsicherheitsreduzierend wirken kann. Dies kann auch in Form einer freiwilligen Kennzeichnung, z.B. der Angabe von Inhaltsstoffen geschehen (KUHLMANN 1990, S. 151 f.).

KAAS schließt darüber hinaus in inputbezogene Selbstbindungen alle Maßnahmen des Anbieters ein, die die Kontrollkosten des Nachfragers senken, wie eine einsehbare Küche im Restaurant oder Diagnosegeräte im Krankenhaus (KAAS 1992, S. 893). Diese Maßnahmen wirken aber nur als Indikatoren für die Leistungsqualität und stellen keine echte Bindung dar. Sie nutzen außerdem die Wirkung des Reputationsmechanismus leistungsbezogen aus, indem von einer sauberen Küche auf ein gutes Essen geschlossen werden kann, bedeuten also keine echte Selbstbindung.

Ergebnisabhängige Selbstbindungen garantieren die zu erbringende Leistungsqualität. Während inputbezogene Selbstbindungen durch die Auswahl des Inputs die Unsicherheit zwar reduzieren, aber keine Gewißheit guter Qualität verursachen, gewährleistet der Anbieter hier mehr oder weniger, je nach Ausgestaltung der Vereinbarungen die vom Abnehmer erwartete Leistungsqualität. Der Verlustfall kann zwar nicht mit Sicherheit vermieden werden, aber im nachhinein begrenzt oder kompensiert werden (SPREMANN 1988, S. 620).

Ergebnisabhängige Selbstbindungen können in Form von Konventionalstrafen, Garantien oder erfolgsabhängiger Entlohnung bestehen. Der Anbieter übernimmt in diesem Fall das Risiko, so daß diese Maßnahmen besonders für risikoscheue Nachfrager und risikofreudige Anbieter geeignet sind (SPREMANN 1988, S. 621). Dies hat für den Nachfrager den Vorteil, daß die Maßnahmen für

Anbieter, die ihre Leistungsfähigkeit und ihren Leistungswillen nur vorspiegeln, zu teuer sind (KAAS 1992, S. 894). Selbstbindungen sind bei Leistungen mit hoher Varianz geeignet, besonders wenn die Varianz von nicht steuerbaren Umwelteinflüssen abhängig ist. Dies umfaßt vor allem individualisierte und von Personen erbrachte Leistungen. Wichtig für die Wirksamkeit ist außerdem die Möglichkeit, nach der Leistungserbringung die Qualität beurteilen zu können, so daß Selbstbindungen bei Erfahrungseigenschaften eingesetzt werden können.

Auch bei Vertrauenseigenschaften können sie unsicherheitsreduzierend wirken, da in diesem Fall die Verhaltensunsicherheit gesenkt wird, die Qualitätsunsicherheit demgegenüber gleich bleibt, da der Abnehmer die Qualität nicht besser beurteilen kann. Der Anbieter kann so aber dem Nachfrager signalisieren, daß dieser kein opportunistisches Verhalten befürchten muß. Hier muß bereits Vertrauen zwischen den Transaktionspartnern vorliegen, da die Reputationswirkung genutzt wird. Der Nachfrager muß darauf vertrauen, daß der Anbieter die Selbstbindung einhält. Insofern handelt es sich bei Selbstbindungen bei Vertrauenseigenschaften um leistungsbezogene Maßnahmen mit Reputationswirkung. Selbstbindungen können nur bei prinzipiell überprüfbaren Eigenschaften sinnvoll eingesetzt werden, wirken aber auf das Vertrauen, das die Reputationswirkung begründet (SCHADE/SCHOTT 1993, S. 501).

Beim wahrgenommenen Risiko ist die Selbstbindung unter den vom Kunden erwarteten Bemühungen des Anbieters zur Qualitätssicherung enthalten. Die Bemühungen werden nicht nur vom Abnehmer erwartet, sondern vom Anbieter in Form von Informationen garantiert. Weiterhin haben die vom Kunden wahrgenommenen Einwirkungsmöglichkeiten auf die Ergebnisqualität Einfluß auf die Notwendigkeit von Selbstbindungen. Vermutet der Kunde hohe Einwirkungsmöglichkeiten, empfindet er ein geringes Risiko.

Deshalb sind Selbstbindungen des Anbieters nicht notwendig. Vermutet er andererseits starke Umwelteinflüsse, sind Selbstbindungen zur Risikoreduktion geeignet. Bei der Dienstleistungskomponente sind Selbstbindungen weniger gut geeignet, da durch die hohe Integrativität des externen Faktors das Leistungsergebnis vom Anbieter nur eingeschränkt gesteuert werden kann, eine Selbstbindung für ihn ein hohes Risiko bedeutet.

4.3.2.2.1.3 Leistungsbezogene Informationssubstitute mit Reputationswirkung

Der Reputationsmechanismus setzt ein, wenn der Kunde Vertrauenskapital gegenüber dem Anbieter gebildet hat (KAAS 1992, S. 895). Er erwartet dann eine gewisse Sorgfalt bei der Leistungserstellung und dadurch eine

Kalkulierbarkeit des Ergebnisses (SPREMANN 1988, S. 620). Dies gilt vor allem für die Firmenreputation des Anbieters, die aber nicht leistungsbezogen ist. Leistungsbezogene Informationssubstitute sind auf konkrete Eigenschaften der Leistung ausgerichtet (WEIBER/ADLER 1995, S. 67). Hier findet also kein direkter Transfer des Vertrauenskapitals von der Reputation auf die Leistungsqualität statt, sondern der Reputationsmechanismus wirkt auf die Effizienz der Informationen des Anbieters (Adler 1996, S. 126).

Diese Informationen stellen in der Theorie des Konsumentenverhaltens leistungsbezogene Schlüsselinformationen dar, die als Indikatoren für andere Informationen stehen und als „Information Chunks“ die Informationsverarbeitung entlasten (KAAS/BUSCH 1996, S. 245; KROEBER-RIEL/WEINBERG 1996, S. 280 f.). Es handelt sich demzufolge um einen zweistufigen Wirkungsprozeß: Die Reputation beeinflußt die Glaubwürdigkeit der Schlüsselinformationen, die die Einschätzung der Leistungsqualität bewirken.

Diese Schlüsselinformationen müssen nicht den Anbieter selbst als Quelle haben, sondern können von Dritten, z.B. Testinstitutionen oder Kunden stammen. Diese haben den Vorteil, daß die vom Anbieter hervorgerufene Verhaltensunsicherheit bei ihnen nicht oder deutlich geringer wirksam wird. So wirkt der Reputationsmechanismus nur, wenn der Nachfrager von der Unabhängigkeit des Testinstituts überzeugt ist.

Zu den vom Anbieter ausgehenden leistungsbezogenen Informationen unter Nutzung der Reputationswirkung zählen alle leistungsbezogenen Kommunikationsmaßnahmen wie Anzeigen, Artikel in Fachzeitschriften, Geschäftsausstattung, Messeauftritte, Produktnamen[158] und der Preis. Dabei können auch umfassende Größen genutzt werden wie die Höhe der Werbeausgaben (ADLER 1996, S. 121 ff.; vgl. dazu auch NELSON 1974, S. 732 ff.), die einen Schluß auf die gesamten Marketingaktivitäten und als Hinweis auf das Vertrauen in die Qualität gesehen werden können (ADLER 1996, S. 124). Der Preis spielt als Informationssubstitut eine große Rolle, wie oben bezüglich des Preises als Qualitätsindikator bereits dargelegt wurde. Der Preis ist als Substitut eher geeignet als Kommunikationsmaßnahmen, da der Kunde bei ihnen eher opportunistisches Verhalten vermutet, z.B. indem der Anbieter Produkteigenschaften vorspiegelt, die nicht vorhanden sind. So hat sich informative Werbung in bezug auf Erfahrungs- und Vertrauenseigenschaften als unglaubwürdig erwiesen (BAYÓN 1997, S. 68). Nachfrager können die Glaubwürdigkeit der Informationen nicht einschätzen und sind möglichem opportunistischen Verhalten ausgeliefert.

---

[158] Dabei kann es auch ein Markenname sein, sofern es sich um eine Produktmarke handelt.

Die Informationen von Testinstitutionen können in Warentests oder vergebenen Gütesiegeln bestehen. Diese Substitute sind aufgrund ihrer Quelle am ehesten dazu geeignet Vertrauen zu schaffen. Ebenso kann die Wirksamkeit der Werbung verändert werden, indem das Gütesiegel in der Werbung hervorgehoben eingesetzt wird. Gütesiegel können über die Einhaltung von Normen und Standards bezüglich des gesamten Produkts Auskunft geben oder Teilqualitäten betreffen, z.B. Umweltverträglichkeit. Warentests können je nach der Strenge und Nachvollziehbarkeit ihrer Prüfmethodik unterschiedlich gut als Indikator geeignet sein (KUHLMANN 1990, S. 347 ff.).

Bisherige Kunden des Anbieters können als Referenzkunden genutzt werden, indem sie ihre Erfahrungen mit der Leistung demonstrieren, wenn solche Referenzobjekte existieren, oder von ihren Erfahrungen berichten. Kunden stellen eine weniger glaubwürdige Informationsquelle als unabhängige Testinstitutionen dar, aber eine glaubwürdigere als der Anbieter selbst. Entscheidend ist für die Glaubwürdigkeit die jeweilige Reputation der Dritten (SCHADE/SCHOTT 1993, S. 500).

Sobald die Reputationswirkung eingesetzt wird, läßt sich nicht nur die Qualitätsunsicherheit für Erfahrungsgüter senken, sondern auch für Vertrauensgüter. Die positive Bestätigung der Signale des Anbieters kann nur bei Erfahrungseigenschaften erfolgen. Daher sind leistungsbezogene Informationssubstitute für Erfahrungseigenschaften eher geeignet als für Vertrauenseigenschaften, da die Signale bei Vertrauenseigenschaften auch nach dem Kauf und Gebrauch nicht überprüft werden können.

Die Extrapolation von leistungsbezogenen Erfahrungen kann auch nur bei Erfahrungseigenschaften erfolgen, da der Kunde die Leistung bei Vertrauenseigenschaften nicht beurteilen kann und keine Erfahrungen aufbauen kann. Eine durch Erfahrungseigenschaften gebildete Reputation wirkt aber auch für Vertrauenseigenschaften. Die Erfahrungen werden dann auf die Vertrauenseigenschaften übertragen. Da auch von Vertrauenseigenschaften dominierte Güter Erfahrungseigenschaften enthalten, können diese Eigenschaften zum Aufbau von Erfahrungen genutzt werden.

Leistungsbezogene Informationssubstitute stellen die umfassendste Gruppe von Informationen zur Unsicherheitsreduktion dar, die völlig unterschiedliche Informationsmittel und –quellen enthält. Bezüglich des wahrgenommenen Risikos umfassen sie die Gutseigenschaften, da die Informationen leistungsbezogen sind. Außerdem fließen sie in Form der Informationen, der erwarteten Bemühungen des Anbieters, die dieser in seinen Anzeigen und anderen Signalen zum Ausdruck bringen kann, und den Erfahrungen des

Kunden in das wahrgenommene Risiko ein. Die Reputationswirkung spiegelt sich in den bisherigen Erfahrungen des Nachfragers mit der Güterkategorie wider, da der Kunde seine Erfahrungen mit dem Anbieter in die Zukunft extrapoliert (KAAS 1992, S. 896).

Diese Gruppe von Informationen ist aufgrund ihrer Heterogenität für Nachfrager jeglicher Risikoneigung geeignet. Die risikoreduzierende Wirkung dieser Informationen kann je nach Inhalt und Quelle unterschiedlich hoch sein. Eine Segmentierung der Nachfrager hinsichtlich ihrer Risikoreduktionspräferenzen bietet sich daher an.

4.3.2.2.1.4 Leistungsübergreifende Informationssubstitute

Die Reputation des Unternehmens kann nicht nur indirekt die Glaubwürdigkeit bestimmter Informationen des Anbieters erhöhen, sondern kann selbst direkt als Qualitätsindikator betrachtet werden. Hier wirkt die Reputation also direkt und nicht auf leistungsbezogene Schlüsselinformationen. So stellt die Reputation selbst eine Schlüsselinformation dar. Sie liegt hier also in Form der Firmenreputation vor und ist mit dem Begriff Unternehmensimage bedeutungsgleich.

Voraussetzung für die Wirksamkeit der Reputation ist das Vorliegen von Vertrauen (ADLER 1996, S. 126; KAAS 1992, S. 897; KAAS 1990, S. 545)[159]. Der Prozeß der Vertrauenskonstituierung zeichnet sich dadurch aus, daß der Nachfrager Merkmale findet, die geeignet sind, Hinweise auf die Vertrauenswürdigkeit des Anbieters zu geben bzw. von denen der Nachfrager annimmt, daß sie für eine solche Ableitung geeignet sind. Diese Merkmale sind die Basis der Erwartungsbildung, indem ein auf der Vergangenheit basierender Induktionsschluß in die Zukunft durchgeführt wird (PLÖTNER 1994, S. 68 f.).

Aussagen über die Qualität und die Zusammensetzung dieser Merkmale lassen sich nicht machen, sondern können lediglich als Ergebnis eines komplexen Zusammenspiels der Maßnahmen der Informationsübertragung wie Leistungsqualität, Werbung, Selbstbindungen u.a. angesehen werden. Dabei ist davon auszugehen, daß Vertrauen in die Leistungsfähigkeit einfacher zu erlangen und zu erhalten ist als Vertrauen in den Leistungswillen (Kaas 1992, S. 896). Ist der Prozeß der Vertrauenskonstituierung abgeschlossen, kann die Reputation wirksam werden, indem der Kunde auch ohne „Einzelnachweis" von der Leistungsqualität überzeugt ist (KAAS 1990, S. 545). Die Reputation kann vom Anbieter auch auf einem anderen Markt aufgebaut worden sein. Der Nachfrager muß nur eine Verbindung zwischen den angebotenen Leistungen

159 Vgl. zum Begriff des Vertrauens und weiterführend PLÖTNER 1994, S. 35 ff.

sehen oder dem Hersteller eine allgemeine Kompetenz zuerkennen, die er dann auch für die betreffende Leistung vermutet (SCHADE/SCHOTT 1993, S. 501).

Die Firmenreputation läßt sich auch als eine Form der Selbstbindung verstehen. Der Anbieter setzt seine Reputation bei jeder neuen Transaktionsepisode aufs Spiel, so daß sie wie eine Geisel in der Hand des Kunden ist. Der Kunde kann nach einer einzigen schlechten Erfahrung die Reputation des Anbieters auch bei anderen, die davon erfahren, zerstören (KAAS 1992, S. 896, KAAS 1990, S. 545). Diese Auswirkungen sind abhängig von der Stärke des Vertrauens und der dadurch aufgebauten Firmenreputation. Der Anbieter kann aufgrund der höheren Reputation hohe Preise als Reputationsprämie verlangen. Diese Prämie stellt einen Ausgleich für die Kosten beim Reputationsaufbau dar (SCHADE/SCHOTT 1993, S. 501).

Je nachdem, ob es sich um ein Marken-, Programm- oder Firmenimage handelt, wird der Imagetransfer unterschiedlich erfolgen, da der Bezug zur nachfragten Leistung verschieden eng ist. Bei Erfahrungseigenschaften läßt sich vermuten, daß der Transfer bei engem Bezug zur Leistung für den Nachfrager einfach ist, er also ein Marken- oder Programmimage vorzieht, während bei Vertrauenseigenschaften das Unternehmensimage entscheidend ist. Durch die fehlende Überprüfbarkeit kann der Nachfrager keinen Bezug zu Qualitätsmerkmalen anderer Leistungen herstellen. Leistungsübergreifende Informationssubstitute sind also vor allem für Vertrauenseigenschaften geeignet.

Die wichtigsten Einflußfaktoren des wahrgenommenen Risikos stellen hinsichtlich der Reputation die Erfahrungen der Kunden dar. Sie müssen nicht zwangsläufig in derselben Güterkategorie erworben worden sein, sondern können Erfahrungen mit dem Unternehmen allgemein darstellen. Die Reputation beeinflußt die Erwartungen der Nachfrager hinsichtlich der Anbieterbemühungen, der eigenen Integrationsmöglichkeiten und der Gutseigenschaften.

4.3.2.2.2 Signaling

Signaling stellt die spiegelbildliche Informationsaktivität des Anbieters dar. Die Aktivität geht hier von der besser informierten Seite aus, die versucht, die Unsicherheit der schlechter informierten Seite zu verringern. Im Standardfall des Signaling stellt der Nachfrager die schlechter informierte Seite im Gegensatz zum Anbieter dar, so daß die Nachfrager von der Leistung des Anbieterunternehmens überzeugt werden müssen. Kaas spricht deshalb auch von Signaling als Leistungsbegründung (KAAS 1990, S. 541). Der Anbieter sendet dem Nachfrager Signale über seine Leistungsfähigkeit und seinem

Leistungswillen. Bei hoch integrativen Leistungen kann im Ausnahmefall auch der Nachfrager dem Anbieter seine Leistungsfähigkeit und seinen Leistungswillen signalisieren.

Die Leistungsbegründung kann durch das Produkt selbst, seinen Preis oder andere Informationssubstitute erfolgen. Zusätzlich bieten sich dem Anbieter durch Signale Möglichkeiten, sich von weniger qualifizierter Konkurrenz abzusetzen, da die Signale für diese zu teuer sind (KAAS 1995a, S. 29;KAAS 1992, S. 893). Dazu eignen sich auch falsche Signale, die Konkurrenten in die Irre führen können und verhindern können, daß das eigene Verhalten als regelmäßig und daher antizipierbar erkannt wird (KAAS 1991, S. 361). Falsche Signale lassen sich ebenfalls gegen Nachfrager verwenden, um eine nicht vorhandene Produktqualität vorzuspiegeln. Dies ist allerdings nur sinnvoll, wenn der Nachfrager im Nachhinein nicht die Richtigkeit der Signale überprüfen kann, es sich also um Leistungen mit Vertrauenseigenschaften handelt oder der Anbieter nur an einer einmaligen Transaktion interessiert ist.

Ein Nachfrager kann im Laufe seines Screenings auf vom Anbieter ausgesandte Signale stoßen. Voraussetzung für die Effektivität von Signalen ist, daß zwischen dem Signal und der vom Transaktionspartner nicht beobachtbaren Eigenschaft ein für diesen wahrnehmbarer Zusammenhang besteht (ADLER 1996, S. 45). Dabei ist unerheblich, ob dieser Zusammenhang tatsächlich existiert, da die Wahrnehmung entscheidend ist. Signale müssen vom Nachfrager demzufolge erst wahrgenommen werden, darüber hinaus auch geeignet sein, ihn von der Leistungsfähigkeit des Produktes zu überzeugen, also die Qualitätsunsicherheit zu verringern. Sie können ebenso dazu dienen, die Verhaltensunsicherheit des Nachfragers zu vermindern.

Alle an den Nachfrager gerichteten Marketingmaßnahmen lassen sich dementsprechend als Signale verstehen, vor allem sämtliche kommunikationspolitischen Maßnahmen. Preis, Gütereigenschaften, Anzeigengestaltung und Angebotsgestaltung stellen Signale mit unterschiedlicher Nähe zum Produkt dar. Signale können vom Anbieter an den Nachfrager oder von Dritten ausgesandt werden, um einen Reputationstransfer zu erreichen. Ebenso wie die Einteilung der zur Unsicherheitsreduktion beim Anbieter nutzbaren Informationen läßt sich eine entsprechende Übersicht aus Anbietersicht über die verschiedenen Signalingaktivitäten aufstellen.

So handelt es sich um leistungsübergreifende Signale ohne Nutzung der Reputationswirkung, wenn dem Nachfrager Selbstbindungen und Nachweise ihrer Einhaltung signalisiert werden. Leistungsübergreifende Signale mit Reputationswirkung umfassen dementsprechend die Kommunikationsmaßnahmen des Anbieters inklusive der Nutzung von Gütezeichen, Testurteilen und Referenzen und preispolitischer Maßnahmen. Leistungsbezogene Signale gehen nur vom Produkt aus und können vom Anbieter durch ein entsprechendes Design, gute Handhabbarkeit und einfache Benutzerführung betont werden. Die Firmenreputation kann durch den Einsatz von Imagewerbung signalisiert werden. Der Aufbau des dazu nötigen Vertrauens kann allerdings nicht nur durch Signale erreicht werden, da der Nachfrager über Erfahrungen verfügen muß.

Anbieter und Nachfrager können nicht nur jeweils Screening bzw. Signaling betreiben. Der Anbieter kann durch Screeningaktivitäten wie Marktforschung und Konsumentenforschung Informationen über seine potentiellen und tatsächlichen Kunden generieren. Demgegenüber kann der Nachfrager dem Anbieter signalisieren, daß es sich bei ihm um einen zuverlässigen und zahlungskräftigen Kunden handelt, der deshalb für den Anbieter besonders erstrebenswert ist (KAAS 1991, S. 360).

4.3.2.2.3 Self-Selection

Self-Selection stellt eine Mischform aus Signaling und Screening dar, bei der beide Transaktionspartner Aktivitäten unternehmen. Die besser informierte Seite gibt der schlechter informierten Wahlmöglichkeiten vor, in die sich die schlechter informierte Seite einordnen kann (ADLER 1996, S. 46 f.). Durch die vorgegebenen Kategorien verringert der Anbieter wie beim Signaling die Unsicherheit des Nachfragers. Die Unsicherheit des Anbieters wird ebenfalls verringert, da der Nachfrager seinen eigenen Bedarf kennt und sich das Angebot des Anbieters selbst auswählt. Er nimmt also zunächst ein Screening vor, indem er die vom Anbieter ausgegebenen Kategorien ermittelt, dann schließt sich ein Signaling an, da er sich in die Kategorien einordnet und so dem Anbieter seine Zugehörigkeit zu dieser Kategorie signalisiert.

Bei den vom Anbieter ausgesandten Signalen muß es sich um leistungsbezogene Signale handeln, da sonst keine Selbsteinordnung des Nachfragers erfolgen kann. Diese können ohne oder mit Reputationswirkung versehen sein. Dementsprechend läßt sich die Self-Selection nur für Güter mit beurteilbarer Qualität vornehmen bzw. sich auf die Gutseigenschaften beziehen, die trotz des überwiegenden Vorliegens von Vertrauenseigenschaften anhand anderer Eigenschaften beurteilbar sind. Da diese Signale auch in Form von Selbstbindungen oder in Form von unterschiedlich hohen Preisen vorliegen können, sind sie auch für Erfahrungseigenschaften geeignet.

4.3.3 Empirische Ergebnisse

GOLDMANN/JOHANSSON erbrachten in ihrer Untersuchung den Gegenbeweis zur These von Stigler, daß Nachfrager nach Informationen suchen, solange die marginale Verbesserung seiner Situation höher ist als seine Grenzkosten (GOLDMANN/JOHANSSON 1978, S. 176 ff.). Die Suchanstrengungen wurden in positiver Beziehung zur Menge des Guts, zu den wahrgenommenen Preisunterschieden, den allgemeinen Fähigkeiten des Nachfragers und der Kenntnis und Erfahrung auf dem Markt gesetzt. Eine negative Beziehung wurde hingegen bei der Bedeutung des Service, der Bequemlichkeit und den Qualitätszielen beim Kauf sowie bei den Opportunitätskosten vermutet.

Alle Beziehungen ließen sich nicht signifikant nachweisen. Lediglich leichte Beziehungen in der vermuteten Richtung waren festzustellen. Deshalb die Beziehung zwischen Suchkosten und –nutzen insgesamt abzulehnen, wäre aber ein übereilter Schluß. Die Hypothesen sind ungenau formuliert und nicht umfassend. Die Erhebung bezog sich nur auf den Benzinkauf, so daß der Einfluß produktspezifischer Eigenheiten auf die Ergebnisse nicht ausgeschlossen werden kann.

WEIBER/ADLER hatten in ihrer Untersuchung zum Ziel, die unterschiedlichen Informationsarten zur Unsicherheitsreduktion je nach Dominanzeigenschaft zu ermitteln (WEIBER/ADLER 1995c, S. 99 ff.). Dies wurde in zwei Schritten durchgeführt: Die Befragten hatte zunächst eine Globaleinschätzung der Kaufprozesse bei 40 ausgewählten Produkten hinsichtlich des Zeitpunkts der Qualitätsbeurteilung vorzunehmen. Anschließend wurden die zentralen Kaufentscheidungsdimensionen ermittelt. Hierbei zeigte sich, daß im Fall von Suchkäufen der Preis ein bedeutendes Merkmal darstellt, während Erfahrungen, wahrgenommenes Leistungspotential und persönliche Beratung unbedeutend waren. Dies widerspricht der oben aufgestellten Hypothese hinsichtlich der genutzten Informationen bei Sucheigenschaften.

Da die Leistung selbst nur in indirekter Form als Leistungsfähigkeit und Leistungspotential eingeht, fehlt bei der Untersuchung die Möglichkeit, leistungsbezogene Informationen getrennt zu betrachten. Die Autoren bezeichnen demgegenüber sämtliche oben genannten Merkmale als leistungsbezogen, treffen damit also keine Unterscheidung zwischen leistungsbezogenen Informationen und Informationssubstituten (WEIBER/ADLER 1995c, S. 121). Deshalb ist die Aussage bezüglich der Sucheigenschaften sehr ungenau.

Bei Erfahrungskäufen erweist sich der Preis als bedeutendes Merkmal. Dies entspricht der oben getroffenen Annahme. Unbedeutend sind hier das vermutete zukünftige Leistungspotential und die Reputation, die allerdings einen Faktor aus Produkt-, Marken- und Firmenreputation darstellt. Demgegenüber stellt der Preis bei Vertrauenskäufen ein unbedeutendes Merkmal dar im Gegensatz zum zukünftigen Leistungspotential und der Reputation. Die Aussagekraft dieser Untersuchung ist wegen der starken Aggregation der Merkmale nur bedingt als Nachweis für die Auswahl von Informationen zur Unsicherheitsreduktion je nach Gütereigenschaften zu sehen.

Eine weiterführende Untersuchung hat ADLER durchgeführt (ADLER 1996, S. 164 ff.). Hier wurde zwischen leistungsbezogenen Informationen und leistungsbezogenen und leistungsübergreifenden Informationssubstituten unterschieden. Die Vorgehensweise entsprach der obigen zweistufigen Untersuchung, die Kaufmerkmale wurden sorgfältiger abgefragt (ADLER 1996, S. 149 ff.). Als Ergebnis zeigte sich hier eine überdurchschnittliche Verwendung leistungsbezogener Informationen bei Suchkäufen. Gleiches gilt für leistungsbezogene Informationssubstitute für Erfahrungskäufe und leistungsübergreifende Informationssubstitute für Vertrauenskäufe. Die oben angeführten Annahmen zur Eignung der Informationen wurden damit bestätigt.

Insgesamt läßt sich bei Dienstleistungen von einem höheren wahrgenommenen Risiko als bei Sachleistungen ausgehen (GUSEMANN 1981, S. 203). Ebenfalls zeigte sich in GUSEMANNS Untersuchung, daß Nachfrager je nach Güterart unterschiedliche Techniken zur Risikoreduktion anwenden. Er geht nicht auf die informationsökonomischen Eigenschaften ein. Daher lassen sich dementsprechend keine Ableitungen durchführen.

OSTROM/IACOBUCCI betrachteten hingegen Dienstleistungen hinsichtlich ihrer informationsökonomischen Eigenschaften (OSTROM/IACOBUCCI 1995, S. 17 ff.). Sie teilen zunächst Dienstleistungen nach ZEITHAML (1981, S. 186) in Erfahrungs- und Vertrauensdienstleistungen ein. Sie vermuteten, daß der Preis ein wichtiges Merkmal bei Erfahrungsdienstleistungen und Qualität dies bei Vertrauensdienstleistungen ist. Auf die Theorie des wahrgenommenen Risikos gehen sie durch die Hypothese ein, daß der Preis ein wichtiges Merkmal bei weniger kritischen und Qualität bei kritischeren Dienstleistungen darstellt.

Kritische Dienstleistungen liegen dann vor, wenn die negativen Konsequenzen als ein Bestandteil des wahrgenommenen Risikos hoch sind. Daraus folgt, daß der Effekt der informationsökonomischen Eigenschaften und der Vorliegen von kritischen oder weniger kritischen Dienstleistungen gleich ist, beide also das Konstrukt Risiko operationalisieren. Diese Hypothesen wurden in ihrer Untersuchung durchgehend bestätigt. Die Befragten führten aber nicht selbst die Zuordnung der Eigenschaften zu den Kategorien Erfahrungs- und

Vertrauensleistungen durch, sondern diese wurden vorgegeben. Dabei wurde die Subjektivität der Einschätzungen der Eigenschaften nicht berücksichtigt.

KAAS/BUSCH überprüften die Eignung von Markennamen und Warentesturteilen zur Unsicherheitsreduktion (KAAS/BUSCH 1996, S. 243 ff.). Zunächst wurden auch hier die informationsökonomischen Eigenschaften abgefragt, die aber nicht durchgehend zur Bestätigung der Hypothesen führten, was auf die sehr strenge Formulierung der Hypothesen zurückgeführt wurde (KAAS/BUSCH 1996, S. 248). Es handelt sich nicht um die Einteilung unterschiedlicher Kauftypen, sondern es werden Such-, Erfahrungs- und Vertrauenseigenschaften für jedes der unterschiedlichen Produkte ermittelt. Bei Markennamen und Warenzeichen hat sich gezeigt, daß sie die Beurteilbarkeit von Erfahrungs- und Vertrauenseigenschaften verbessern. Wohingegen das Vertrauen in die Reputation des Unternehmens und der Testinstitution bei den Erfahrungseigenschaften nicht für alle betrachteten Güter wirksamer ist. Da es sich nur um drei Produkte handelt, die starke Marken sind, lassen sich keine verallgemeinerbaren Ergebnisse ableiten.

5 Informationsökonomisches Modell zur Nutzenwahrnehmung von Leistungsbündeln

Da sich bisher gezeigt hat, daß die Teilleistungen eines Güterbündels nach ihren informationsökonomischen Eigenschaften unterschieden werden können und diesen Eigenschaften die Qualitätsunsicherheit zugrunde liegt, sind diese Eigenschaften auch für die Nutzenwahrnehmung zu betrachten. Die einzelnen Faktoren der Nutzenwahrnehmung lassen sich dann schließlich unter Einbeziehung der informationsökonomischen Gütereigenschaften zusammen zur Ableitung von Zahlungsbereitschaften verwenden. Dabei müssen etwaige Unterschiede zwischen der Sach- und Dienstleistungskomponente berücksichtigt werden.

Die Gutseigenschaften stellen bei der Nutzenwahrnehmung Größen dar, auf die der Anbieter einwirken kann, da sie überwiegend seinem Herrschaftsbereich entstammen[160]. Wenn die Gutseigenschaften also wichtige Determinanten der Zahlungsbereitschaften darstellen, bieten sie dem Anbieter Beeinflussungsmöglichkeiten. Zunächst muß also die Situation der Zahlungsbereitschaften bei gegebenen Gutseigenschaften festgestellt werden, bevor durch entsprechende Maßnahmen die Zahlungsbereitschaft verändert wird. Dabei gilt ebenso zu klären, welche der oben entwickelten Einflußfaktoren über die Gutseigenschaften hinaus die Nutzenwahrnehmung und damit die Zahlungsbereitschaft in entscheidendem Maße beeinflussen.

Durch die Steuerung der Leistungseigenschaften vom Anbieter läßt sich demnach die Wahrnehmung und Beurteilung des Leistungsbündels und dadurch die Vorteilhaftigkeit der Bündelungsformen verändern.

5.1 Nutzenbeurteilung anhand der wahrgenommenen Leistungseigenschaften

Die Unterscheidung nach dominanten informationsökonomischen Eigenschaften hat einerseits gezeigt, daß Güter Elemente jeder Eigenschaftsart enthalten, daß aber andererseits die Dominanzeigenschaften nur auf bestimmte Güterkategorien beschränkt sind. So können bei Sachgütern von Such-, Erfahrungs- oder Vertrauensleistungen dominierte Güter vorliegen, während bei Dienstleistungen nur Erfahrungs- oder Vertrauenseigenschaften dominieren (ZEITHAML 1981, S. 186). Dennoch lassen sich aus informationsökonomischer

[160] Die Ausnahme bilden die Bestandteile, die unter Integration des Nachfragers produziert werden. Die Einflußmöglichkeiten der Anbieters nehmen mit der Zunahme der Integration des Nachfragers ab. Werden Leistungskomponenten von Lieferanten bezogen, gehen sie dann in den Herrschaftsbereich des Anbieters über.

Sicht Unterschiede zwischen Sach- und Dienstleistungen feststellen, die aus den unterschiedlichen Bewertungmöglichkeiten resultieren. So können Sachleistungen im Gegensatz zu Dienstleistungen als Austauschgut oder als Leistungsversprechen vorliegen.

Gleichzeitig handelt es sich bei diesen Eigenschaften um subjektiv wahrgenommene und beurteilte Größen, da für Experten überwiegend Sucheigenschaften vorliegen können, während diese für einen Laien Vertrauenseigenschaften darstellen. Die Beurteilbarkeit ist also nicht ausschließlich von der Kategorie Sach- bzw. Dienstleistung, sondern von der Dominanzeigenschaft abhängig.

Die Dominanzeigenschaft wird u.a. von der Leistungskategorie determiniert. Die Nutzenbeurteilung und damit die Zahlungsbereitschaft muß sich dementsprechend auf die informationsökonomischen Eigenschaften beziehen. Die übrigen Faktoren müssen in diese Betrachtungsweise integriert werden.

	Such-eigenschaften	Erfahrungs-eigenschaften	Vertrauens-eigenschaften
Beurteilung nach dem Leistungs-ergebnis	ja	alle	nein
Beurteilung während des Leistungs-prozesses	ja	einige	nein
Beurteilung nach dem Kauf (Potentiale)	ja	nein	nein

Abb. 52: Die Beurteilungszeitpunkte der Eigenschaften bei Dienstleistungen (in Anlehnung an JAKOB 1995, S. 207)[161]

Die Beurteilung der Eigenschaften ist abhängig von der zeitlichen Perspektive. Die Beurteilung der Eigenschaften kann zu zwei Zeitpunkten erfolgen: zum

161 Betrachtet man demgegenüber die Beurteilungszeitpunkte bei Sachleistungen, so lassen sich während des Produktionsprozesses keine Erfahrungseigenschaften beurteilen, sondern während des Nutzungsprozesses.

Kaufzeitpunkt und nach der Nutzung. Zu jedem der Zeitpunkte liegen unterschiedlich viel Informationen und unterschiedliche Arten von Informationen.

Die zwischen den Beurteilungszeitpunkten gewonnenen Informationen unterscheiden sich nach der Güterkategorie (vgl. Abbildung 43), z.B. durch eine hohe und einen bestimmten Zeitraum andauernde Integration des Nachfragers, die typisch für Dienstleistungen ist. Dies ist vor allem für die Einflußnahme durch den Anbieter von Bedeutung.

Für solche Dienstleistungen, bei denen der Nachfrager selbst integriert wird oder die Integration seines Faktors überwacht, existieren drei unterschiedliche Beurteilungszeitpunkte. Zu den Beurteilungszeitpunkten „nach dem Kauf“ und „nach der Nutzung“ kommt die Beurteilung während der Leistungserstellung hinzu. Sie kann zu jedem Zeitpunkt des Prozesses erfolgen, u.U. auch nur einmal oder mehrmals während des Prozesses. Es handelt sich aber immer um eine Zeitpunktbetrachtung, da zu einem bestimmten Zeitpunkt eine Beurteilung erfolgt, die sich dann zwar ändern kann, aber genau zu dem Zeitpunkt Bestand hat.

Im Laufe des Leistungsprozesses liegen fortwährend unterschiedliche Informationen vor. Der Beurteilungszeitpunkt während des Prozesses unterscheidet sich von der Beurteilung nach Ende der Nutzung dadurch, daß ein Teil der Erfahrungseigenschaften bereits beurteilbar sind, während andere noch nicht zu bewerten sind. Im Mittelpunkt der Nutzenbeurteilung stehen also die informationsökonomischen Eigenschaften, die Güterkategorien spielen eine entscheidende Rolle, da sie die Beurteilungsmöglichkeiten und –zeitpunkte bestimmen.

Die Zahlungsbereitschaft für die einzelnen Leistungen stellen die letztendlich zu ermittelnden Größen dar. Den für die Zahlungsbereitschaften relevanten Zeitpunkt bildet der Kaufabschluß, da die Zahlungsbereitschaften bis dahin festliegen müssen und im Nachhinein zwar die Beurteilung des Kaufs verändern können, aber sich nicht mehr vom Anbieter realisieren lassen. Die Veränderungen in der Zahlungsbereitschaft spielen nur eine Rolle, wenn sie sich bei einem Wiederholungskauf in Form von Erfahrungen auswirken. Bei einem Erstkauf werden nur die vor dem Kauf heranziehbaren Bewertungskriterien betrachtet. Die mögliche Betrachtungsweise von drei Zeitpunkten in der Transaktionsepisode reduziert sich somit auf eine.

5.1.1 Die Wahrnehmung der Leistung als Grundlage für die Leistungsbeurteilung

Die Wahrnehmung des Gutes und dessen Beurteilung sind untrennbar miteinander verknüpft. Die Wahrnehmung stellt einen Prozeß der Informationsaufnahme und Informationsverarbeitung dar. Die Informationen werden in einem kognitiven Prozeß aufgenommen, entschlüsselt und zu einem inneren Bild verarbeitet (KROEBER-RIEL/WEINBERG 1996, S. 265 f.; MITZKAT 1996, S. 62; KOEPPLER 1980, S. 337). Dies umfaßt auch die vergleichende Beurteilung, bei der Informationen durch unterschiedliche kognitive Programme zueinander in Beziehung gesetzt werden und interpretiert werden, um dann weiterverarbeitet und eventuell gespeichert zu werden (MITZKAT 1996, S. 62).

Informationen müssen zunächst wahrgenommen werden, damit sie für die Beurteilung des Produkts genutzt werden können. Es erfolgt also die Wahrnehmung von Informationen z.B. in Form von Produktmerkmalen, ihre interne Beurteilung, die dann zu einer Beurteilung des Produkts im Sinne einer Auswahlentscheidung zwischen Alternativen führt. Das Ergebnis der Produktbeurteilung stellt der wahrgenommene Nutzen eines Produkts dar (KROEBER-RIEL/WEINBERG 1996, S. 276).

Wahrnehmung ist immer individuell und subjektiv geprägt. Sie ist keine passive Rezeption von Reizen, sondern ein aktiver Vorgang der Informationsaufnahme und -verarbeitung. Der Nachfrager wählt die Informationen aus. Darüber hinaus muß die Wahrnehmung selektiv erfolgen, da sonst aufgrund der Fülle von Informationen das Informationsverarbeitungssystem überfordert wäre (KROEBER-RIEL/WEINBERG 1996, S. 266 f.; MITZKAT 1996, S. 63). Dies gilt auch für Produktinformationen.

Für den Nachfrager bedeutet dies, daß er vor allem solche Reize wahrnimmt, die seinen Bedürfnissen und Wünschen entsprechen (KROEBER-RIEL/WEINBERG 1996, S. 271). Während bei einem Konsumenten angenehme gegenüber unangenehmen Reizen bevorzugt werden, kommen auf der organisationalen Ebene die Beschaffungsziele der Organisation dazu. Der Beschaffungsbedarf beeinflußt die Wahrnehmung auch in Form von angenehmen Reizen, da das Erreichen der Organisationsziele für das Individuum zu angenehmen Ergebnissen führt, z.B. zu Akzeptanz, Belobigung oder Beförderung.

Die Wahrnehmung wird durch inhaltliche Prägnanz erleichtert, wenn Informationen und Eindrücke z.B. Anknüpfungspunkte in den kognitiven Strukturen und den Erfahrungen des Nachfragers haben und der Nutzen für ihn leicht erkennbar ist (MITZKAT 1996, S. 63).

Das menschliche Wahrnehmungssystem zeichnet sich durch Integration und Differenzierung aus. Bei einem komplexen Gut werden die einzelnen Bestandteile und Merkmale zunächst einzeln und unzusammenhängend erfaßt und erst danach zusammengefügt und in ihrer Gesamtstruktur wahrgenommen (BENKENSTEIN/GÜTHOFF 1997, S. 84 f.). Bei Sucheigenschaften kann diese Integration vor dem Kauf erfolgen, während bei Erfahrungseigenschaften auch die Wahrnehmung als Gesamtgut erst nach der Nutzung erfolgen kann. Bei Dienstleistungen kommt zusätzlich durch die Integration des externen Faktors die Wahrnehmung des Leistungserstellungsprozesses dazu. Die Zusammensetzung der Bestandteile ist also deutlich schwieriger als bei von Sucheigenschaften dominierten Gütern. Es liegen also in den einzelnen Leistungsphasen unterschiedliche Merkmale vor, die wiederum verschieden wahrgenommen und dementsprechend unterschiedlich zu einer Gesamtstruktur zusammengesetzt werden können. Die endgültige Nutzenbeurteilung kann dann auch zu verschiedenen Resultaten führen.

Bei der Wahrnehmung von Leistungsbündeln existieren zwei grundsätzliche Möglichkeiten: Das Leistungsbündel wird als ein Bündel unterschiedlicher Eigenschaften wahrgenommen, dessen einzelne Informationen zwar verschieden wahrgenommen werden, aber nur einem Produkt zugeordnet werden. In diesem Fall liegt ein echtes Bündel vor, bei dem der Nachfrager keinen Unterschied zwischen der Sachleistungs- und Dienstleistungskomponente macht. Beide Komponenten werden als Einheit mit verschiedenen Merkmalen wahrgenommen. Dies muß nicht zwangsläufig bedeuten, daß der Nachfrager für alle Merkmale ein einheitliches Produkt wahrnimmt. So können die Leistungen selbst bei getrennten Preisen als echtes Bündel wahrgenommen werden, wenn nach subjektiver Wahrnehmung des Nachfragers ein Bündel besteht. Dies läßt sich wegen der Individualität und Subjektivität der Wahrnehmung nicht auf eine bestimmte Anzahl oder ein bestimmte Bewertung der Merkmale beschränken. Hier erfolgt eine Gesamtintegration zu einem Gut.

Die zweite Möglichkeit besteht in einer getrennten Wahrnehmung beider Leistungen. Es handelt sich dann um zwei, u.U. miteinander in enger Beziehung stehende, aber getrennte Leistungen, die auch getrennt beurteilt werden. Die Integration in eine Gesamtstruktur erfolgt nicht für ein Produkt, sondern es existieren zwei Teilstrukturen, für die jeweils getrennt eine Struktur erfaßt wird. Je komplexer das Leistungsbündel und je wichtiger die zeitliche Komponente bei der Produktion und Nutzung ist, desto eher ist davon auszugehen, daß auf eine vollständige Integration weitgehend verzichtet wird (BENKENSTEIN/GÜTHOFF 1997, S. 84). Es werden dann nicht bestimmte

Merkmale für das Gesamtbündel bewertet, sondern einzelne Teilqualitäten für die einzelnen Komponenten des Bündels.

Der Anbieter kann durch geeignete Maßnahmen die Wahrnehmung als getrennte Produkte oder als Einheit unterstützen. Da die Produktbeurteilung direkt von der Informationsaufnahme bei der Wahrnehmung abhängt, kann dadurch die Zuschreibung des Nutzens zu den Bündelkomponenten beeinflußt werden. Die Maßnahmen müssen nicht umfangreich sein, da das Phänomen der Irradiation für ein Ausstrahlen der Veränderung eines wahrgenommenen Merkmals auf die Wahrnehmung anderer sorgt (V. ROSENSTIEL/EWALD 1979, S. 21 ff. auch im folgenden; weiterführend: KROEBER-RIEL/WEINBERG 1996, S. 304; MITZKAT 1996, S. 64; KOEPPLER 1980, S. 339). Sie wirkt um so stärker, je diffuser und schwerer identifizierbar der Eindruck ist, auf den geschlossen wird und je näher die beiden Eigenschaften miteinander erlebnismäßig in Verbindung stehen. Bei Schlüsselinformationen dürfte daher der Effekt der Irradiation besonders stark sein[162]. Sie können dementsprechend als Indikatormerkmale genutzt werden, an denen die Wahrnehmung des Nachfragers ansetzen kann.

Die getrennte oder gemeinsame Wahrnehmung der Bündelkomponenten bildet die Grundlage für die erste Stufe der Segmentierung der Nachfrager. Die zweite Stufe besteht in der Unterscheidung nach der Zahlungsbereitschaft für das Bündel. Der Einsatz von Maßnahmen zur Steuerung der Zahlungsbereitschaft ist abhängig von der Wahrnehmung des Bündels. Wenn bestimmte Eigenschaften und deren nutzenerhöhende Veränderungen den Teilleistungen zugeschrieben werden, kann sich der Nutzen der Komponenten gleichmäßig oder ungleichmäßig erhöhen. Ebenso kann nur eine Zahlungsbereitschaft für die Gesamtleistung bestehen, die sich nicht auf beide Komponenten verteilen läßt. Daher werden beide Wahrnehmungsalternativen getrennt betrachtet.

Die Schwierigkeit für den Anbieter besteht darin, die Wahrnehmung des Nachfragers zu erkennen. Durch eine Selbstsegmentierung der Nachfrager, bei der die Nachfrager sich selbst den Angebotsformen der Leistungen zuordnen, kann der Anbieter die Segmentzugehörigkeit ermitteln. Hier kann der Anbieter durch einen gezielten Einsatz von Signalen und Schlüsselinformationen auf die Nachfrager einwirken. Da die Bündelungsformen sowohl die Zahlungsbereitschaften für das Bündel insgesamt und die Zahlungsbereitschaften für die

---

162 Schlüsselinformationen sind nicht mit Irradiation gleichzusetzen. Bei der Irradiation geht es um Veränderungen der Wahrnehmung bei Veränderungen von Merkmalen, während Schlüsselinformationen mehrere andere Informationen substituieren (im Gegensatz dazu MITZKAT 1996, S. 64 f.).

einzelnen Teilleistungen berücksichtigen, lassen sich beide Wahrnehmungsalternativen für Bündelungsempfehlungen berücksichtigen.

5.1.2 Die getrennte Wahrnehmung der Leistungskomponenten

Bei einer getrennten Wahrnehmung der Leistungskomponenten ist davon auszugehen, daß bei dem Nachfrager auch zwei getrennte Zahlungsbereitschaften vorliegen. Je nach seiner Wahrnehmung der Komponenten können diese Zahlungsbereitschaften unterschiedlich hoch sein. Dadurch sind prinzipiell alle Bündelungsformen möglich. Der Spezialfall des Premium Bundling, dessen Bedingungen in einer realitätsnahen Marktsituation nicht erfüllt sind, wird nicht betrachtet. Die Möglichkeiten der Bündelung beschränken sich demzufolge auf Einzelpreisstellung, reine Bündelung oder gemischte Bündelung. Bei der Beurteilung der Vorteilhaftigkeit der Bündelungsformen werden die getrennten Zahlungsbereitschaften für die Leistungskomponenten betrachtet, nicht die Zahlungsbereitschaft für das Bündel insgesamt. Dementsprechend ist bei der Beurteilung des Nutzens dieser getrennt für die Sachleistungs- und die Dienstleistungskomponente zu betrachten.

5.1.2.1 Die Determinanten der Nutzenwahrnehmung der Sachleistungskomponente

Sachleistungen können in Form von Austauschgütern und Leistungsversprechen vorliegen. Bei Austauschgütern liegt das Leistungsergebnis bereits zum Kaufzeitpunkt vor. Die Produktionspotentiale wurden im Produktionsprozeß eingesetzt und das Leistungsergebnis ist für den Kunden materiell vorhanden. Die Produkteigenschaften sind zum Kaufzeitpunkt nicht mehr veränderbar und sind je nach spezifischen Kenntnissen und Fähigkeiten der Nachfrager von ihnen beurteilbar. Von den drei Phasen der Erstellung sind zwei bereits zum Kaufzeitpunkt abgeschlossen: die Zusammenstellung der Potentiale und der Produktionsprozeß.

Bei Sachleistungen in Form von Leistungsversprechen liegen zum Zeitpunkt des Kaufes nur die Produktionspotentiale vor. Erst nach dem Kauf erfolgt die Produktion, dessen Ergebnis schließlich im Anschluß daran für den Kunden nutzbar wird[163], so daß nur die Produktionspotentiale vom Nachfrager wahrgenommen werden können. Nur eine der drei Erstellungsphasen ist zum Kaufabschluß abgeschlossen, die Zusammenstellung der Potentiale. Für den Beginn der Produktion fehlt im einfachsten Fall der Kaufabschluß mit dem Nachfrager. Darüber hinaus kann der Anbieter noch Input vom Kunden

[163] vgl. Abbildung 45

benötigen in Form von Informationen, wenn es sich um eine individuelle Einzelfertigung handelt.

Je nach Erstellungszeitpunkt der Sachleistung können unterschiedliche informationsökonomische Dominanzeigenschaften vorliegen. Diese sind einerseits vom materiellen Vorhandensein der Eigenschaften zum Beurteilungszeitpunkt abhängig, andererseits kann sich die Zuordnung interindividuell bei den Nachfragern unterscheiden. Ebenso muß immer berücksichtigt werden, daß alle drei Eigenschaften bei jedem Gut vorliegen können und nur die dominierenden betrachtet werden. Wegen der materiellen Verfügbarkeit zum Kaufzeitpunkt können überwiegend Sucheigenschaften vorliegen.

Der Käufer kann vor Vertragsabschluß eine ausführliche Inspektion des Gutes durchführen, um seine Qualitätsunsicherheit zu verringern. Im Falle von Sucheigenschaften liegen eine geringe Qualitätsunsicherheit und eine geringe Verhaltensunsicherheit vor. Diese geringe Unsicherheit geht in die Bestimmung der Zahlungsbereitschaften als einer der Einflußfaktoren weiter unten ein. Zur weiteren Verringerung der Unsicherheit bzw. zur Verringerung der Anstrengungen der Inspektion dienen leistungsbezogene Informationen.

Theoretisch ist es möglich, die Qualitätsunsicherheit bei Sucheigenschaften auf Null zu verringern. Dies ist abhängig von den Informationskosten und der dafür in Anspruch zu nehmenden Zeit. So kann es für den Nachfrager ausreichend sein, wenige Schlüsselsuchinfomationen zu ermitteln, da sie die übrigen Suchinformationen substituieren.

Handelt es sich um komplexe oder neue Sachleistungen, die vom Nachfrager nicht im Vorhinein beurteilt werden können, liegen Erfahrungseigenschaften vor. Hier kommt es auf die Beurteilungsfähigkeiten und Kenntnisse der Nachfrager an, ob der Output abgewartet werden muß, um eine Beurteilung durchführen zu können. Bei innovativen bzw. bisher nicht in Anspruch genommenen Leistungen konnte auch ein Experte noch keine Kenntnisse bezüglich des Produkts erwerben. Außerdem können bei komplexen Austauschgütern die Kosten für das Erwerben der Kenntnisse zur Beurteilung oder für die Inspektion selbst für den Anbieter zu hoch sein. Es handelt sich dann um eine Entscheidung des Nachfragers, daß es für ihn zu teuer ist, Erfahrungseigenschaften in Sucheigenschaften zu verwandeln.

Im Fall eines Erstkaufs läßt sich nicht nur bei Erfahrungseigenschaften, sonder auch bei Vertrauenseigenschaften keine Beurteilung abgeben. Es sind noch keine Erfahrungen gewonnen worden, die die Bewertung von

Erfahrungseigenschaften beeinflussen. Ein Unterschied zwischen den beiden Gutseigenschaften muß dennoch gemacht werden. Da es sich bei Erfahrungseigenschaften um prinzipiell überprüfbare Eigenschaften handelt, kann der Anbieter zur Reduzierung der Unsicherheit andere Maßnahmen durchführen als bei Vertrauenseigenschaften. Leistungsbezogene Informationssubstitute sind hierfür geeignet. Auch bei Erfahrungseigenschaften läßt sich die Unsicherheit auf Null verringern, wenn die Leistungsqualität bei Dritten versichert wird.

Durch bestimmte Maßnahmen lassen sich darüber hinaus Erfahrungseigenschaften bei Austauschgütern für den Nachfrager in Sucheigenschaften verwandeln, z.B. durch Schulungen. Diese Maßnahmen müssen hinsichtlich ihrer Kosten-Nutzen-Relation betrachtet werden. Sie stellen leistungsbezogene Informationen dar, die aber nicht nur zur einmaligen Reduktion der Unsicherheit genutzt werden können, sondern transaktionsübergreifend eine veränderte Wahrnehmung und Beurteilung der Gutseigenschaften von Austauschgütern bewirken.

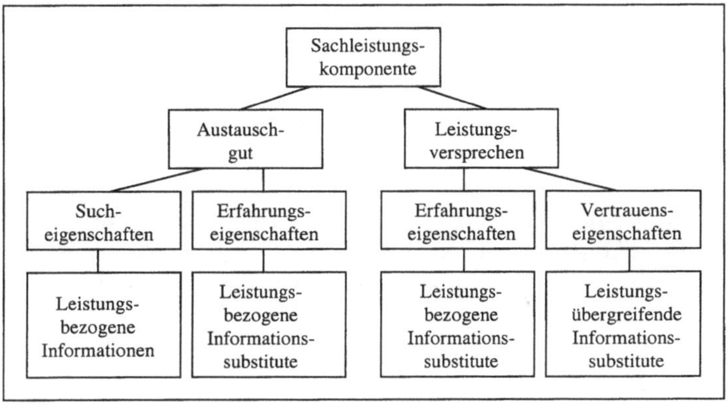

Abbildung 53: Eigenschaften der Sachleistungskomponente bei getrennter Wahrnehmung

Wenn eine Sachleistung in Form eines Austauschgutes vorliegt, sind immer für den Nachfrager materielle Eigenschaften zur Bewertung vorhanden. Er kann sie im vorhinein oder im nachhinein das Ergebnis der Nutzung beurteilen, wenn das Produkt eine hohe Komplexität aufweist. Der überwiegend materielle Charakter und die Tatsache, daß das Gut zum Kaufzeitpunkt vorliegen muß, zeigen, daß es sich nicht um ein hauptsächlich aus Vertrauenseigenschaften bestehendes Gut handelt. Es liegen immer eine Vielzahl materieller Merkmale vor, die der Nachfrager zur Beurteilung nutzen kann, so daß er Such- bzw. Erfahrungseigenschaften heranziehen kann. Entsprechend der Nutzung von Schlüsselinformationen zur Vereinfachung der Bewertung des Produkts kann er diese Eigenschaften nutzen, um damit auf den Nutzen der Vertrauenseigenschaften zu schließen.

Liegt die Sachleistungskomponente in Form eines Leistungsversprechens vor, kann es sich nicht um ein Gut mit *überwiegenden* Sucheigenschaften handeln, da das Produkt zum Kaufzeitpunkt noch nicht materiell vorliegt. Die Sachleistungskomponente zeichnet sich im Gegensatz zur Dienstleistungskomponente durch überwiegend materielle Produktbestandteile aus, deren Nutzen sich aufgrund ihrer Materialität im nachhinein bewerten läßt. Im Normalfall wird also die Sachleistung aus von Erfahrungseigenschaften dominierten Gütern bestehen.

Der Nachfrager empfindet eine hohe Qualitätsunsicherheit zum Kaufzeitpunkt. Die Verringerung der Unsicherheit nach der Nutzung ist zum Kaufzeitpunkt für den Nachfrager nicht deutlich. Der Anbieter kann mit bestimmten Maßnahmen versuchen, ihn von seiner Leistungsfähigkeit und seinem Leistungswillen zu überzeugen. Dementsprechend läßt sich Qualitätsunsicherheit mit leistungsbezogenen Informationssubstituten verringern.

Im Fall von Vertrauenseigenschaften ist der Käufer nicht in der Lage, das Produkt zu beurteilen. Dies gilt vor allem für Dienstleistungen. Aber auch bei Sachleistungen können überwiegend Vertrauenseigenschaften vorliegen und zwar, wenn eine standardisierte Nutzung des Gutes nicht möglich ist, der Output sich also permanent ändert und der Käufer keine Erfahrungen hinsichtlich des Produkts erwerben kann. Außerdem kann die Nutzung des Gutes, z.B. einer Anlage, ein Ergebnis hervorbringen, daß seinerseits zu komplex ist, um vom Nachfrager in seiner Qualität beurteilt zu werden. Dies kann z.B. der Fall sein, wenn eine vom Anbieter erstellte Anlage zur Einzelfertigung für den Endkonsumenten genutzt wird. Daraus wird ersichtlich, daß in Einzelfällen auch bei Sachleistungen in Form von Leistungsversprechen überwiegend Vertrauenseigenschaften vorliegen können. Es handelt sich aber um Ausnahmefälle. In diesen Fällen sind leistungsübergreifende Informationssubstitute zur Unsicherheitsreduktion geeignet.

Bei der Betrachtung der Zahlungsbereitschaft, die sich vor dem Kaufabschluß gebildet haben muß, um bei der Durchsetzung eines Preises abgeschöpft werden zu können, liegen nur die Alternativen einer möglichen Bewertung vor dem Kauf und einer vor dem Kauf nicht möglichen Bewertung vor.

Dementsprechend kann man auch von Suchgütern und Nicht-Suchgütern sprechen. Entsprechend der Qualitätsunsicherheit lassen sich Tendenzen in der Nutzenwahrnehmung und der Zahlungsbereitschaft ableiten. Bei Suchgütern besteht aufgrund der geringen Qualitätsunsicherheit ein hohe Zahlungsbereitschaft, bei Nicht-Suchgütern aufgrund der hohen Unsicherheit eine geringe.

Eine Unterscheidung in Erfahrungs- und Vertrauensgüter ist erst dann zum Kaufzeitpunkt sinnvoll, wenn der Nachfrager weiß, daß er im Falle von Erfahrungsgütern in der Lage sein wird, die Qualität im nachhinein zu beurteilen. Diese Überzeugung kann er durch Maßnahmen des Anbieters oder durch eigene Kenntnisse und Fähigkeiten erlangen. Da der Nachfrager diese Zukunftsaspekte und die Informationen des Anbieters bei der Beurteilung hinsichtlich der Unsicherheit und dadurch auch bei der Zahlungsbereitschaft berücksichtigt, ist eine Unterscheidung zwischen Erfahrungs- und Vertrauensgütern nicht nur wegen der unterschiedlichen Wirksamkeit der Maßnahmen notwendig.

Wenn als Grundlage für die Risikohypothese nur die informationsökonomischen Gutseigenschaften betrachtet werden, müßte bei allen Suchgütern eine hohe Zahlungsbereitschaft vorliegen, z.B. bei einer einfachen Schraube wie bei einer Hochleistungshalogenleuchte. Bei Suchgütern kann es sich aber um sehr unterschiedliche Güter handeln, so daß die alleinige Betrachtung der Qualitätsunsicherheit nicht überzeugt. Hier zeigt sich, daß die Betrachtung der Qualitätsunsicherheit zwar von großer Bedeutung ist, aber andere Einflußfaktoren auf den Nutzen ebenfalls berücksichtigt werden müssen.

Bei den weiteren Einflußfaktoren auf die Nutzenwahrnehmung, die in Kapitel 4.2.2 entwickelt wurden, handelt es sich um externe Faktoren, persönliche Prädispositionen der Mitglieder des Buying Centers und deren Rollen, den Preis und das wahrgenommene Problem.

Externe Faktoren beinhalten ein Vielzahl unterschiedlicher einzelner Einflüsse, die besondere Probleme verursachen. Einerseits sind Anbieter und Nachfrager gleichzeitig Umwelteinflüssen ausgesetzt, die es für einen Anbieter erschweren, die für den Nachfrager relevanten Faktoren zu identifizieren. Externe Faktoren sind andererseits für den Anbieter nur sehr eingeschränkt beeinflußbar. Dadurch stellen sie für die Transaktionspartner eine Quelle der Unsicherheit dar, die sich nur unwesentlich verringern läßt[164] (PLÖTNER 1994, S. 21 ff.). Wenn externe Faktoren sich also schwer identifizieren lassen, sind auch ihre Auswirkungen auf die Zahlungsbereitschaft nicht eindeutig bestimmbar. Die mangelnde

[164] vgl. Kapitel 4.3.2.1 und Abbildung 47

Beeinflußbarkeit führt zu einem ungünstigen Kosten-Nutzen-Verhältnis bei etwaigen Maßnahmen. Daher können externe Faktoren bei einer allgemeinen Betrachtung der Einflüsse und Gestaltung der Zahlungsbereitschaft nicht berücksichtigt werden. Die Konkurrenzbetrachtung wird ex definitione ebenfalls ausgeschlossen.

Persönliche Prädispositionen und Rollen innerhalb des Buying Centers sind die personenbezogenen Einflußfaktoren auf die Nutzenwahrnehmung. Diese Faktoren führen dazu, daß bei einer Entscheidung verschiedene Nutzenwahrnehmungen erfolgen können. Die Unterscheidung der Eigenschaften bei der Qualitätsunsicherheit beruht genau auf der unterschiedlichen Wahrnehmung und Bewertung durch die Nachfrager, die gleichzeitig Mitglieder des Buying Centers in unterschiedlichen Rollen sind. So können künftige Nutzer der Maschine vor allem Bedienungselemente wahrnehmen und beurteilen. Diese Bedienungselemente stellen für sie Sucheigenschaften dar, während sie für Einkäufer Vertrauenseigenschaften darstellen können.

Für jedes der Mitglieder des Buying Centers liegen die Gutseigenschaften in unterschiedlicher Zusammensetzung vor und ist die Qualitätsunsicherheit verschieden groß. Dies gilt ebenso für die individuelle Ebene, auf der einer der am Kaufprozeß Beteiligten über spezielle Kenntnisse und Fähigkeiten verfügen kann, die seine Gutswahrnehmung beeinflußt. Die Ziele der Organisation sind den individuellen Zielen übergeordnet, so daß der Einfluß der organisationalen Ebene im Vergleich zur individuellen als stärker zu vermuten ist. Durch Erreichen der organisationalen Ziele wird die Verwirklichung der persönlichen angestrebt. Die Gutseigenschaften sind von den Fähigkeiten und Kenntnissen der das Gut beurteilenden Personen abhängig, sind also segmentspezifisch verschieden. Die individuell-psychologischen und organisationalen Faktoren sind bei der Betrachtung der Gutseigenschaften also enthalten. Sie sind nicht unabhängig von den Gutseigenschaften und würden sonst doppelt in die Zahlungsbereitschaft eingehen.

Der Preis kann im Zusammenhang mit der Nutzenwahrnehmung als abhängige oder als unabhängige Variable betrachtet werden. Als abhängige Variable resultiert er aus dem vom Nachfrager wahrgenommenen Nutzen und der daraus folgenden Zahlungsbereitschaft. In diesem Fall stellt der Preis die gesuchte Größe dar, gilt aber nicht als Einflußfaktor darauf. Als Einflußfaktor in Form einer unabhängigen Variable ist der Preis zu betrachten, wenn er als Qualitätsindikator wirkt. Es hat sich aber gezeigt, daß der Preis als Qualitätsindikator nicht grundsätzlich, sondern nur bei Erfahrungseigenschaften wirkt (ADLER 1996, S. 164 ff).

Bei dem Preis handelt es sich um ein leistungsbezogenes Informationssubstitut. Gleichzeitig läßt sich der Preis auch nur in diesem Fall als Steuerungsinstrument für die Nutzenwahrnehmung einsetzen. Bei Such- und Erfahrungseigenschaften wirkt der Preis als unabhängige Variable nicht und muß dementsprechend nicht berücksichtigt werden. Bei Erfahrungseigenschaften steht er aber in einer Reihe mit anderen Informationen zur Reduzierung der Unsicherheit für Erfahrungseigenschaften und wird in diesem Zusammenhang näher betrachtet. Da er nicht als Einflußfaktor für alle Güter wirksam ist, kann er auch nicht eigenschaftsübergreifend betrachtet werden.

Schließlich bestimmt das vom Nachfrager wahrgenommene Problem die Nutzenwahrnehmung. Beim wahrgenommenen Problem ließ sich folgende Abhängigkeit feststellen: Die Höhe des wahrgenommene Lösungsdruck determiniert die Zahlungsbereitschaft. Nach PLINKE besteht der wahrgenommene Lösungsdruck aus den Konsequenzen der Erfüllung bzw. Nichterfüllung der Aufgabe, der Schwierigkeit der Aufgabe, also der wahrgenommenen Abweichung zwischen Soll- und Istzustand, der Verfügbarkeit der Mittel und dem verfügbaren Zeitbudget (PLINKE 1991, S. 40). Konsequenzen der Nichterfüllung finden sich ebenfalls als Bestimmungsgröße des wahrgenommenen Risikos. Da das wahrgenommene Risiko nicht direkt, sondern nur in Form der Qualitäts- und davon abhängigen Verhaltensunsicherheit in die Betrachtung eingeht, handelt es sich nicht um eine doppelte Berücksichtigung desselben Einflußfaktors.

Das Problem stellt jeweils den Ausgangspunkt der Beschaffungssituation dar, hier kann sich keine Nutzenwahrnehmung ergeben, da dazu ein Objekt der Wahrnehmung vorhanden sein muß. Die Bezugsgröße kann nur die Zahlungsbereitschaft sein. Auf der einen Seite steht demnach das Gut, daß die Nutzenwahrnehmung determiniert, indem es hinsichtlich seiner Eignung als Problemlösung bewertet wird. Dies kann durch die spezifischen Gutseigenschaften und durch die daraus resultierende Unsicherheit erschwert bzw. verhindert werden.

Das wahrgenommene Problem geht demgegenüber von einem zu deckenden Bedarf aus, ohne konkrete Gutseigenschaften zu betrachten. Beide Faktoren gehen demnach von unterschiedlichen Größen aus und determinieren beide die Zahlungsbereitschaft. Das Problem stellt die Anforderungen der Nachfrager dar, während das Gut vom Anbieter dargeboten wird. Beide lassen sich zusammenführen in Form der Problemlösung. Beide Faktoren müssen also berücksichtigt werden. Der Einfluß des Problems kann daher auch die Ursache sein, daß sich die Zahlungsbereitschaft für Suchgüter unterscheidet, obwohl sie wegen der geringen Unsicherheit hoch sein müßte.

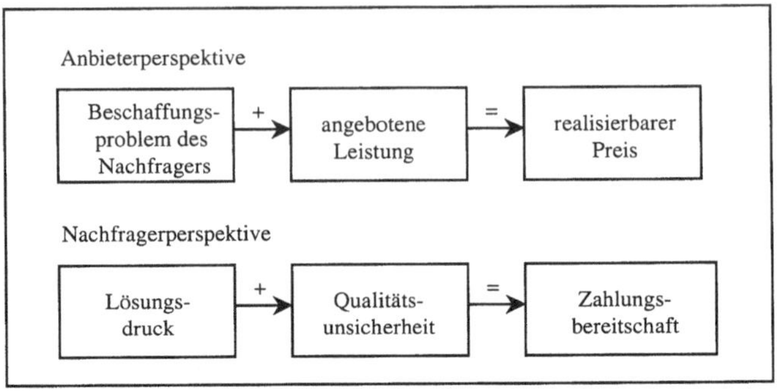

Abb. 54: Die wichtigsten Determinanten der Zahlungsbereitschaft aus Anbieter- und Nachfragerperspektive

Die für die Bestimmung der Zahlungsbereitschaften relevanten Eigenschaften sind die informationsökonomische Dominanzeigenschaft und das Problemausmaß. Da für die Vorteilhaftigkeit der Bündelungsformen nur eine Tendenz der Zahlungsbereitschaften in Form von hoch, mittel und niedrig benötigt wird, ist eine Quantifizierung der Einflüsse der beiden Faktoren ebenfalls nicht notwendig und genauer nur unter erheblichen Informationskosten möglich. Daher genügt eine Unterscheidung nach den drei Güterkategorien und im Falle des Problems nach dem Ausmaß, das sich in die Extremausprägungen hoch und und niedrig unterscheiden läßt.

Die einzelnen Einflußfaktoren des Problemausmaßes lassen sich hinsichtlich ihres Einflusses auf das Gesamtergebnis nicht bestimmen. Sie können additiv oder multiplikativ verknüpft sein ebenso wie die einzelnen Faktoren von unterschiedlicher Bedeutung für das Gesamtausmaß des Problems sein können[165]. Eine feinere Ausprägung des Problemausmaßes ist daher auch nicht möglich. Auch eine Erweiterung um ein mittleres Ausmaß des Problems würde nicht zu fundierten weiteren Erkenntnissen führen, so daß darauf verzichtet wird und nur die Ausprägungen hoch und niedrig berücksichtigt werden. Eine mittlere Ausprägung läßt sich als Zwischenform aus den folgenden Übersichten zusätzlich ableiten.

[165] Die Größe „Schwierigkeit der Aufgabe“ wird auch bei PLINKE nur unpräzise definiert (PLINKE 1991, S. 41). Über die angesprochenen hinaus können durchaus noch weitere Bestimmungsgrößen dafür vorliegen.

Die Guteigenschaften werden dem Problemausmaß gegenübergestellt. Zur Kombination beider Einflüsse auf die Zahlungsbereitschaft wäre eine Zahlungsbereitschaftsfunktion geeignet, die die Einflußfaktoren zueinander in Beziehung setzt. Zahlungsbereitschaftsfunktionen beschäftigen sich aber mit der Veränderung der Zahlungsbereitschaft bei Mengenveränderungen (TACKE 1989, S. 2, S. 58 ff.). Ebenso wäre ein Nutzenfunktion zur Aggregation geeignet. Dafür ist die Kenntnisse der Gewichte notwendig, die in die Nutzenfunktion eingehen (SIMON 1992, S. 594). Im Falle eines linear-kompensatorischen Modells bestimmt sich der Nutzen als Summe der gewichteten wahrgenommenen Ausprägungen der Merkmale (SIMON 1992, S. 593), so daß eine derartige Aggregation nicht mit den zur Verfügung stehenden Daten möglich ist.

Die Aggregation kann nur in vereinfachter Form erfolgen. Dies kann durch eine kompensatorische Addition der Tendenzen geschehen. Dabei gilt, daß eine genau entgegengesetzte Ausprägung zu einer eindeutigen Zahlungsbereitschaft führt. Bei einem niedrigen Problemausmaß und einer hohen Unsicherheit ist die Zahlungsbereitschaft gering. Ein hohes Problemausmaß und eine hohe Unsicherheit werden gemittelt, so daß sich eine mittlere Zahlungsbereitschaft ergibt. Zwischen Erfahrungs- und Vertrauenseigenschaften bestehen geringe Unterschiede bezüglich der Unsicherheit zum Kaufzeitpunkt. Dadurch, daß bei Erfahrungseigenschaften die Möglichkeit einer Qualitätsbeurteilung zu einem späteren Zeitpunkt dem Nachfrager zum Kaufzeitpunkt bekannt ist, ist die Unsicherheit niedriger als bei Vertrauenseigenschaften. In den groben Kategorien von hoch, mittel und niedrig lassen sich diese geringen Unterschiede nicht widerspiegeln. Dies bedeutet dennoch, daß zwischen beiden Dominanzeigenschaften unterschieden werden muß, da erstens dem Nachfrager das Erwerben von Erfahrungen bereits vor dem Kauf bewußt sein kann und zweitens je nach Eigenschaft unterschiedliche Informationen zur Reduktion der Unsicherheit eingesetzt werden können.

5.1.2.2 Die Wahrnehmung der Sachleistungskomponente

Bei Sachleistungen ist zwischen Austauschgütern und Leistungsversprechen zu unterscheiden. Handelt es sich bei der Sachleistungskomponente um ein Austauschgut, liegt zum Kaufzeitpunkt ein materielles gut vor. Demzufolge handelt es sich bei seinen dominanten Eigenschaften um Such- oder Erfahrungseigenschaften. Das Ausmaß des Problems kann niedrig oder hoch sein. Es ergeben sich dadurch eine hohe, mittlere oder niedrige Zahlungsbereitschaft, die als eigenständige Zahlungsbereitschaft nur die Sachleistungskomponente betrifft. Die grauen Felder in Abbildung 55 geben die Zahlungsbereitschaften für Austauschgüter an.

Problemausmaß

Gutseigenschaften	niedrig	mittel
Such-eigenschaften	mittel	hoch
Erfahrungs-eigenschaften	niedrig	mittel
Vertrauens-eigenschaften	niedrig	mittel

Abb. 55: Zahlungsbereitschaften bei der Sachleistungskomponente in Form eines Austauschguts

Die Sachleistungskomponente in Form eines Leistungsversprechens verursacht aufgrund der im Vergleich zum Austauschgut erhöhten Unsicherheit nur eine mittlere oder eine niedrige Zahlungsbereitschaft. Die Sucheigenschaften können zum Kaufzeitpunkt nicht die Dominanzeigenschaften sein, da das materielle Gut dann noch nicht vorliegt. Selbst wenn sie nach dem Produktionsprozeß vom Nachfrager überprüfbar sind, ist der Kauf bereits erfolgt. Die Erfahrung besteht hier also nicht in der Nutzungserfahrung, sondern in der Erfahrung von Produktion und Produktionsergebnis. Auch leistungsbezogene Informationen zur Unsicherheitsreduktion können nicht eingesetzt werden, es handelt sich also ebenfalls um Erfahrungseigenschaften.

In der Abbildung wird unterschieden zwischen dem Standardfall von Erfahrungsgütern und dem - deshalb anders dargestellten- Ausnahmefall von Vertrauensgütern. Nur komplexe bzw. innovative Sachleistungen werden von Vertrauenseigenschaften dominiert. Sie spielen vor allem bei den Reduktionsmöglichkeiten der Unsicherheit eine Rolle, weil sie zu Erfahrungseigenschaften verändert werden können. Auch wenn sie für die Zahlungsbereitschaft keine Unterschiede bedeuten, müssen sie daher berücksichtigt werden.

Problemausmaß

Gutseigenschaften	niedrig	mittel
Sucheigenschaften	mittel	hoch
Erfahrungseigenschaften	niedrig	mittel
Vertrauenseigenschaften	niedrig	mittel

Abb. 56: Zahlungsbereitschaften bei der Sachleistungskomponente in Form eines Leistungsversprechens

Um eine Bündelungsempfehlung für ein Angebot aus einer Sach- und einer Dienstleistung abgeben zu können, ist als zweite Komponente die Dienstleistungskomponente zu betrachten, bevor beide Komponenten zu einem Bündel zusammengefügt werden können.

5.1.2.3 Die Nutzenwahrnehmung der Dienstleistungskomponente

Dienstleistungen liegen nur in Form von Leistungsversprechen vor (FRIEGE 1996, S. 31). Sie werden dem Nachfrager zum Kaufzeitpunkt in Form von Leistungspotentialen angeboten (CORSTEN 1989, S. 24). Daher kann die Dienstleistungskomponente nicht als Dominanzeigenschaft aus Sucheigenschaften bestehen. Im Falle von Erfahrungseigenschaften kann der Kunde nach der Nutzung die Qualität beurteilen, was bei zahlreichen Dienstleistungen der Fall ist. Eine Unterscheidung zwischen Produktions- und Nutzungsprozeß ist nicht möglich.

Im Gegensatz zum Leistungsversprechen als Sachleistung liegen bei der Dienstleistung überwiegend immaterielle Leistungsbestandteile vor, die eine Unmöglichkeit der Beurteilung verursachen können. Dies gilt insbesondere für Leistungsergebnisse immaterieller Art. Dementsprechend kann die Dienstleistungskomponente auch über Vertrauenseigenschaften als dominante Eigenschaften verfügen.

Problemausmaß

Gutseigenschaften	niedrig	mittel
Such-eigenschaften	mittel	hoch
Erfahrungs-eigenschaften	niedrig	mittel
Vertrauens-eigenschaften	niedrig	mittel

Abb. 57: Zahlungsbereitschaften bei der Dienstleistungskomponente

Liegt ein hoher Anteil materieller Bestandteile vor, handelt es sich um Erfahrungseigenschaften. Im Falle materieller Leistungsergebnisse, wie bei einer Transportleistung, hat der Käufer ein konkretes Wahrnehmungs- und Beurteilungsobjekt. Handelt es sich um materielle Leistungspotentiale, ist die Unsicherheit bereits zum Kaufzeitpunkt gesenkt, weil der Nachfrager diese leistungsbezogenen Informationssubstitute zum Screening nutzt.

Bei einem stark materiellen Leistungsprozeß verringert sich im Laufe des Prozesses die Unsicherheit, ist die Leistung also dadurch ebenfalls als Erfahrungseigenschaft einzustufen. Die Integrationsintensität des Nachfrager beeinflußt ebenfalls die Unsicherheit. Ist der Nachfrager hoch und aktiv integriert, kann er das Leistungsergebnis stärker beeinflussen und dadurch auch bewerten. Es liegen dann Erfahrungseigenschaften vor. Bei geringer bzw. passiver Integration, wie einer ärztlichen Untersuchung, überwiegen Vertrauenseigenschaften. Die Extremform hinsichtlich der Unsicherheit stellt also eine hoch immaterielle Dienstleistung mit geringer Nachfragerintegration dar.

Das Ausmaß des Problems kann sowohl hoch als auch niedrig sein. Daraus ergibt sich, daß bei Dienstleistungen keine hohen Zahlungsbereitschaften vorliegen, ohne daß der Anbieter steuernd eingreift oder der Nachfrager selbst Informationen beschafft. Dies können sie der Dominanzeigenschaft entsprechend mit leistungsbezogenen oder –übergreifenden Informationssubstituten tun. Bei hohem Problemausmaß liegt bei Dienstleistungen eine mittlere und bei niedrigem Ausmaß eine niedrige Zahlungsbereitschaft vor.

5.1.2.4 Die Kombination der Komponenten und die Zahlungsbereitschaften

Bisher wurden die Leistungskomponenten getrennt betrachtet. Um Aussagen bezüglich der Zahlungsbereitschaft von Bündeln zu machen, werden die verschiedenen Leistungen nun miteinander kombiniert, wobei es sich immer um eine Sach- und eine Dienstleistungskomponente handelt.

Die Zahlungsbereitschaften für die einzelnen Bestandteile müssen auf eine bestimmte Weise miteinander kombiniert werden, die der jeweiligen Bedeutung der Komponente für den Nachfrager entspricht. Dies bedeutet, daß eine Gewichtung in irgendeiner Form eingehen müßte. Bei dem Erwerb eines Bündel kann es durchaus der Fall sein, daß der Sachleistungsanteil eine höhere Bedeutung für den Käufer hat als der Dienstleistungsanteil. Dies Gewichtung ist aber bereits in den beiden Determinanten enthalten. Liegt bei der Sachleistungskomponente ein hohes Problemausmaß vor, während es beim Dienstleistungsanteil gering ausfällt, ist die Sachleistung für den Abnehmer wichtiger. Umgekehrt gilt Entsprechendes. Wenn beide Komponenten für den Nachfrager ein gleich starkes Problem lösen, sind sie als gleich wichtig bzw. unwichtig anzusehen. So kann bei den Gütereigenschaften eine Gewichtung in der Form eingehen, indem der Nachfrager nur die Sucheigenschaften eines Leistungsversprechens bewertet. Dies kann z.B. durch externe Einflüsse oder die Möglichkeiten zu einem vereinfachten Konkurrenzvergleich gegeben sein. Diese Gewichtung schlägt sich also in der Zahlungsbereitschaft für die Komponenten nieder und muß nicht gesondert betrachtet werden.

Bei einer Kombination der Zahlungsbereitschaften von Sach- und Dienstleistungen müssen die Unterschiede zwischen Austauschgütern und Leistungsversprechen bei Sachleistungen berücksichtigt werden, da sich daraus auch unterschiedliche Zahlungsbereitschaften ergeben. Dadurch ergeben sich zwei Kombinationsmatrizen.

Im Falle der Kombination von zwei Leistungsversprechen in Form einer Sach- und einer Dienstleistung ergeben sich durch die Ähnlichkeiten der Güter nur drei verschiedene Kombinationen, da es aus Sicht des Nachfragers keinen Unterschied gibt, ob ein Dienstleistungs- oder ein Sachleistungsversprechen vorliegt.

Dies spielt erst wieder eine Rolle, wenn diese Zahlungsbereitschaften durch Maßnahmen des Anbieters verändert werden oder der Nachfrager selbst

Reduktionsmaßnahmen betreibt. Die Unterscheidung erfolgt nicht nach Gütern, sondern nach den der Zahlungsbereitschaft zugrundeliegenden Gutseigenschaften. Bei der Reduktion der Unsicherheit spielt die Gutsart wieder eine Rolle, da Sachleistungen aufgrund ihrer höheren Materialität über eine größere Anzahl von leistungsbezogenen Informationssubstituten verfügen, die als Signale vom Anbieter eingesetzt werden können. Besonders stark ist der Unterschied im Fall eines Wiederholungskaufs, da dann die Signale wiederholt eingesetzt werden können.

Zahlungsbereitschaft für die Sachleistungskomponente als Leistungsversprechen

Zahlungsbereitschaft für die Dienstleistungskomponente	mittel	niedrig
mittel	mittel/ mittel	niedrig/ mittel
niedrig	mittel/ niedrig	niedrig/ niedrig

Abb. 58: Zahlungsbereitschaften für Leistungsbündel bei der Sachleistungskomponente in Form eines Leistungsversprechens[166]

Es liegen demzufolge hier nur niedrige oder mittlere Zahlungsbereitschaften vor. Dies ergibt je ein Bündel aus zwei Komponenten niedriger Zahlungsbereitschaft bzw. mittlerer Zahlungsbereitschaft und eines mit unterschiedlichen Zahlungsbereitschaften, für ein Gut mittel, für das andere niedrig.

Bei einer Kombination aus einer Dienstleistung und einer Sachleistung in Form eines Austauschguts vergrößert sich die Zahl der Kombinationen auf fünf unterschiedliche, da im Falle eines Suchaustauschguts mit hohem Problemausmaß eine hohe Zahlungsbereitschaft vorliegt.

[166] Hier wird nicht zwischen Zahlungsbereitschaften aufgrund von Erfahrungseigenschaften bzw. Vertrauenseigenschaften unterschieden. Dies erfolgt erst bei den entsprechenden Maßnahmen zur Steuerung der Unsicherheit.

Zahlungsbereitschaft für die Sachleistungskomponente als Austauschgut		Zahlungsbereitschaft für die Dienstleistungskomponente	
		mittel	niedrig
	hoch	mittel/ hoch	niedrig/ hoch
	mittel	mittel/ mittel	niedrig/ mittel
	niedrig	mittel/ niedrig	niedrig/ niedrig

Abb. 59: Zahlungsbereitschaften für Leistungsbündel bei der Sachleistungskomponente in Form eines Austauschguts

Nur die Kombination von mittlerer und niedriger Zahlungsbereitschaft liegt doppelt vor. Darüber hinaus liegen gleiche Zahlungsbereitschaften für beide Komponenten auf mittlerem und niedrigem Niveau vor sowie hohe Zahlungsbereitschaft bei der Sach- und mittlere Zahlungsbereitschaft bei der Dienstleistung. Im Extremfall trifft eine hohe Zahlungsbereitschaft bei der Sachleistung auf eine niedrige Zahlungsbereitschaft für die Dienstleistung. Diese Kombinationen lassen sich nun zur Ableistung von Bündelungsempfehlungen nutzen.

5.1.2.5 Ableitungen für die Bündelungsentscheidung

Die Vorteilhaftigkeit von Bündelungsformen besteht bei bestimmten Kombinationen von Zahlungsbereitschaften. Bei reiner Bündelung sollten hohe und für beide Komponenten ähnliche Zahlungsbereitschaften bestehen. Im Falle der gemischten Bündelung sind hohe und ähnliche Komponentenbewertung sowie geringe Bündelbewertung bei unterschiedlichen Komponentenbewertungen vorteilhaft. Einzelpreisstellung ist vorzuziehen, wenn die Komponentenbewertung extrem unterschiedlich ist oder die Bündelbewertungen extrem unterschiedlich sind.

Die mikroökonomische Bündelungstheorie betrachtet diejenigen Bündel nicht, die über ähnliche und dabei niedrige Zahlungsbereitschaften bei den Komponenten verfügen. Dies liegt daran, daß die Betrachtung von Kosten im Rahmen der mikroökonomischen Bündelungstheorie dazu führt, daß bei niedrigen Zahlungsbereitschaften für die Komponenten keine Kostendeckung besteht[167]. Daher werden diese Bündel ausgeschlossen.

Da die Kostenperspektive in diesem Rahmen nicht berücksichtigt wird, kann die Vorteilhaftigkeit der reinen Bündelung erweitert werden. Voraussetzung für ihre Vorteilhaftigkeit sind ähnliche Zahlungsbereitschaften für die Komponenten, die hoch, mittel oder niedrig sein können. Die Zahlungsbereitschaften müssen ähnlich sein, damit die reine Bündelung vorteilhaft ist, sie können aber beide jeweils hoch, niedrig oder mittel sein. Geht man nun von einer Kombination von einer Sach- und einer Dienstleistung aus, können nicht beide Komponenten mit hoher Zahlungsbereitschaft vorliegen, da immer mindestens ein Leistungsversprechen vorliegt.

Für die Vorteilhaftigkeit einer Bündelungsform ist weiterhin zu beachten, daß ist die Wahl einer Bündelungsform ausschließlich ist. Auf dem betrachteten Markt kann das Bündel nur in dieser Form angeboten werden. Um gleichzeitig eine möglichst große Zahl von Nachfragersegmenten zu erreichen, ist es zunächst optimal, die Bündelungsform auszuwählen, die möglichst viele Kombinationen von Zahlungsbereitschaften abdeckt.

Bei einer selektiven Marktbearbeitung kann der Anbieter ein einzelnes Segment auswählen. Dabei kann es sich um ein besonders lukratives oder umfangreiches Segment handeln. Daher gilt jede Bündelungsempfehlung für das jeweilige Segment. Absolute Aussagen über die Vorteilhaftigkeit lassen sich nicht treffen, sondern sind von der Strategie des Anbieters abhängig. Der Anbieter fällt die Entscheidung für ein bestimmtes Bündelungsangebot aufgrund seiner strategischen Ziele und der ihn zur Verfügung stehenden Informationen über die Zahlungsbereitschaften.

Er kann er sich auf ein oder mehrere Segmente, für die z.B. gemischte Bündelung vorteilhaft ist, beschränken. Er kann aber auch, wenn es sich um ein besonders umfangreiches Segment handelt, die Nachfragergruppe auswählen, die jeweils über mittlere Zahlungsbereitschaft verfügt und für die die reine Bündelung vorteilhaft ist. Außerdem kann er bewußt nur diejenigen Nachfrager ansteuern, die über eine wenigstens mittlere Zahlungsbereitschaft für jede Komponente verfügen, z.B. weil sonst kein kostendeckendes Angebot möglich ist. Diejenigen, die über niedrige Zahlungsbereitschaft verfügen, bleiben dann unberücksichtigt.

Die Vorteilhaftigkeit der Bündelungsformen ergibt sich wie folgt: Für die Leistungsbündel bei der Sachleistungskomponente in Form eines

[167] Vgl. Kapitel 3.2.1

Leistungsversprechens liegen die Zahlungsbereitschaftskombinationen niedrig/ niedrig, niedrig/mittel, mittel/mittel vor. Bei Nachfragern mit gleicher Zahlungsbereitschaft für beide Komponenten ist die reine Bündelung vorteilhaft. Dies gilt eindeutig im Fall niedriger Zahlungsbereitschaft, im oben genannten Spezialfall auch für beiderseitig mittlere Zahlungsbereitschaft.

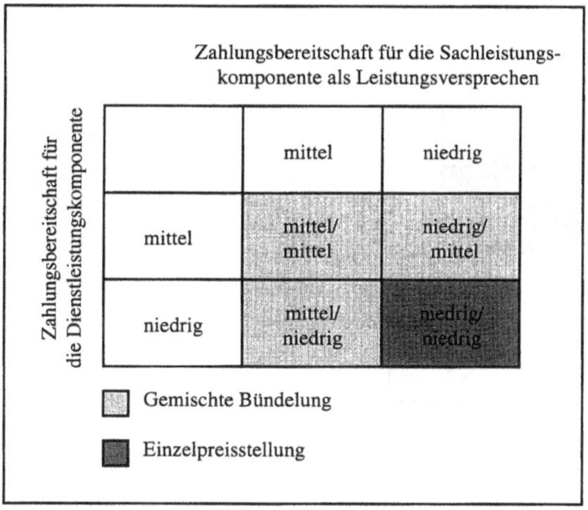

Abb. 60: Bündelungsempfehlungen bei der Sachleistungskomponente in Form eines Leistungsversprechens

Wäre also das Ziel des Anbieters nur eine Ansteuerung dieses Segments, sollte das Bündel als reine Bündelung angeboten werden. Die Zahlungsbereitschaften der niedrig/niedrig-Nachfrager würden damit nicht abgeschöpft, da sie unter denen der mittel/mittel-Nachfrager liegen. Unterschiedliche Zahlungsbereitschaften lassen sich mit gemischter Bündelung abschöpfen. Darunter fallen die niedrig/mittel-Kombinationen.

Zusätzlich werden dadurch die Nachfrager erfaßt, die das Bündel bei geringen Unterschieden hoch bewerten, in diesem Fall die mittel/mittel-Nachfrager. Entscheidet sich der Anbieter für gemischte Bündelung, wird dieses Segment zwangsläufig darin eingeschlossen. Es läßt sich im Fall der reinen Bündelung auch einzeln ansteuern. Bei der gemischten Bündelung werden drei von vier Segmenten abgedeckt.

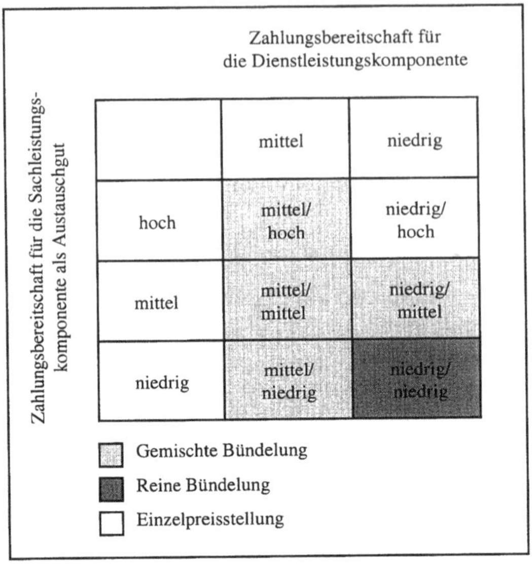

Abb. 61: Bündelungsempfehlungen bei der Sachleistungskomponente in Form eines Austauschguts

Bei der Bündelung einer Dienstleistung und einer Sachleistung in Form eines Austauschguts ergeben sich andere Bündelungsmöglichkeiten, da die Möglichkeit einer hohen Zahlungsbereitschaft besteht. Fällt diese hohe Zahlungsbereitschaft zusammen mit niedriger für die zweite Komponente, besteht ein starker Unterschied. In diesem Fall ist keine Bündelung vorteilhaft, sondern die Einzelpreisstellung. Die Kombination von hoher und mittlerer Zahlungsbereitschaft erfüllt wiederum die Anforderungen für gemischte Bündelung. Die übrigen Kombinationen entsprechen denen der kombinierten Leistungsversprechen. Auch in diesem Fall läßt sich mit der gemischten Bündelung die größte Anzahl von Segmenten abdecken. Die Kombination mittlerer Zahlungsbereitschaften ließe sich ebenfalls als reine Bündelung ansteuern.

5.1.3 Wahrnehmung des Leistungsbündels als Gesamtprodukt

Während bisher zwei Leistungen betrachtet wurden, die von den Nachfragern als solche wahrgenommen und beurteilt werden, gibt es bei Bündeln auch die Möglichkeit, daß ein Bündel nicht als solches wahrgenommen wird, sondern als Einzelleistung. Es liegt dann nur eine Zahlungsbereitschaft für ein Gut vor. Diese Gut besteht aus verschiedenen Merkmalen, zu denen u.a. die zweite Leistungskomponente gezählt wird.

5.1.3.1 Voraussetzungen für die Wahrnehmung des Bündels als Gesamtprodukt

Wenn der Nachfrager nur eine Komponente statt beider wahrnimmt, können dafür verschiedene Ursachen vorliegen. Entscheidend als Wahrnehmungszeitpunkt ist hier ebenfalls der Kaufzeitpunkt.

Zum einen kann der Nachfrager nur in der Lage sein, eine Komponente rein physisch wahrzunehmen. In diesem Fall müssen beide Komponenten über stark unterschiedliche Dominanzeigenschaften verfügen. Dies ist nur der Fall, wenn eine Komponente von Sucheigenschaften dominiert ist, während die andere vor allem über Vertrauenseigenschaften verfügt. Da die Komponente auch dann Sucheigenschaften enthält, muß der Anteil der Sucheigenschaften so niedrig sein, daß er vom Nachfrager aufgrund der selektiven Wahrnehmung nicht oder nur in geringer Zahl wahrgenommen wird. Der Anbieter unternimmt seinerseits keine Visualisierungsbemühungen, um die Sucheigenschaften dem Nachfrager zu verdeutlichen. In diesem Fall liegt die Wahrnehmung als ein Gut in den informationsökonomischen Gutseigenschaften begründet.

Zum anderen kann die Ursache in den der Wahrnehmung zugrundeliegenden Bedürfnissen und Zielen der Nachfrager liegen. Der Bedarf und die Ziele der Organisation finden sich im wahrgenommenen Problem der Organisation wieder. Dient eine Komponente des Bündels der Problemlösung besonders stark, die andere wenig oder gar nicht, wird sich auch die Wahrnehmung auf die Problemlösung konzentrieren, ohne daß bereits eine Bewertung erfolgt, da die bei der Wahrnehmung bereits problembezogen selektiert wird.. Andere Leistungen können dadurch im Rahmen des Wahrnehmungsprozesses zwar zunächst aufgenommen, werden aber bei der ersten Beurteilung als nicht der Problemlösung dienlich bewertet (vgl. KROEBER-RIEL/WEINBERG 1996, S. 276).

Bei der Kombination einer Dienstleistungskomponente mit einer Sachleistung in Form eines Austauschgutes kann ein Bündel überwiegend aus Vertrauenseigenschaften bei der Dienstleistung und überwiegend aus Sucheigenschaften bei der Sachleistung bestehen. Dann läßt sich überwiegend eine Bündelkomponente, nämlich die Sachleistung, wahrnehmen. Wird darüber hinaus die Problemlösungsfähigkeit nur bei der Sachleistung angenommen, wird die Dienstleistung dürfte sich die Wahrscheinlichkeit der Wahrnehmung der Dienstleistung weiter verringern. Sie kann natürlich trotz eines Nutzens in Höhe von Null durchaus wahrgenommen werden. Es handelt sich also um eine Tendenzaussage.

Liegt die Sachleistung in Form von Erfahrungseigenschaften vor, ist sie ebenso stark oder wenig wahrnehmbar wie die Dienstleistung, so daß das wahrgenommene Problem die Ursache im Fall einer erfolgten bzw. nicht erfolgten Wahrnehmung ist. Das Problem könnte, je nach Problem, sowohl durch die Dienstleistungskomponenten als auch durch die Sachleistung gelöst werden, dementsprechend ist von einer verstärkten Wahrnehmung des problemlösenden Teils des Bündels auszugehen.

Die Gutseigenschaften unterstützen insgesamt die Wahrnehmung der Sachleistung in Form eines Austauschguts, wenn überwiegend Sucheigenschaften vorliegen. Für das Vorliegen der Sachleistung in Form eines Leistungsversprechens gilt entsprechendes wie für die Sachleistung als Austauschgut mit Erfahrungseigenschaften. Zwischen Sach- und Dienstleistung bestehen nur geringfügige Unterschiede in der Wahrnehmbarkeit der Eigenschaften, abhängig von Unterschieden im Anteil der Sucheigenschaften. Insofern kann man auch hier von einer problemorientierten Wahrnehmung ausgehen.[168]

5.1.3.2 Das Gesamtprodukt und die Zahlungsbereitschaft

Wird nur ein Gesamtprodukt wahrgenommen und dementsprechend nur ein Produkt beurteilt, liegt auch keine Kombination von Zahlungsbereitschaften, sondern eine einzige vor. Versucht man die Zahlungsbereitschaft dennoch aufzuteilen, liegen sie für das nicht wahrgenommene Gut bei Null. Wird es wenig, aber nicht eigenständig wahrgenommen, bildet es eine Eigenschaft der wahrgenommenen Komponente und verursacht eine entsprechend geringe Zahlungsbereitschaft.

Die Zahlungsbereitschaft für das wahrgenommene Gut entspricht den in den Abbildungen 57, 58 und 59 aufgeführten Zahlungsbereitschaften. Bedingen die Gutseigenschaften die Wahrnehmungsunterschiede, liegt tendenziell eine von Sucheigenschaften dominierte Sachleistung - ein Austauschgut - vor. Die Zahlungsbereitschaften sind dann hoch oder mittel ausgeprägt.

Bei der Dominanz von Erfahrungseigenschaften kann es sich um eine Sachleistung oder um eine Dienstleistung handeln, bei Vertrauenseigenschaften eher um Dienstleistungen. Bei ihnen determiniert das wahrgenommene Problem den Wahrnehmungsunterschied. Hier liegen mittlere oder niedrige Zahlungsbereitschaften vor. Durch das Setzen ausgewählter Signale kann der Anbieter diese Wahrnehmung verstärken oder eine getrennte Wahrnehmung fördern.

---

[168] Verringert eine Komponente die Problemlösungsfähigkeit der anderen, ist demgegenüber von einer Wahrnehmung auszugehen.

5.1.3.3 Ableitungen für die Bündelungsentscheidung

In Fall der Wahrnehmung als Gesamtprodukt stellt sich für den Anbieter das Problem der Bündelung nicht. Für ihn ist es aber von großer Bedeutung, die Ursache der fehlenden Wahrnehmung durch den Nachfrager zu analysieren, damit er aufbauend auf der Wahrnehmung unsicherheitsreduzierende Maßnahmen ergreifen kann und die Wahrnehmung steuern kann. Wenn ein Gut nicht wahrgenommen wird, existiert bezüglich dieses Gutes keine Zahlungsbereitschaft, aber auch keine Unsicherheit. Erst wenn es als Quelle von Unsicherheit wahrgenommen wurde, kann der Anbieter durch die Reduzierung der Unsicherheit die Zahlungsbereitschaft erhöhen.

Die fehlende Wahrnehmbarkeit läßt sich mit Informationen verringern, indem z.B. der Nachfrager zum Experten gemacht wird oder die Informationen durch Substitute ersetzt werden, also Informationen symbolisch vermittelt werden. Der Anbieter kann durch Schulungen erreichen, daß der Nachfrager von einem Laien zu einem Experten wird.

Sucheigenschaften sind immer durch unmittelbare Anschauung wahrnehmbar, auch wenn es nicht die Dominanzeigenschaften sind. Aber auch hier kann die Wahrnehmung mit Hilfe der Zurverfügungstellung weiterer Informationen verändert werden.

Wenn die Informationen von dem Nachfrager wahrgenommen wurden, erfolgt der Abgleich der vorhandenen Informationen hinsichtlich der Eignung als Problemlösung[169].

Um eine Bewertung durchführen zu können, lassen sich die wahrgenommenen Eigenschaften, also die direkt, durch unmittelbare Anschauung gewonnenen Informationen heranziehen oder die bisher darüber hinaus symbolisch vermittelten Informationen nutzen. Wenn diese Informationen nicht ausreichen, kann der Kunde zusätzliche Informationen nachfragen, die zu einer Bewertung führen. Die nicht wahrnehmbaren und daher beurteilbaren Eigenschaften, die nur durch symbolische Informationen vermittelbar sind, führen allerdings immer dazu, daß das Problemlösungspotential nicht vollständig sicher einschätzbar ist.

Der Anbieter kann also zunächst das Gut sichtbar machen, so daß sich der Nachfrager bewußt darüber ist, daß es sich um ein Bündel aus zwei Komponenten handelt. Dann werden nach dem Wahrnehmungs- und

[169] Der Prozeß ist mit den Phasen der Preisbewertung zu vergleichen, bei denen das Preisgünstigkeitsurteil dem Preiswürdigkeitsurteil vorangeht.

Beurteilungsprozeß zwei Zahlungsbereitschaften vorliegen. Anschließend kann er diese Zahlungsbereitschaft steuern, indem er das Problemlösungspotential verdeutlicht bzw. die gutsspezifische Unsicherheit verringert. Hier kann er sich bei seinen Aktivitäten auf diejenige Komponente konzentrieren, bei der dies kostengünstiger möglich ist oder eine höhere Zahlungsbereitschaft erwarten läßt. Er muß also eine strategische Bündelungsentscheidung treffen.

Es kann für den Anbieter u.U. auch vorteilhaft sein, wenn die zweite Komponente nicht wahrgenommen wird, wenn z.B. bei einem Segment eine negative Zahlungsbereitschaft dafür vorliegt, er aber das Bündel aus strategischen Überlegungen bezüglich anderer Segmente nur als reines Bündel anbietet. Demnach ist auch die Steuerung der Bündelwahrnehmung von der strategischen Entscheidung des Anbieters abhängig.

5.1.4 Veränderungen im Zeitablauf

Veränderungen der Beurteilung im Zeitablauf können in zweierlei Hinsicht auftreten. Der Nachfrager kann z.B. durch zusätzliche Informationen im Laufe des Entscheidungsprozesses eine andere Problemwahrnehmung erlangen oder über eine geringere Qualitätsunsicherheit verfügen[170]. Dadurch kann sich die Zahlungsbereitschaft innerhalb einer Transaktion verändern. Diese Veränderungen werden im folgenden ausführlicher beleuchtet.

Betrachtet man den Fall des Wiederkaufs, also mindestens zwei Transaktionen im Zeitablauf, können Veränderungen eintreten. Dies betrifft vor allem die Qualitätsunsicherheit. Der Nachfrager hat bei den Erfahrungseigenschaften die Gewißheit erhalten, daß er ihre Qualität nach der Nutzung überprüfen kann. Wenn er also dieselben Indikatoren vorfindet, wird er vermuten, daß die gleiche Qualiät vorliegt wie beim Erstkauf. Dadurch verfügt er über eine geringere Qualitätsunsicherheit als beim Erstkauf, auch wenn er die konkrete Qualität dieses Produkts zum Kaufzeitpunkt weiterhin nicht beurteilen kann. In diesem Fall unterscheidet sich die Unsicherheit vor dem Kauf zwischen Erfahrungs- und Vertrauenseigenschaften. Dies hat auch Auswirkungen auf die Zahlungsbereitschaft, die sich zugunsten der Erfahrungseigenschaften erhöht.

Wenn sich die Kenntnisse, Erfahrungen und Fähigkeiten des Nachfragers im Zeitablauf verändern, kann sich damit auch seine Qualitätsunsicherheit verändern. Das kann nicht nur, wie oben angeführt, innerhalb der Gutskategorie eine Verringerung der Unsicherheit bewirken, Erfahrungseigenschaften aber immer noch Erfahrungseigenschaften bleiben, sondern auch dazu führen, daß

---

170 vgl. dazu auch den Verlauf der Dimensionen des wahrgenommenen Risikos (BAAKEN 1993, S. 15 ff.)

sich im Zeitablauf die Gutseigenschaften selbst aus der Perspektive des Nachfragers verändern. Es können also im Zeitablauf z.B. Erfahrungseigenschaften zu Sucheigenschaften werden. Im Extremfall, bei umfassendem Expertenwissen, liegen für den Nachfrager nur Sucheigenschaften vor (KUHLMANN 1998, S. 8).

Dies kann, wie bisher betrachtet, von vornherein vorliegen. Der Nachfrager kann sich dieses Wissen auch im Laufe der Zeit aneignen. So wird ein Medizinstudent zu Beginn des Studiums die Qualität einer ärztlichen Untersuchung nicht beurteilen können, aber nach Beendigung des Studiums. In diesem Fall verschiebt sich die Qualitätsunsicherheit von Vertrauenseigenschaften zu Erfahrungseigenschaften. Die Untersuchung muß durchgeführt werden, um beurteilt zu werden, so daß sich der Beurteilungszeitpunkt nicht ändert. Bei Leistungsversprechen kann nur eine Verschiebung der Dominanzeigenschaft von Vertrauens- zu Erfahrungseigenschaften erfolgen, da sich der Beurteilungszeitpunkt nicht nach vorne verschiebt. Der Anteil von Sucheigenschaften kann sich auch erhöhen, indem die Anteile von Sucheigenschaften der Potentiale erhöht werden. Sie können aber nicht zu den Dominanzeigenschaften von Leistungsversprechen werden.

Im Gegensatz dazu können sich bei Austauschgütern Erfahrungseigenschaften zu Sucheigenschaften verändern. Wenn im Ausnahmefall Austauschgüter mit dominierenden Vertrauenseigenschaften vorliegen, können sich diese im Zeitablauf zu Sucheigenschaften verändern, da der Nachfrager direkt am Produkt Kenntnisse erwerben kann und das Produkt mit seinen erweiterten Kenntnissen besser beurteilen kann.

Der Anbieter kann auf den Nachfrager einwirken, indem er den Nachfrager selbst zum Experten macht. Dabei muß er berücksichtigen, daß der Nachfrager dann zahlreiche Leistungen möglicherweise selbst vornehmen kann, wie z.B. Reparaturen. Die erhöhte Zahlungsbereitschaft für das Austauschgut muß dann höher sein als die entgangene durch die selbsterstellten Leistungen. Der Anbieter kann auch bei einer einzelnen Transaktion Schulungen anbieten. In diesem Fall wird die Zeit und der Umfang der Schulung zwar ausreichen, um die Unsicherheit zu verringern und einige Gutseigenschaften zu verändern, aber nicht, um die Dominanzeigenschaft zu ändern. Dies ist nur bei längerfristigen Geschäftsbeziehungen möglich.

5.2 Möglichkeiten der Veränderung der Zahlungsbereitschaft durch gezielte Reduktion der Unsicherheit

Die Reduzierung der Unsicherheit hat zum Ziel, die Zahlungsbereitschaft für das Bündel zu erhöhen. Dazu können weitere Unterziele kommen wie die

Abdeckung aller Segmente mit allen Leistungen in einer Bündelungsform oder die grundsätzliche Erhöhung aller Zahlungsbereitschaften auf größer als niedrig.

Außer der Reduktion der Unsicherheit besteht noch die Möglichkeit, durch eine Veränderung des subjektiv wahrgenommenen Problems die Zahlungsbereitschaft des Nachfragers zu erhöhen. Eine Erhöhung der Zahlungsbereitschaft kann bei alleiniger Betrachtung des Problems nur bei einer Erhöhung des Problemausmaßes erreicht werden. Um diese Veränderung zu erreichen, gilt es, den Lösungsdruck zu erhöhen. Dazu kann an allen Einflußgrößen des Lösungsdrucks angesetzt werden. So kann z.B. der subjektiv wahrgenommene Zeitdruck für den Nachfrager durch kommunikative Maßnahmen erhöht werden. Ebenso kann der Anbieter versuchen, die Schwierigkeit der Aufgabe in der Wahrnehmung durch den Nachfrager zu erhöhen.

Um das Problemausmaß für den Nachfrager wirksam verändern zu können, muß der Anbieter über Mittel der Beeinflussung. Das Problemausmaß manifestiert sich überwiegend im Nachfragerunternehmen, so daß die Kenntnis und der Einfluß des Anbieters beschränkt bleibt. Dadurch wird es für den Anbieter ebenfalls schwierig, die Einflußgrößen auf die Problemwahrnehmung so genau zu bestimmen, daß er Maßnahmen ergreifen kann.

Die Verringerung der Qualitätsunsicherheit ist also vorzuziehen, da sie vom Anbieter durch Informationen und Informationssubstitute selbst gestaltet werden kann. Das Gut liegt im Herrschaftsbereich des Anbieters, er hat Kenntnis und Einfluß darauf, auch wenn durch die Stärke der Integration des Nachfragers der Einfluß beeinträchtigt wird. Bei den Gutseigenschaften ergibt sich automatisch je nach Expertenstatus des Nachfragers eine Selbstsegmentierung. Bei Betrachtung des wahrgenommenen Problemausmaßes ist eine Segmentzugehörigkeit schwerer zu erkennen, da sich die Einflußfaktoren nur sehr unzureichend spezifizieren lassen. Hier zeigt sich die Ungenauigkeit bei der Definition des Nachfragerproblems.

Bezüglich der Gutseigenschaften sind zwei Ansatzpunkte möglich. Die Unsicherheit kann für eine Komponente reduziert werden, ohne die zweite Bündelkomponente zu betrachten. Im Nachhinein wird die Auswirkung auf das Bündel berücksichtigt, die unter Umständen eine veränderte Bündelungsform bewirkt. Durch die isolierte Betrachtung kann sich der Anbieter auf seine Maßnahmen zur Reduzierung der Unsicherheit konzentrieren. Der Engpaß besteht hier in den möglichen vom Anbieter zu ergreifenden Maßnahmen. Die

Auswirkungen auf die Bündelung werden als Folge davon berücksichtigt, stehen aber nicht im Mittelpunkt.

Der zweite Fall besteht darin, daß vom gesamten erwünschten Bündel in einer bestimmten Bündelungsform ausgegangen wird. Der Anbieter setzt sich dementsprechend zum Ziel, mit einer Bündelungsform, z.B. gemischter Bündelung, alle Segmente zu erreichen. Um diese Bündelungskonstellation zu erreichen, müssen die Zahlungsbereitschaften von einzelnen Segmenten verändert werden. Um z.B. bei Leistungsbündeln im Falle einer Sachleistungskomponente in Form eines Leistungsversprechens alle Segmente mit gemischter Bündelung zu erreichen, müßte die Zahlungsbereitschaft in der Kombination „niedrig/niedrig" verändert werden. Es wäre ausreichend, bei einer Komponente die Zahlungsbereitschaft zu erhöhen.

Eine solche Kombination kann zwei unterschiedliche Gutseigenschaften umfassen. So kann sie überwiegend aus Erfahrungseigenschaften oder aus Vertrauenseigenschaften bestehen. Da jeweils unterschiedliche Informationssubstitute wirksam eingesetzt werden können, muß diese Unterscheidung berücksichtigt werden. Bei der Auswahl der Komponente gibt die Verfügbarkeit der Mittel zur Reduzierung den Ausschlag, wenn es sich um dieselbe Dominanzeigenschaft handelt. So können im Fall einer Dienstleistung weniger Informationssubstitute vorliegen als bei der Sachleistung. Ebenso können zu wenige Sucheigenschaften vorhanden sein, die statt der Dominanzeigenschaft in den Mittelpunkt der Wahrnehmung des Nachfragers gerückt werden können. Ziel ist hier, eine bestimmte Bündelungsform bei den Nachfragern durchzusetzen.

Im folgenden wird zunächst auf die Komponenten eingegangen, also die erste Möglichkeit berücksichtigt, um im Anschluß daran die Veränderung der Bündelungskonstellationen zu betrachten. Wenn man also die Auswirkungen der Veränderung der Zahlungsbereitschaften bei der einzelnen Betrachtung der Komponenten kennt, kann man sich danach auch eine bestimmte Bündelungsform als Ziel setzen.

Hier ist es ebenfalls notwendig, danach zu unterscheiden, ob die einzelnen Komponenten wahrgenommen werden oder nur das Bündel als Gesamtprodukt.

Durch die Veränderungen können Wechselwirkungen entstehen, die sich aber nicht quantifizieren lassen. Ebenso sind die Richtungen dieser Wechselwirkungen nicht zu bestimmen. Sie sind im empirischen Einzelfall zu prüfen und können nicht mit Sicherheit ausgeschlossen werden.

5.2.1 Reduktionsmöglichkeiten der Unsicherheit durch den Anbieter bei getrennter Komponentenwahrnehmung

Bei getrennter Komponentenwahrnehmung läßt sich die Unsicherheitswahrnehmung der Komponenten jeweils einzeln verändern, ohne daß Auswirkungen auf die zweite Komponente ausgeübt werden. Für den Modellfall werden Wechselwirkungen ausgeschlossen. Dadurch können die Komponenten zunächst einzeln betrachtet werden, um dann die Auswirkungen auf die Bündelungsentscheidung zu berücksichtigen. Als Ziel wird generell eine Erhöhung der Zahlungsbereitschaften vorausgesetzt.

5.2.1.1 Reduktionsmöglichkeiten bei der Sachleistungskomponente

Wenn die einzelne Komponente den Ausgangspunkt zur Reduzierung bildet und die Erhöhung der Zahlungsbereitschaften das Ziel darstellt, ist zunächst der Fall zu betrachten, in dem die Zahlungsbereitschaft niedrig ist. Eine Erhöhung mittlerer Zahlungsbereitschaft auf hohe ist der danach folgende Schritt. Die Opfer/Nutzen-Relation der Maßnahmen wird dabei nicht betrachtet. Es wird davon ausgegangen, daß bei einer Mehrzahl von Maßnahmen die Effizienz berücksichtigt wird. Hier erfolgt lediglich die Ableitung geeigneter Maßnahmen.

Die Sachleistungskomponente kann in Form eines Austauschguts oder eines Leistungsversprechens vorliegen. Nur im Ausnahmefall liegen bei Leistungsversprechen Vertrauenseigenschaften als Dominanzeigenschaften vor, sie werden hier nicht betrachtet. Für sie gilt entsprechendes wie bei von Vertrauenseigenschaften dominierten Dienstleistungen.

Bei beiden Ausprägungen der Sachleistungskomponente tritt somit nur in der Kombination von niedrigem Problemausmaß und Erfahrungseigenschaften eine niedrige Zahlungsbereitschaft auf. Um die Qualitätsunsicherheit bei Erfahrungseigenschaften zu verringern, lassen sich leistungsbezogene Informationssubstitute einsetzen. Die ergebnisabhängige Selbstbindung schafft für den Nachfrager die Sicherheit über den Output. Daher ist sie geeignet, die Unsicherheit größtmöglich zu reduzieren. Wird die Selbstbindung auf Dritte übertragen wie z.B. Versicherungen, hat der Nachfrager durch die vermeintlich größere Objektivität des Dritten ein geringeres Unsicherheitsempfinden als bei einer Selbstbindung durch den Anbieter. Eine inputbezogene Selbstbindung garantiert im Gegensatz zur ergebnisorientierten zwar einen gewünschten Input, das Leistungsergebnis aber nicht. Die unsicherheitsreduzierende Wirkung ist demzufolge geringer als bei ergebnisorientierten Selbstbindungen.

Für Erfahrungseigenschaften sind außerdem leistungsbezogene Informationssubstitute mit Reputationswirkung geeignet. Hier unterscheidet sich ebenfalls die Glaubwürdigkeit der Informationssubstitute anhand der Quellen. Unabhängige Testinstitutionen sind glaubwürdiger als Referenzkunden, die wiederum glaubwürdiger sind als Informationen, die vom Anbieter selbst ausgehen. Hinsichtlich der Informationen, die vom Anbieter selbst ausgehen, ist zwischen Sachleistungen als Austauschgut und als Leistungsversprechen zu unterscheiden. Bei Leistungsversprechen kann der Anbieter das Gut selbst nicht als Informationsquelle nutzen, da es nicht existiert. Er kann statt dessen auf gleiche oder ähnliche Güter zurückgreifen. Diese Güter lassen sich für kommunikationspolitische Maßnahmen nutzen. Im Falle des Austauschguts liegt das Gut selbst vor, für den Nachfrager besteht aber mangels Wissen bzw. Fähigkeiten keine Möglichkeit der Qualitätsbeurteilung. Der Anbieter kann dennoch auf spezielle Eigenschaften des Guts direkt hinweisen, auch wenn der Nachfrager diese Eigenschaften nicht beurteilen kann. Dadurch, daß es sich konkret um sein Kaufobjekt handelt, sind diese Informationen glaubwürdiger als diejenigen, die nur an baugleichen Produkten demonstriert werden können.

Die Qualitätsunsicherheit kann darüber hinaus reduziert werden, indem die Nachfrager zu Experten gemacht werden (vgl. KUHLMANN 1998, S. 8), so daß die Erfahrungseigenschaften für sie zu Sucheigenschaften werden. Dies ist bei Austauschgütern möglich, da der Nachfrager sie vor dem Kaufzeitpunkt inspizieren kann. Bei Leistungsversprechen ist es hingegen nur möglich, die Erfahrungseigenschaften der Leistungspotentiale in Sucheigenschaften zu verwandeln. Die Dominanzeigenschaften lassen sich daher nur verändern, wenn sie in den Potentialen liegen, was bei Leistungsversprechen nie zutrifft.

Außerdem kann der Anbieter Signale setzen, die die Sucheigenschaften des Produkts betonen. Dadurch kann die Wahrnehmung des Nachfragers verändert werden, so daß er die Sucheigenschaften als Dominanzeigenschaften empfindet. Hier wird nicht an der Beurteilung der Eigenschaften angesetzt, sondern an der Wahrnehmung. Da nur die subjektive Einschätzung des Nachfragers bei der Einordnung der Gutseigenschaften relevant ist, verändern sich auch hier die Dominanzeigenschaften. Der Nachfrager hat hier aber keinerlei zusätzliches Wissen erworben, sondern verschiebt lediglich seine Wahrnehmung. Da die Wahrnehmung der Bewertung vorausgeht, kann durch Wahrnehmungsveränderungen auch eine Beurteilungsveränderung erreicht werden. Da aber bei Leistungsversprechen Sucheigenschaften in größerem Umfang nicht vorliegen, dürfte auch eine Wahrnehmungsverschiebung die Gesamtbeurteilung nicht grundlegend verändern, so daß sie nur bei Austauschgütern erfolgreich anwendbar ist.

Die Unsicherheit läßt sich durch den Anbieter demzufolge auf zwei Arten verringern: Mit Signaling-Maßnahmen, die unterschiedlich stark zur Reduktion des Qualitätsrisikos beitragen oder die Wahrnehmung beeinflussen, aber keine Veränderungen der wahrgenommenen Dominanzeigenschaft bewirken und mit der völligen Veränderung der Dominanzeigenschaft in eine Form mit geringerer Unsicherheit. Dies ist nur für Sachleistungen in Form von Austauschgütern möglich.

5.2.1.2 Auswirkungen der Reduktion der Unsicherheit auf die Bündelung

Wenn die Unsicherheit bei Sachleistungen hinsichtlich der Erfahrungseigenschaften gesenkt wurde bzw. sie in Sucheigenschaften umgewandelt wurden, liegt bei einem geringen Problemausmaß nunmehr statt niedriger mittlere Zahlungsbereitschaft vor. Im Falle von hohem Problemausmaß erhöht sich die Zahlungsbereitschaft von einem mittleren auf einen hohen Wert. Es liegen also keine mittlere und niedrige Zahlungsbereitschaft mehr vor, sondern nur mittlere und hohe, sofern es sich bei der Sachleistung um ein Leistungsversprechen handelt.

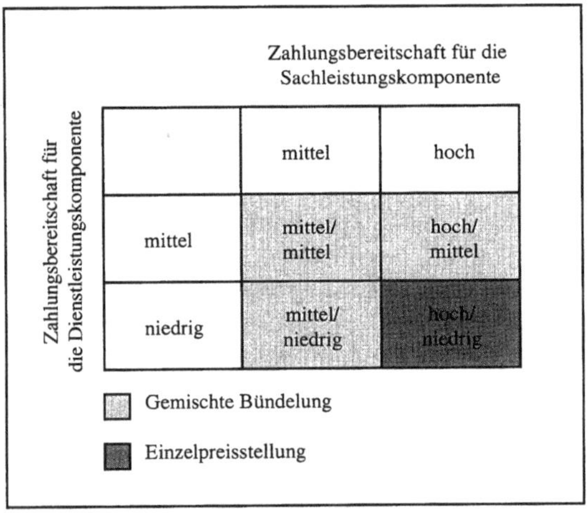

Abb. 62: Bündelungsempfehlungen bei der Sachleistungskomponente unter reduzierter Unsicherheit

Dadurch verändert sich die Vorteilhaftigkeit der Bündelungsformen. Während die gemischte Bündelung weiterhin für drei Zahlungsbereitschafts-kombinationen die geeignete Form darstellt, erweist sich die reine Bündelung nicht mehr als vorteilhaft. Statt dessen ergibt sich eine Kombination aus hoher und niedriger Zahlungsbereitschaft, für die die optimale Abschöpfung der Zahlungsbereitschaften in der Einzelpreisstellung besteht. Dies bedeutet eine Entbündelung bei einer Erhöhung der Zahlungsbereitschaft für die Sachleistung.

Bei der gemischten Bündelung ergibt sich eine erhöhte Bandbreite von Zahlungsbereitschaften, da sowohl die Kombination von mittlerer und niedriger als auch von mittlerer und hoher Zahlungsbereitschaft vorliegt. Dadurch läßt sich auch bei gemischter Bündelung keine optimale Abschöpfung der Zahlungsbereitschaften erreichen. Es ist vielmehr eine strategische Entscheidung bezüglich der Segmentauswahl zu treffen.

Im Fall der Sachleistung als Austauschgut verringern sich die möglichen Zahlungsbereitschaftskombinationen. Die reine Bündelung fällt weg, die gemischte Bündelung und die Einzelpreisstellung sind die vorteilhaften Alternativen. Durch die Reduzierung der Unsicherheit unterscheiden sich Austauschgüter und Leistungsversprechen in ihren Zahlungsbereitschaftskombinationen nicht mehr, die Leistungsversprechen verfügen über ebenso hohe Zahlungsbereitschaften wie die Austauschgüter.

5.2.1.3 Reduktionsmöglichkeiten bei der Dienstleistungskomponente

Bei der Dienstleistungskomponente liegt nur niedrige und mittlere Zahlungsbereitschaft vor. Diese Zahlungsbereitschaften können aber sowohl aus Erfahrungseigenschaften als auch aus Vertrauenseigenschaften resultieren. Diese Unterscheidung spielt hinsichtlich der Maßnahmen zur Unsicherheitsreduktion eine Rolle. Für Erfahrungseigenschaften sind – wie oben erwähnt – leistungsbezogene Informationssubstitute geeignet.

Im Gegensatz dazu werden bei Vertrauenseigenschaften leistungsübergreifende Informationssubstitute wirksam. Da für die Wirksamkeit dieser Informationssubstitute das Vorliegen von Vertrauen notwendig ist, sind sie schwerer zu generieren und dem Abnehmer zu vermitteln. Es ist für den Anbieter daher einfacher möglich, die Zahlungsbereitschaft für die Erfahrungseigenschaften zu erhöhen. Dort stehen ihm auch eine Vielzahl von Maßnahmen zur Auswahl, die er seinen Ressourcen entsprechend auswählen kann.

Eine Erhöhung der Zahlungsbereitschaft auf einen hohen Wert ist bei Vertrauenseigenschaften mit erheblichem Aufwand für den Anbieter verbunden. Wahrscheinlicher scheint eine Verschiebung innerhalb einer Kategorie von Zahlungsbereitschaften. So kann die Zahlungsbereitschaft durch die leistungsübergreifenden Informationssubstitute erhöht werden, bewegt sich aber immer noch auf mittlerem Niveau.

Bei einem hohen Grad an Vertrauen und einer entsprechenden Imagewirkung kann aber durchaus eine Veränderung in Richtung auf hohe Zahlungsbereitschaft erreicht werden. Bei Erfahrungseigenschaften stehen durch die Selbstbindungen und leistungsbezogenen Informationssubstitute mit Reputationswirkung eine hohe Anzahl von Möglichkeiten zur Unsicherheitsreduzierung zur Verfügung. Durch kombinierten Einsatz kann auch eine verstärkte Wirkung erreicht werden, sofern dies inhaltlich sinnvoll möglich ist. Eine Erhöhung der Zahlungsbereitschaft auf hohes bzw. mittleres Niveau erscheint daher möglich.

Die mögliche Veränderung der Dominanzeigenschaften durch erhöhtes Expertentum der Nachfrager läßt sich bei Dienstleistungen ebenso wie bei Sachleistungen in Form von Leistungsversprechen nicht vollständig verwirklichen, da die Leistung zum Kaufzeitpunkt nicht vorliegt.

Durch den nach dem Kauf einsetzenden Leistungserstellungsprozeß bleiben Variationsmöglichkeiten, die erst mit einer zunehmenden Zahl von Erfahrungen vom Nachfrager eingeschätzt werden können. Durch Expertentum lassen sich demzufolge nur Vertrauenseigenschaften in Erfahrungseigenschaften verwandeln. Außerdem können sich Erfahrungs- und Vertrauenseigenschaften beim Leistungspotential in Sucheigenschaften verwandeln, wenn Expertentum vorliegt.

5.2.1.4 Auswirkungen der Reduktion der Unsicherheit auf die Bündelung

Während es bei Erfahrungseigenschaften möglich ist, die niedrige Zahlungsbereitschaft in mittlere und die mittlere in höhere zu erhöhen, ist bei Vertrauenseigenschaften wegen des langfristigen Aufbaus der Maßnahmen bei einem Erstkauf nicht von einer starken Erhöhung der Zahlungsbereitschaft auszugehen.

Durch die Erhöhung der Zahlungsbereitschaft für Erfahrungseigenschaften ergibt sich bei Dienstleistungen zusätzlich die Möglichkeit einer hohen Zahlungsbereitschaft. Wenn nur die Dienstleistungskomponente betrachtet wird, muß die Bündelungsempfehlung getrennt für Sachleistungen als Austauschgüter bzw. als Leistungsversprechen ausgesprochen werden.

Im Fall der Sachleistung in Form eines Leistungsversprechens liegen auf der Seite der Sachleistung mittlere und niedrige Zahlungsbereitschaft vor. Durch die zusätzliche Möglichkeit einer hohen Zahlungsbereitschaft bei der Dienstleistungskomponente könne sämtliche drei Zahlungsbereitschaften vorliegen. Dadurch erweitern sich die Bündelungsempfehlungen um die Einzelpreisstellung, die bei stark unterschiedlichen Zahlungsbereitschaften optimal ist. Diese Kombination von Zahlungsbereitschaften ist genau spiegelbildlich zur Kombination eines Austauschgutes mit einer Dienstleistung ohne Reduktion der Unsicherheit.

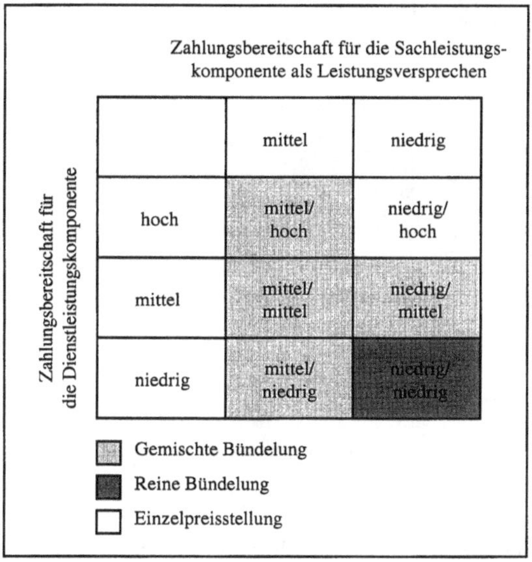

Abb. 63: Bündelungsempfehlungen bei der Dienstleistungskomponente unter reduzierter Unsicherheit bei der Sachleistungskomponente in Form eines Leistungsversprechens

Der zweite Fall besteht in der Kombination eines Austauschguts mit einer Dienstleistung unter reduzierter Unsicherheit. Die Komplexität der Bündelungsentscheidung wird bei dieser Kombination erhöht. Für beide Komponenten liegen alle drei Zahlungsbereitschaften vor.

Um ein optimales segmentspezifisches Angebot an Bündeln zu erstellen, kann der Anbieter die Segmente entsprechend ansteuern. Entscheidet er sich für die gemischte Bündelung, erreicht er fünf der neun Segmente. Dadurch stellt auch hier die gemischte Bündelung die vorteilhafteste Möglichkeit über alle Segmente dar. Dies ist aber abhängig von der Auswahl der Segmente durch den Anbieter. Wenn er nur die Nachfrager mit beiderseitig hoher Zahlungsbereitschaft auswählt, ist reine Bündelung vorteilhafter.

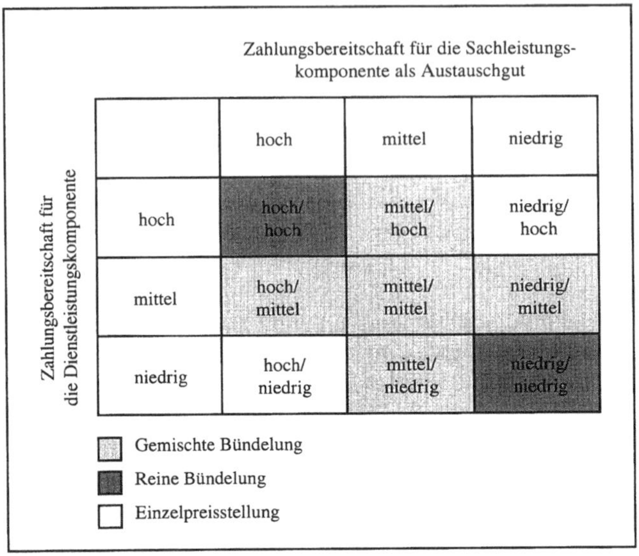

Abb. 64: Bündelungsempfehlungen bei der Dienstleistungskomponente unter reduzierter Unsicherheit bei der Sachleistungskomponente in Form eines Austauschguts

Die strategischen Optionen erhöhen sich für den Anbieter unter Verringerung der Unsicherheit, da sich die Zahl der Zahlungsbereitschaftskombinationen erhöht. Gleichzeitig muß davon ausgegangen werden, daß die unsicherheitsreduzierenden Maßnahmen nicht gleichmäßig wirksam werden und die Optionen mit niedriger Zahlungsbereitschaft nicht mehr existieren. Das Entscheidungsproblem für den Anbieter erhöht sich also. Bei dauerhaften und umfangreichen Einsatz unsicherheitsreduzierender Maßnahmen kann langfristig die niedrige Zahlungsbereitschaft beseitigt werden.

5.2.1.5 Bündelung bei beiderseitig reduzierter Unsicherheit

Die Unsicherheit kann gleichzeitig auch bei beiden Komponenten reduziert werden. Die Sachleistungskomponente verfügt dann über mittlere oder hohe Zahlungsbereitschaft, während die Dienstleistungskomponente in allen drei Zahlungsbereitschaften vorliegen kann.

Die Veränderungen der Bündelungsempfehlungen durch Reduzierung der Unsicherheit haben gezeigt, daß sich dadurch nicht die Komplexität der Entscheidungssituation verringert, sondern erhöhen kann. Es existieren bei beiderseitiger Reduktion aber weniger Optionen als bei einseitiger der Dienstleistungskomponente.

Die zusätzlichen Erlöse, die durch die Erhöhung der Zahlungsbereitschaft erreicht werden können, müssen mit den Kosten nicht nur der Maßnahmen, sondern auch der Komplexitätserhöhung verglichen werden. Die Kosten lassen sich bezüglich der Maßnahmen verringern, wenn Screeningaktivitäten der Nachfrager abgewartet werden oder durch Self-Selection lediglich Kategorien zur Selbsteinordnung vorgegeben werden. Während sich die Kosten verringern lassen, sinkt damit auch die Kontrolle des Anbieters, so daß die Nachfrager Informationen erlangen, die bei den von ihnen wahrgenommenen Dominanzeigenschaften nicht zu einer Unsicherheitsreduktion führt oder die aktive Suche aus Kostengründen für den Anbieter zu früh eingestellt wird.

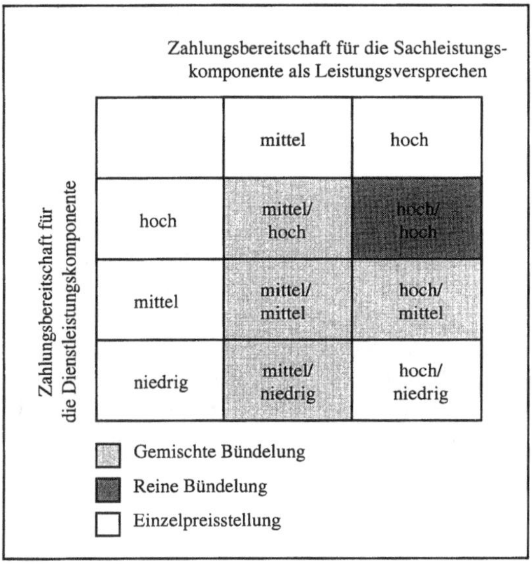

Abb. 65: Bündelungsempfehlungen unter reduzierter Unsicherheit beider Komponenten

Da sich die unsicherheitsreduzierenden Informationen je nach Eigenschaften stark unterscheiden, sie auch nur für diese Eigenschaften wirksam sind, besteht die Gefahr daß sie bei Screening nicht effizient sind. Self-Selection stellt hier einen Kompromiß dar, da der Anbieter die unsicherheitsreduzierenden Informationskategorien vorgeben kann, aus denen sich die Nachfrager ihrer wahrgenommenen Dominanzeigenschaft entsprechend die geeigneten Informationen auswählen.

5.2.2 Reduktionsmöglichkeiten der Unsicherheit durch den Anbieter bei der Wahrnehmung als Gesamtprodukt

Grundsätzlich läßt sich die Unsicherheit bei den als Gesamtprodukt wahrgenommenen Bündeln anhand ihrer Dominanzeigenschaften wie in Kapitel 4.3.2.2 aufgeführt reduzieren. Durch die entsprechenden Informationen läßt sich gezielt die Zahlungsbereitschaft für das Gut erhöhen.

Der Anbieter kann darüber hinaus die Wahrnehmung des Kunden verändern, indem er ihm verdeutlicht, daß es sich um zwei Güter handelt, um getrennt die Zahlungsbereitschaften zu erhöhen. In diesem Fall kann es einerseits daran liegen, daß die Komponente physisch vor dem Kauf nicht wahrgenommen werden kann, da sie überwiegend aus Erfahrungs- oder Vertrauenseigenschaften besteht. Der Anbieter kann einerseits die wenigen Sucheigenschaften der zweiten Komponente hervorheben oder die für die entsprechenden Eigenschaften Informationen einsetzen, um den Nachfrager auf das Vorhandensein dieser Eigenschaften hinzuweisen.

Andererseits kann der Anbieter keinen Bezug zum Problem erkennen und betrachtet nur den Teil, der für ihn zu der Problemlösung beiträgt. Für den zweiten Teil des Bündels hat er keine Zahlungsbereitschaft. Im Gegensatz zu dem Fall, daß die Komponente nicht wahrgenommen werden kann, liegen hier bereits zwei Güter in der Wahrnehmung des Kunden vor, von denen eines nur keine Zahlungsbereitschaft hervorruft. Wie in Kapitel 5.1.3.3 dargestellt, muß der Anbieter dem Kunden die Problemrelevanz der Bündelkomponente verdeutlichen. Dann greifen wieder die im vorangegangenen Kapitel aufgeführten Möglichkeiten zur Reduktion der Qualitätsunsicherheit.

Eine Veränderung der Wahrnehmung kann dazu führen, daß die Effizienz des Bündelangebots sinkt. Sind bei der fehlenden Wahrnehmung der Dienstleistungskomponente bei der Sachleistung Sucheigenschaften dominant, können sie zu hoher Zahlungsbereitschaft führen. Wird durch entsprechende Informationen die Erfahrungseigenschaften der Dienstleistung verdeutlicht werden, kann dies zu niedriger Zahlungsbereitschaft führen, da in diesem Fall die Qualitätsunsicherheit verdeutlicht wird. Die Erhöhung der Zahlungsbereitschaft kann u.U. die zusätzlichen Kosten nicht übersteigen.

Ebenso ist dann die Form der Bündelung zu bestimmen, da die Wahrnehmung als Gesamtprodukt wie eine reine Bündelung zu sehen ist. Das Problem der Bündelungsentscheidung wird dann erst relevant, wenn zwei Komponenten mit zwei Zahlungsbereitschaften für den Nachfrager existieren. Er muß dann eine Auswahl aus den drei Bündelungsformen treffen. Die Vorteilhaftigkeit einer Verdeutlichung der Komponenten ist also nicht zwingend gegeben.

5.3 Gefahren der Erhöhung der Unsicherheit

Die bisher erwähnten Maßnahmen stellen auf eine Reduktion der Unsicherheit ab. Um mit einer einzigen Art von Bündelung alle Segmente zu erreichen, kann es sinnvoll sein, die Unsicherheit für eine Komponente zu erhöhen. Wenn die Kombination der Zahlungsbereitschaften eine reine Bündelung empfiehlt, der Anbieter keine segmentspezifische Bündelung anbietet, aber möglichst alle Segmente erreichen will, verfügt er über mehrere Handlungsoptionen. Ihm bieten sich dann die Möglichkeiten, durch den niedrigeren Preis das Segment zu erreichen, ohne dessen Zahlungsbereitschaft voll abgeschöpft zu haben oder durch eine Veränderung der Zahlungsbereitschaft des Nachfragers diese bei dem Segment voll abzuschöpfen.

Wird die Zahlungsbereitschaft nicht verändert, verbleibt die nicht abgeschöpfte Konsumentenrente beim Nachfrager. Ein entsprechendes Anspruchsniveau, also von einem Nachfrager angestrebtes Zielausmaß, ist dadurch erreicht. Mit dem Erreichen diese Zielausmaßes ist für den Nachfrager eine Bedürfnisbefriedigung verbunden, die i.d.R. auch ohne äußere Verstärkung zu einer Erhöhung zukünftiger Anspruchsniveaufestlegungen führt (STAEHLE 1991, S. 149).

Dementsprechend wird sich langfristig das Anspruchsniveau des Nachfragers erhöhen, was ein Sinken der Zahlungsbereitschaft bei gleicher Leistung zur Folge haben wird. Steuert der Anbieter die Zahlungsbereitschaft selbst, indem er die wahrgenommene Qualitätsunsicherheit erhöht, behält er sich die Möglichkeit vor, durch unsicherheitsreduzierende Maßnahmen sie auch wieder zu verringern. In diesem Fall behält er einen Gestaltungsspielraum, den er nutzen kann, sobald er sich für eine andere Bündelungsform entscheidet. Darüber hinaus existiert verstärkt die Gefahr durch Konkurrenzanbieter, die aber hier nicht betrachtet wird.

Während für die Verringerung der Unsicherheit die vorteilhaften Maßnahmen ermittelt wurden, sind sie für die Erhöhung der Unsicherheit nicht bekannt. Es läßt sich eine erhöhte Unsicherheit vermuten, wenn der Anbieter die Eigenschaften mit höherer Qualitätsunsicherheit in den Mittelpunkt stellt. Weil er auch in diesem Fall Informationssubstitute nutzen muß, da die Leistung selbst ihm nicht zur Verfügung steht, bleibt unklar, welche für eine unsicherheitserhöhende Wirkung geeignet wären. Gleichzeitig muß eine genaue Kosten/Nutzen-Abwägung vorgenommen werden, da auf vorhandene

Zahlungsbereitschaft verzichtet wird. Die Erhöhung der Zahlungsbereitschaft von Segmenten muß gegen die Verringerung der Zahlungsbereitschaft abgewogen werden. Dem Zielsystem des Unternehmens dürfte im Regelfall eine Erhöhung von Zahlungsbereitschaften eher entsprechen.

5.4 Die Zahlungsbereitschaft bei Leistungsbündeln

Die bisherigen Ausführungen haben aufgrund der Determinanten des Kundennutzens bzw. der Zahlungsbereitschaft gezeigt, daß sich modellhaft Bündelungsempfehlungen ableiten lassen. Dies ist nur durch die Reduzierung der Komplexität von Variablen und Beziehungen möglich. Der Gesamtprozeß läßt sich ausgehend von einem wahrgenommenen Bündel, bestehend aus einer Sach- und einer Dienstleistung, und einer wahrgenommenen Gesamtleistung in zwei strategische Preisbestimmungsprozesse aufteilen.
Abbildung 63 faßt den schematisch zusammengefaßten Gesamtprozeß zusammen. Insgesamt wird die Nachfragerperspektive eingenommen. Lediglich die Maßnahmen des Anbieters stellen einen eingeschränkten Perspektivenwechsel dar, da die Maßnahmen auch von den Nachfragern wahrgenommen werden müssen.

Diese Maßnahmen verändern nicht nur die Zahlungsbereitschaften, sondern setzen in ihrer Wirkung schon bei der Wahrnehmung und Bewertung des Gutes an. Die für die Gesamtleistung vorhandene Rückkopplung zur Wahrnehmung existiert auch für zwei getrennte Leistungen und ist dementsprechend zu ergänzen. Ebenso findet zwischen den beiden Zahlungsbereitschaften eine Neubewertung statt. Um die Übersichtlichkeit der Abbildung zu erhalten, wurde auf eine feinere Darstellung verzichtet. Im Mittelpunkt steht der schematische Ablauf, so daß die Aussagekraft nicht beeinträchtigt ist.

Die Informationsaktivitäten des Nachfragers selbst finden parallel zu allen Phasen des Prozesses statt. Die Maßnahmen des Anbieters können auch in anderen Phasen eingesetzt werden. Nur nach der Bildung von Zahlungsbereitschaften hat bereits eine Selbstsegmentierung der Nachfrager stattgefunden, so daß der Anbieter gezielt Maßnahmen einsetzen kann. Es handelt sich also um den idealtypischen Zeitpunkt für unsicherheitsreduzierende Maßnahmen des Anbieters.

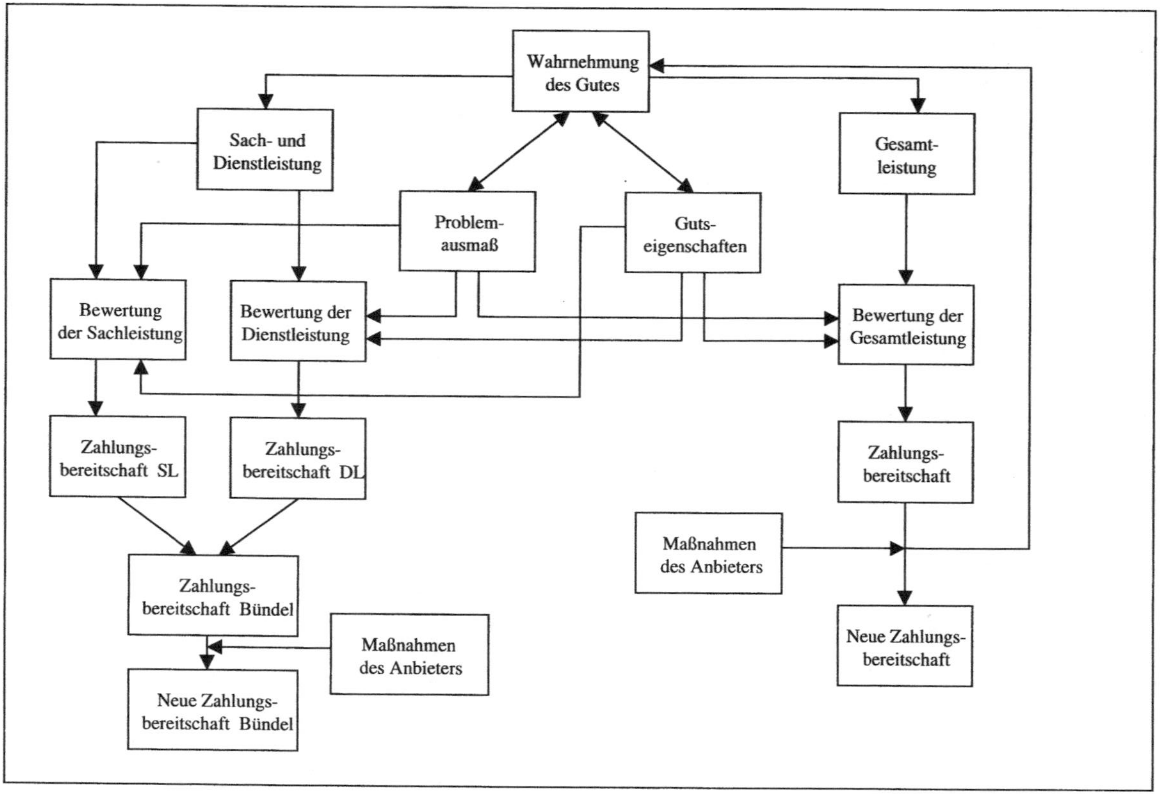

Abb. 66: Die Zahlungsbereitschaft bei Leistungsbündeln

6 Schlußbetrachtung

6.1 Zusammenfassung

Die Arbeit hat zum Ziel, Bündelungsempfehlungen für Kombinationen aus einer Sach- und einer Dienstleistungskomponente abzuleiten und Steuerungsmöglichkeiten aufzuzeigen. Dabei stehen die Empfehlungen zur Gestaltung von Bündeln aufgrund vorhandener Zahlungsbereitschaften im Mittelpunkt.

Es zeigte sich, daß in der bisherigen wissenschaftlichen Beschäftigung mit diesem Thema zwar eine Vielzahl von Ansätzen und Anregungen existieren, aber keine systematische Betrachtung der relevanten Deter[171]minanten. Zusammenfassend liegen folgende Ergebnisse vor:

- Die mikroökonomische Bündelungstheorie bietet ein konsistentes und geschlossenes Theoriegebäude zur Vorteilhaftigkeit von Leistungsbündelung, aus der sich Handlungsempfehlungen ableiten lassen. Gestaltungsparameter ist die Zahlungsbereitschaft, die sich aus dem wahrgenommenen Nutzen herleitet.

- Es existiert keine geschlossene Theorie zu den Determinanten des wahrgenommenen Nutzens und damit der Zahlungsbereitschaft. Es wurde, aufbauend auf bereits vorhandenen Ansätzen aus der Konsumentenforschung und der Forschung zum Verhalten von Organisationen ein Modell abgeleitet, daß die Determinanten für den industriellen Erstkauf zusammenfassend integriert.

- Dies Modell wurde auf die wichtigsten Determinanten verdichtet, um Unabhängigkeit der Variablen zu gewährleisten. Diese Determinanten sind die informationsökonomischen Gutseigenschaften und das wahrgenommene Problem. Beide beinhalten Risikoaspekte und individuelle wie organisationale Größen. Während das Problem den Mangelzustand des Nachfragers darstellt, bietet das Gut mit seinen Eigenschaften die Problemlösung, woraus sich die Zahlungsbereitschaft ableiten läßt.

- Die abgeleiteten Zahlungsbereitschaften weisen Unterschiede in Abhängigkeit ihres Gutscharakters auf. Die Unterscheidung zwischen Sach- und Dienstleistungen ist damit nicht obsolet, sondern stellt aufgrund der

Unterschiedlichkeit des Kaufprozesses eine weiterhin wichtige Unterscheidung dar.

- Aus den Zahlungsbereitschaften lassen sich Bündelungsempfehlungen ableiten, die auf die mikroökonomische Bündelungstheorie zurückgehen. Die Auswahl der Segmente erfolgt durch den Anbieter im Rahmen seiner strategischen Ziele, so daß nur eingeschränkt Handlungsempfehlungen gegeben werden können.

- Durch den gezielten Einsatz unsicherheitsreduzierender Instrumente kann der Anbieter die Zahlungsbereitschaften verändern. Eine Erhöhung der Zahlungsbereitschaften verursacht generell eine komplexere Entscheidungssituation. U.U. sind auch zahlungsbereitschaftsreduzierende Maßnahmen sinnvoll. Die Steuerung erfolgt ausgehend von den informationsökonomischen Gutseigenschaften.

6.2 Ausblick

Die Komplexität des Themas hatte zahlreiche Beschränkungen zur Folge. So wurde nur der industrielle Erstkauf berücksichtigt. Gerade bei Wiederholungskäufen manifestiert sich der Unterschied zwischen Erfahrungs- und Vertrauenseigenschaften, der hier nur in Andeutungen berücksichtigt werden konnte. Die Wirkung von Lernprozessen ist auch hinsichtlich des wahrgenommenen Problems von Bedeutung und bietet einen Ansatz für weitere Betrachtungen.

Der Vergleich der Erkenntnisse zwischen industriellen Abnehmern und Konsumenten stellt eine weitere Möglichkeit der Forschung dar, zumal auf Erkenntnisse der Konsumentenforschung wiederholt zurückgegriffen wurde. Während die Gutseigenschaften subjektiv und individuell wahrgenommen werden, stellt das Problem die organisationale Größe dar, in die auch individuelle Faktoren eingehen. Für eine konsumentenorientierte Betrachtung ist hier von den individuellen Bedürfnissen auszugehen.

Das wahrgenommene Problem bei organisationalen Kaufentscheidungen bietet weitere Möglichkeiten zur vertieften Betrachtung. Wenn dessen Determinanten und deren Wirkungen systematisch bestimmt sind, ist auch die Steuerung der Zahlungsbereitschaft über das Problem für den Anbieter vereinfachter möglich. Er kann dann zusätzlich dort ansetzen oder eine Kosten-/Nutzen-Abwägung vornehmen.

Weitere Beschränkungen der vorliegenden Arbeit bestanden im Ausschluß der Konkurrenz und der Umweltfaktoren aus der Betrachtung. Während bei den

Umweltfaktoren durch deren hohe Zahl und Komplexität eine eindeutige Berücksichtigung kaum möglich scheint, läßt sich die Konkurrenz ebenfalls modellhaft integrieren.

Da es sich bei der vorliegenden Arbeit ausschließlich um eine theoretische Betrachtung des Problems unter Integration empirischer Erkenntnisse handelt, bietet sich eine empirische Überprüfung der Ergebnisse an. Mit der erwähnten Conjoint-Analyse liegt eine eingeschränkt geeignete Methode vor, die die Zahlungsbereitschaften ermittelt. Zusätzlich wäre die Vorteilhaftigkeit der unterschiedlichen Bündelungsformen bei verschiedenen Zahlungsbereitschaften zu generieren.

ADAMS, W.; YELLEN, J., Commodity Bundling and the Burden of Monopoly, Quaterly Journal of Economics, 1976, S. 475-498

ADLER, J., Informationsökonomische Fundierung von Austauschprozessen im Marketing, Trier 1994

ADLER, J., Informationsökonomische Fundierung von Austauschprozessen, Wiesbaden 1996

AHTOLA, O., Price as a 'Give' Component in an Exchange Theoretic Multicomponent Model, Advances in Consumer Research, Vol. 11, S. 623-626

AKERLOF, G., The Market for "Lemons": Quality Uncertainty and the Market Mechanism, 84 (1970), S. 488-500

ALBACH, H., Dienstleistungen in der modernen Industriegesellschaft , München 1989

ALCHIAN, A.; WOODWARD, S., The Firm is Dead; Long Live the Firm, Journal of Economic Literature, March 1988, S. 65-79

ANDERSON, J.; NARUS, J., Capturing the Value of Supplementary Services, Harvard Business Review, 1995, Nr.1, S. 75-83

ANDERSON, J.; NARUS, J., Nur wohlüberlegte Zusatzleistungen fördern das Geschäft, HARVARD BUSINESSmanager, 3/1995, S. 107-114.

ARNOLD, D.; HOFFMAN, K.; MCCORMICK, J., Service Pricing: A Differentiation Premium Approach, Journal of Services Marketing, Summer 1989, S. 25-33

ARNOLDT, A., Garantiezusagen und Qualitätsunsicherheit von Konsumenten, GfK Jahrbuch der Absatz- und Verbrauchsforschung, 2/1996, S. 147-163

AUDRETSCH, D.; YAMAWAKI, H., Verdrängen Dienstleistungen die Industrie? Das Beispiel der Bundesrepublik Deutschland, Berlin 1991

AUFDERHEIDE, D.; BACKHAUS, K., Institutionenökonomische Fundierung des Marketing: Der Geschäftstypensatz. In: Kaas, K., Kontrakte, Geschätsbeziehungen, Netzwerke: Marketing und neue Institutionenökonomik, Düsseldorf 1995, S. 43-59

BAAKEN, T., Implikationen neuer Risikodimensionen auf die Ausgestaltung des Innovationsmarketing, Marktforschung & Management, 35 (1991), S. 14-21

BACKHAUS, K. (1992a), Investitionsgütermarketing, 2. Auflage, München 1990

BACKHAUS, K.(1992b), Investitionsgüter-Marketing - Theorieloses Konzept mit Allgemeinheitsanspruch?, Zfbf 44, 9/1992, S. 771-791.

BACKHAUS, K. (1993), Antworten auf neue Marktanforderungen, Absatzwirtschaft, 2/1993, S. 81-89.

BACKHAUS, K.; ERICHSON, B. u.a., Multivariate Analysemethoden , eine anwendungsorientierte Einführung, 6. Auflage; Berlin u.a. 1990

BACKHAUS, K.; WEIBER, R., Das industrielle Anlagengeschäft - ein Dienstleistungsgeschäft? In: Simon, H. (Hrsg.), Industrielle Dienstleistungen, Stuttgart 1993, S. 67-84

BAILOM, F.; HINTERHUBER, H.; MATZLER, K.; SAUERWEIN, E., Das Kano-Modell der Kundenzufriedenheit, Marketing ZFP, 2. Quartal 1996, S. 117-126

BALDERJAHN, I., Der Einsatz der Conjoint-Analyse zur empirischen Bestimmung von Preisreponsefunktionen, Marketing ZFP, I. Quartal 1994, S. 12-20

BARNETT, S.; DENNY, R.; RUSSELL, V., Customer Perceptions of the Value of Electricity, Public Utilities Fortnightly, December 1985, S. 17-22

BARON, S.; HARRIS, K., Services Marketing – Text and Cases, Houndmills u.a. 1995

BAUCHE, K., Segmentierung von Kundendienstleistungen auf investiven Märkten, Frankfurt am Main, 1994

BAUER, E., Markt-Segmentierung als Marketing-Strategie, Berlin 1976

BAUER, H., Marktliche Einzelaktion und Geschäftsbeziehung sowie Sach- und Dienstleistung als jeweils eigenständige Erkenntnisobjekte?, MARKETING ZFP, I. Quartal 1995, Heft 1, S. 44-47.

BAUER, H.; BAYON, T., Zur Relevanz prinzipal-agenten-theoretischer Aussagen für das Kontraktgütermarketing, Zfbf, 1995, S. 79-99

BAUER, H.; HERRMANN A.; JUNG, S., Wettbewerbsvorteile durch Preibündelung, M & M, 3/96, S. 85-88.

BAUER, H.; HERRMANN, A.; MENGEN, A., Eine Methode zur gewinnmaximalen Produktgestaltung auf der Basis des Conjoint Measurements, ZfB, 64 (1994), S. 81-94

BAYÓN, T., Neuere Mikroökonomie und Marketing, Wiesbaden 1997

BELZ, CH., Mit Problemlösungspaketen Kunden behalten und dazugewinnen, io Management Zeitschrift, 60 (1991), Nr. 11, S. 53-58.

BELZ, CH.; BIRCHER, B.; BÜSSER, M.; HILLEN, H.; SCHLEGEL, H.; WILLÉE,C., Erfolgreiche Leistungssysteme, 1. Aufl., Stuttgart 1991

BENKENSTEIN, M., GÜTHOFF, J., Typologisierung von Dienstleistungen, ZfB, 66 (1996), S. 1493-1510

BENKENSTEIN, M.; GÜTHOFF, J., Qualitätsdimensionen komplexer Dienstleistungen, Marketing ZFP, 2. Quartal 1997, S. 81-92

BEREKOVEN, L., Der Dienstleistungsmarkt - Sachliche Besonderheiten und empirische Befunde. In: Prestel, E. (Hrsg.), Perspektiven der Dienstleistungswirtschaft, Göttingen 1986, S. 24-37

BETTMANN, J.R., Perceived Risk and ist Components, a Model and Empirical Test, JOMR 10 (1973), S. 184-196

BINDER, P.; GIERL, H., Internationale Preisgestaltung von Serviceleistungen, der markt, 32 (1993), Nr 1., S. 12-21

BIRCHER, B., Mehr Kundennutzen durch Dienstleistungen, io Management Zeitschrift, 58 (1989), S. 41-45

BISWAS, A.; WILSON, E.; LICATA, J., Reference Pricing Studies in Marketing: A Synthesis of Research Results, Journal of Business Research 27, 1993, S. 239-256

BÖCKER, F. (HRSG.), Preistheorie und Preisverhalten, München 1882

BÖCKER, J., Marketing für Leistungssysteme, Wiesbaden 1995

BODE, J., Der Informationsbegriff in der Betriebswirtschaftslehre, Zfbf 49, 5/1997, S. 449-469

BOJANIC, D., The Price Bundling of Services: An Empirical Examination, Diss. Lexington, 1988

BOKELMANN, D., Kunden begeistern, QZ, 1992, S. 572-573

BÖSL, K., Produktivitätsmessung von Produktbegleitenden Dienstleistungen im industriellen Anlagengeschäft, Diss. Nürnberg 1987.

BOWEN, J., Using Surveys to Gain Insights into Service Value. Surprenant, C., Add Value to your Service, San Diego 1987, S. 45-48

BRANDT, D. R., A Procedure for Identifying Value-Enhancing Service Components Using Customer Satisfaction Survey Data, in: Suprenant, C. F. (Hrsg.), Add Value to Your Service, Chicago 1987, S. 61-65

BRESSAND, A., Dienstleistungen in der neuen „Weltwirtschaft“: Auf der Suche nach einem konzeptionellen Bezugsrahmen. In: Pestel, E. (Hrsg.), Perspektiven der Dienstleistungswirtschaft, Göttingen 1986, S. 73-82

BRUHN, M., Qualitätssicherung im Dienstleistungsmarketing: - eine Einführung in die theoretischen und praktischen Probleme. In: Bruhn, Manfred; Stauss, Bernd (Hrsg.), Dienstleistungsqualität: Konzepte, Methoden, Erfahrungen, 1. Aufl., Wiesbaden 1991, S. 19-47

BRUHN, M., Marketing. Grundlagen für Studium und Praxis, 2. Auflage, Wiesbaden 1995

BRUHN, M.; STAUSS, B.: Dienstleistungsqualität: Konzepte Methoden Erfahrungen, Wiesbaden 1991

BÜKER, B., Qualitätsbeurteilung investiver Dienstleistungen, Frankfurt am Main 1991

BURSTEIN, M., The Economics of Tie-In Sales, The Review of Economics and Statistics, 42 (1960) February, S. 68-75

BUTTLER, G.; STEGNER, E.; Industrielle Dienstleistungen, Zfbf 42, 11/92, S. 931-946.

CALANTONE, R.; SAWYER, A., The Stability of Benefit Segments, Journal of Marketing Research, August 1978, S. 395-404

CARBAJO, J.; DE MEZA, D.; SEIDMANN, D., A Strategic Motivation For Commodity Bundling, The Journal of Industrial Economics, March 1990, S. 283-299

CARROLL, J.; GREEN, P., Psychometric Methods in Marketing Research: Part I, Conjoint Analysis, Journal of Marketing Research, November 1995, S. 385-391

CASAGRANDA, M., Industrielles Service-Management, Wiesbaden 1994

CHOFFRAY, J. M.; LILIEN, G. L., Assessing Response to Industrial Marketing Strategy, in Journal of Marketing 42 (1978), Nr. 2, S. 20-31

COOPER, P.; JACKSON, R., Applying a Services Marketing Orientation to the Industrial Services Sector, The Journal of Services Marketing, Fall 1988, S. 67-70.

CORSTEN, H., Betriebswirtschaftslehre der Dienstleistungsunternehmen, 2. Auflage, München 1990

CORSTEN, H., Die Produktion von Dienstleistungen, Berlin 1985

CORSTEN, H., Dienstleistungsmarketing - Elemente und Strategien, GfK Jahrbuch der Absatz- und Verbraucherforschung, 1/1989, S. 22-41.

CORSTEN, H., Externalisierung und Internationalisierung als strategische Optionen von Dienstleistungsunternehmungen. In: Bruhn, Manfred; Stauss, Bernd (Hrsg.), Dienstleistungsqualität: Konzepte, Methoden, Erfahrungen, Wiesbaden 1991, S. 165-181

CORSTEN, H., Zur Diskussion der Dienstleistungsbesonderheiten und ihre ökonomischen Auswirkungen, GfK Jahrbuch für Absatz- und Verbrauchsforschung, 32 (1986), S. 16-41

COWELL, D., The Marketing of Services, Oxford u. a. 1993

COX, D. (1967a), Risk Handling in Consumer Behavior - Cox, D. (Hrsg.), An Intensive Study of Two Cases. In: Risk Taking an Information Handling in Consumer Behavior, Boston 1967, S. 34-81

COX, D. (1967b), Risk Taking and Information Handling in Consumer Behavior. In: Cox, D., Risk Taking and Information Handling in Consumer Behavior, Boston 1967, S. 604-639

CREADY, W., Premium Bundling, Economic Inquiry, January 1991, S. 173-179

CUNNINGHAM, S., The Major Dimensions of Perceived Risk. In: Cox, D., Risk Taking and Information Handling in Consumer Behaviour, Boston 1967, S. 82-107

DANSBY, R. E.; CONRAD, C., Commodity Bundling, AEA Papers and Proceedings 74 (1984), S. 377-381

DARBY, M.; KARNI, E., Free Competition and the Optimal Amount of Fraud, The Journal of Law and Economics, April 1973, S. 67-89

DEPPE, M., Vom traditionellen Kundendienst zur Servicepolitik als Marketinginstrument, Jahrbuch der Absatz- und Verbrauchsforschung, 3/92, S.293-311.

DESARBO, W.; RAMASWAMY, V.; COHEN, S., Market Segmentation with Choice-Based Conjoint Analysis, Marketing Letters 6(1995), Nr.2, S. 137-147

DIECKMANN, R., Optimale Preis- und Angebotspolitik für komplexe Produkte, Diss. Frankfurt am Main 1993

DILLER, H., Der Preis als Qualitätsindikator, DBW, 1977, S. 219-234

DILLER, H., Der Preis als Qualitätsindikator. In: Böcker, F., Preistheorie und Preisverhalten, München 1982

DILLER, H., Preisbaukästen als preispolitische Option, WiSt, Juni 1993, Heft 6, S. 270-275

DILLER, H., Preisbaukästen als Preispolitisches Instrument, Nürnberg 1992

DILLER, H., Preispolitik, 2. Auflage, Stuttgart 1991

DILLER, H.; GEORGE, G.; HAMMER, K., Die Preisfindung bei industriellen Gütern am Beispiel Telefonanlagen, Nürnberg 1992

DODDS, W., In Search of Value: How price and store name information influence buyers´ product perceptions, The journal of consumer marketing, Spring 1991, S. 15-23.

DODDS, W.; MONROE, K., The Effect of Brand and Price Information on Subjective Product Evaluations, Advances in Consumer Research 1985, Vol 12, S. 85-90

DODDS, W.; MONROE, K.; GREWAL, D., Effects of Price, Brand, and Store Information on Buyers´ Product Evaluations, Journal of Marketing Research, August 1991, S. 307-319.

DOLAN, R., Der richtige Preis - ewig das Problem?, HARVARD BUSINESSmanager, 1/1996, S. 115-122

DOLAN, R., How Do You Know When the Price is Right, Harvard Business Review, September-Oktober 1995, S. 174-192.

DOWLING, G., Perceived Risk: The Concept and Ist Measurement, Psychology & Marketing, Volume 3, 1986, S. 193-210

DROEGE, W., Wie geht die Praxis mit dem Service um? Absatzwirtschaft, Oktober 1995, S. 54-62.

DROEGE, W.; BACKHAUS, K.; WEIBER, R., Trends und Perspektiven im Investitionsgütermarketing – eine empirische Bestandaufnahme, in: dies. (Hrsg.), Strategien für Investitionsgütermärkte, Landsberg/Lech 1993, S. 17-98

DRUMWRIGHT, M., A Demonstration of Anomalies in Evaluations of Bundling, Marketing Letters, Volume 4, 1992, S. 311-319

ECKLES, R., Business Marketing Management, Englewood Cliffs 1990

EGLI, M.; STUTZ, H., Es lebe die Kundennutzenforschung, io Management Zeitschrift, 58 (1989), S. 48-51

ELBL, T.; WOLFRUM, B., Situative Determinanten für die Dimensionierung industrieller Dienstleistungen, Marketing ZFP, II. Quartal 1994, S. 121-132

ELFRING, T., Service Sector Employment in Advanced Economies, Aldershot 1988

EMERY, F., Some Psychological Aspects of Price. In: Taylor, B.; Wills, G., Pricing Strategy, London 1969, S. 98-111

ENGELHARDT, W. H., After-Sales-Services im Investitionsgütermarketing: Trends und Perspektive, in: Droege, W.; Backhaus, K.; Weiber, R. (Hrsg.), Strategien für Investitionsgütermärkte, Landsberg 1993, S. 377-391

ENGELHARDT, W. H. (HRSG.), Potentiale - Prozesse - Leistungsbündel: Diskussionsbeiträge zur Leistungstheorie, 1. Auflage, Bochum 1995.

ENGELHARDT, W. H.; GÜNTER, B., Investitionsgüter-Marketing, Stuttgart u.a. 1981

ENGELHARDT, W. H.; FREILING J. (1995a), Die integrative Gestaltung von Leistungspotentialen, zfbf 47 (1995), S. 899-918

ENGELHARDT, W. H.; FREILING, J. (1995b), Integrativität als Brücke zwischen Einzeltransaktion und Geschäftsbeziehung, MARKETING ZFP,1. Quartal 1995, Heft 1, S. 37-43.

ENGELHARDT, W. H.; FREILING, J; RECKENFELDERBÄUMER, M, Die Bedeutung der Integrativität für das Marketing: Ein Überblick anhand ausgewählter theoretischer und anwendungsbezogener Aspekte, MARKETING ZFP, I. Quartal 1995, Heft 1, S. 48-53.

ENGELHARDT, W. H.; KLEINALTENKAMP, M.; RECKENFELDERBAEUMER, M., Leistungsbündel als Absatzobjekte, ZfbF 45 (1993), S. 393-426

ENGELHARDT, W. H.; KLEINALTENKAMP, M; RECKENFELDERBÄUMER, M., Leistungstypologien als Basis des Marketing - ein erneutes Plädoyer für die Aufhebung der Dichtomie von Sachleistungen und Dienstleistungen, DBW 55, 1995, S. 673-683.

ENGELHARDT, W. H.; KLEINALTENKAMP, M.; MEYER, A.; MÜHLBACHER, H.; STAUSS, B., Dienstleistungstrend - wohin?, Absatzwirtschaft, Oktober 1995, S. 24-28.

ENGELHARDT, W. H.; RECKENFELDERBÄUMER, M., Service optimieren im System, Absatzwirtschaft, Oktober 1995, S. 176-182.

ENGELHARDT, W. H.; SCHWAB, W., Die Beschaffung von investiven Dienstleistungen. In: Corsten, H. (Hrsg.), Integratives Dienstleistungsmanagement, Wiesbaden 1994, S. 119-136

ENGELHARDT, W. H.; SCHWAB, W., Die Beschaffung von investiven Dienstleistungen, DBW 42 (1982) 4, S. 503-513

ENGELTER, K., Das Rationalisierungspotential im Dienstleistungsbereich, Frankfurt am Main 1979

EPPEN, G.; HANSON, W.; MARTIN, R., Bundling - New Products, New Markets, Low Risk, Sloan Management Review, Summer 1997, S. 7-14.

ERNST, M.; HOFMANN, W.; WALPUSKI, D., Erhöhter Preiswettbewerb durch Informationsmärkte, GfK, 1/95, S. 65-85

FASSNACHT, M., Preisdifferenzierung bei Dienstleistungen, Wiesbaden 1996

FASSNACHT, M., Preisdifferenzierung, WiSt, April 1997, Heft 4, S. 183-187

FASSOTT, G., Dienstleistungspolitik industrieller Unternehmen, der markt, 35 (1996), S. 75-85

FASSOTT, G., Dienstleistungspolitik industrieller Unternehmen, Wiesbaden 1995

FISCHER, M.; HÜSER, A.; MÜHLENKAMP, C.; SCHADE, CH.; SCHOTT, E., Marketing und neuere ökonomische Theorie: Ansätze zu einer Systematisierung, BFuP, 4/93, S. 444-471

FISK, R., Toward A Consumption/Evaluation Process Model for Services. In: Donelly, J.; George, W. (Hrsg.), The Marketing of Services, Chicago 1981, S. 191-195

FORBIS, J.; MEHTA, N., Value-Based Strategies for Industrial Products, Business Horizons, 1981, S. 32-42

FORSCHNER, G., Investitionsgütermarketing mit funktionellen Dienstleistungen, Berlin 1989

FOURASTIÉ, J., Die große Hoffnung des zwanzigsten Jahrhunderts, 2. Aufl., Köln 1969

FRANK, R.; MASSEY, W. F.; WIND, Y., Market Segmentation, Englewood Cliffs 1972

FRANZ, K., Target Costing, Controlling, Mai/Juni 1993, S. 124-130

FRETER, H., Marktsegmentierung, Stuttgart 1983

FREIDANK, C.-C., Kostenrechnung – Einführung in die begrifflichen, theoretischen, verrechnungstechnischen sowie planungs- und kontrollorientierten Grundlagen des innerbetrieblichen Rechnungswesen, 4. Auflage, München, Wien 1992

FREIDEN, F.; GOLDSMITH, R., Correlates of Information for Professional Services, Journal of Professional Services Marketing, Volume 4, 1988, S. 15-29

FRIEDMAN, M., SMITH, L., Consumer Evaluation Processes in a Service Setting, Journal of Services Marketing, 1993, S. 47-61

FRIEGE, CH., Economies of Scope als Entscheidungsgrundlage für Angebot und Zusammenstellung von Leistungsverbunden, DBW, 55 (1995), Heft 6, S. 743-760.

FRIEGE, CH., Preispolitik für Leistungsverbunde im Business-to-Business-Marketing, Wiesbaden 1995

FRIEGE, CH.; STAUSS, B., Zehn Lektionen in TQM, HARVARD BUSINESSmanager, 2/1996, S. 20-32

FRISCH, WOLFGANG, Service-Management, Wiesbaden 1989

FRÖHLING, O., Verbesserungsmöglichkeiten und Entwicklungsperspektiven von Conjoint + Cost, ZfB, 64 (1994), S. 1143-1164

FÜRDERER, R.; HUCHZERMEIER, A., Optimale Preisbündelung unter Unsicherheit. ZfB Marketing, Wiesbaden 1997

GABOR, A., Pricing, London 1977

GAETH, G.; LEVIN, I.; CHAKRABORTY, G.; LEVIN, A., Consumer Evaluation of Multi-Product Bundles: An Information Integration Analysis, Marketing Letters 2:1, 1990, S. 47-57

GARVIN, D. A., What does Product Quality Really Mean?, Sloan Management Review, 25 (1984), Nr. 3, S. 25-43

GAUL, W.; AUST, E.; BAIER, D., Gewinnorientierte Produktliniengestaltung unter Berücksichtigung des Kundennutzens, ZfB, 65 (1995), S. 835-855

GEMÜNDEN, H., Wahrgenommens Risiko und Informationsnachfrage, Marketing ZFP, Februar 1985, S. 27-38

GEORGE, W.; WEINBERGER, M.; KELLY, J., Consumer Risk Perceptions: Managerial Tool for the Service Encounter. In: Czepid, J.; Solomon, M.; Suprenant, C., The Service Encounter Managing Employee/Customer Interaction in Service Businesses, Toronto 1985, S. 83-100

GOLDBERG, S. M.; GREEN, P. E.; WIND, Y., Conjoint Analysis of Price Premiums for Hotel Amenities, Journal of Business 57 (1984), S. 111-131

GOLDMAN, A.; JOHANSSON, J., Determinants of Search for Lower Prices: An Empirical Assessment of the Economics of Information Theory, Journal of Consumer Research, December 1978, S. 176-186

GRAßY, O., Industrielle Dienstleistungen, München 1993

GREEN, P., Hybrid Models for Conjoint Analysis, An Expository Review, JoMR 21 (1984), S. 155-169

GREEN, P.; Srinivasan, V., Conjoint Analysis in Marketing: New Developments with Implications for Research and Practice, Journal of Marketing, October 1990, S. 3-19

GRUHLER, W., Dienstleistungsbestimmter Strukturwandel in deutschen Industrieunternehmen, Köln 1990

GRUHLER, W., Gesamtwirtschaftliche Bedeutung und einzelwirtschaftlicher Stellenwert industrieller Dienstleistungen. In: Simon, H. (Hrsg.), Industrielle Dienstleistungen, Stuttgart 1993, S. 23-40

GRUHLER, W., Oursourcing von Dienstleistungen zu Dienstleistungsunternehmen. In: Carsten, H.; Hilke, W., Dienstleistungsproduktion, Wiesbaden 1994

GUILTINAN, J., The Price Bundling of Services: A Framework. In: Bateson, J., Managing Services Marketing, 2. Auflage, Fort Worth 1992

GÜNTER, BERND, Unternehmenskooperation im Investitionsgüter-Marketing, Zfbf 44, 9/1992, S. 792-807.

GÜTHOFF, J., Qualität komplexer Dienstleistungen, Wiesbaden 1995

GUSEMAN, D., Risk Perception and Risk Reduction in Consumer Services. In: Donelly, J.; George, W. (Hrsg.), The Making of Services, Chicago 1981, S. 200-204

HAAS, R., Business Marketing Management, 4. Auflage, Boston 1992

HAHN, D., Target Costing - ein überlebenswichtiges Konzept, Controlling, März/April 1993, S. 110-111

HALEY, R., Benefit Segmentation: A Decision-oriented Research Tool, Journal of Marketing, July 1968, S. 30-35

HALLER, S., Methoden zur Beurteilung von Dienstleistungsqualität, Zfbf 45, 1/1993, S. 19-41.

HANDL, P., Auswirkungen von Dienstleistungen auf die Wettbewerbsposition des Investitionsgüterhandels, Diss. St. Gallen 1991

HANSEN, U., Absatz- und Beschaffungsmarketing des Einzelhandels, Göttingen 1976

HANSON, W.; MARTIN, R., Optimal Bundle Pricing, Management Science, February 1990, S. 155-174

HANUSCH, H., Nutzen-Kosten-Analyse, München 1987

HARLAM, B. A.; KRISHNA, A.; LEHMANN, D. R.; MELA, C., Impact of Bundle Type, Price Framing and Familiaritiy on Purchase Intention for the Bundle, Journal of Business Research 33 (1995), S. 57-66

HAUSER, J., URBAN, G., The Value Priority Hypotheses for Consumer Budget Plans, March 1986, Journal of Consumer Research, S. 446-462

HAX, H., Theorie der Unternehmung - Information, Anreize und Vertragsgestaltung. In: Ordelheide, D.; Rudolph, B.; Büsselmann, E. (Hrsg.), Betriebswirtschaftslehre und ökonomische Theorie, Stuttgart 1991, S. 51-72

HAUSRUCKINGER, G.; HERKER, A., Die Konstruktion von Schätzdesigns für Conjoint-Analysen auf der Basis von Paarvergleichen, Marketing ZFP 1992, Nr. 2, S. 99-110

HAY, CH., Die Verarbeitung von Preisinformationen durch Konsumenten, Heidelberg 1987

HIEKE, H., Rechnen mit Zielkosten als Controllinginstrument, WiSt, Oktober 1994, S. 498-501

HILKE, W. , Grundprobleme und Entwicklungstendenzen des Dienstleistungs-Marketing. In: Hilke, W. (Hrsg.), Dienstleistungs-Marketing, Wiesbaden 1989, S.5-44

HILKE, W., Grundprobleme und Entwicklungstendenzen des Dienstleistungs-Marketing. In: Corsten, H. (Hrsg.), Integratives Dienstleistungsmanagement, Wiesbaden 1994, S. 207-256

HIRSHLEIFER, J., Where are We in theTheory of Information?, Economics of Information, May 1973, S. 31-39

HIRSHLEIFER, J.; RILEY, J., The Analytics of Uncertainty and Information - An Expository Survey, Journal of Economic Literature, December 1979, S. 1375-1421

HOFMANN, W., Sozialökonomische Studientexte, Band 1, Wert- und Preislehre, 2. Auflage, Berlin 1971

HOLST, J., Erfolgsstrategien für professionelle Services, in: Corsten, H. (Hrsg.), Dienstleistungsproduktion, Wiesbaden 1994

HOLT, K.; Geschka, H.; Peterlongo, G., Need Assessment, Plymouth 1984

HOMBURG, CH., Industrielle Dienstleistungen und Kundennähe. In: Simon, H. (Hrsg.), Industrielle Dienstleistungen, Stuttgart 1993, S. 161-174

HOMBURG, CH.; GARBE, B., Industrielle Dienstleistungen - lukraktiv, aber schwer zu meistern, HARVARD BUSINESSmanager, 1996, S. 68-75.

HOMBURG, CH.; GARBE, B., Industrielle Dienstleistungen, ZfB, 66 (1996), S. 253-281

HOPF, M., Ausgewählte Probleme zur Informationsökonomie, WiSt, Juni 1983, S. 313-318

HUTT, M.; SPEH, TH., Business Marketing Management, 4. Auflage, Orlando 1992

IACOBUCCI, D., An Empirical Examination of Some Basic Tenets in Services: Goods-Services Continua, Advances in Services Marketing and Management, 1992, S. 23-52.

JACOBY, J.; OLSON, J. (HRSG.), Perceived Quality, Lexington 1985

JAKOB, F. (1995a), Produktindividualisierung, Wiesbaden 1995

JAKOB, F. (1995b), Produktindividualisierung als spezielle Form des Dienstleistungsmarketing im Business-To-Business-Bereich, in: Kleinaltenkamp, M. (Hrsg.), Dienstleistungsmarketing – Konzeptionen und Anwendungen, Wiesbaden 1995, S. 193-223

JEVONS, W. S., The Theory of Political Economy, 5. Auflage 1957, in: Reprints of Economic Classics, New York 1965

JUDD, R., The Case for Redefining Services, Journal of Marketing, Vol. 28 (January, 1964), S. 58-59.

JUGEL, S.; ZERR, K., Dienstleistungen als strategisches Element eines Technologie-Marketing. In: Corsten, H. (Hrsg.), Integratives Dienstleistungsmanagement, Wiesbaden 1994, S. 323-345

JUGEL, ST.; ZERR, K., Dienstleistungen als strategisches Element eines Technologie-Marketing, MARKETING ZFP, III. Quartal 1989, Heft 3, S. 162-172.

KAAS, K., Marketing als Bewältigung von Informations- und Unsicherheitsproblemen im Markt, DBW , 1990, S. 539-548

KAAS, K., Marktinformationen: Screening und Signaling unter Partnern und Rivalen, ZfB, 61 (1991), S. 357-370

KAAS, K. (1992a), Marketing und neue Institutionenlehre, Berlin 1992

KAAS, K. (1992b), Kontraktgütermarketing als Kooperation zwischen Prinzipalen und Agenten, Zfbf 44, 10/1992, S. 884-901

KAAS, K. (1995a), Marketing und Neue Institutionenökonomik. In: Kaas, K. (Hrsg.), Kontrakte, Geschäftsbeziehungen, Netzwerke - Marketing und Neue Institutionenökonomik, Düsseldorf 1995, S. 1-17

KAAS, K. (1995b), Marketing zwischen Markt und Hierarchie. In: Kaas, K. (Hrsg.), Kontrakte, Geschäftsbeziehungen, Netzwerke: Marketing und neue Institutionsökonomik, Düsseldorf 1995, S. 19-43

KAAS, K.; BUSCH, A., Inspektions-, Erfahrungs- und Vertrauenseigenschaften von Produkten, Marketing ZFP, 4. Quartal 1996, S. 243-252

KAAS, K.; SCHADE, CH., Unternehmensberater im Wettbewerb, ZfB, 65 (1995), S. 1067-1089.

KATZ, R., Informationsquellen der Konsumenten, Wiesbaden 1983

KENNEY, R. W.; KLEIN, B., The Economics of Block Booking, Journal of Law and Economics 26 (1983), S. 497-540

KLEINALTENKAMP, M., Investitionsgüter-Marketing aus informationsökonomischer Sicht, Zfbf 44 (1992), S. 809-829.

KLEINALTENKAMP, M., Typologien von Business-to-Business-Transaktionen - Kritische Würdigung und Weiterentwicklung, Marketing ZFP, II. Quartal 1994, S. 77-88

KLODT, H., Auf dem Weg in die Dienstleistungsgesellschaft, WiSt, Juni 1995, Heft 6, S. 297-301.

KOEPPLER, K., Opinion Leader, Merkmale und Wirkung, Hamburg 1984

KORTGE, G., OKONKWO, P., Perceived Value Approach to Pricing, Industrial Marketing Management 22, 1993, S. 133-140

KOTLER, P.; BLIEMEL, F., Marketingmanagement, 8. Auflage, Stuttgart 1995

KROEBER-RIEL, W., Weinberg, P., Konsumentenverhalten, 6. Auflage, München 1996

KRUPP, H., Gibt es in der Bundesrepublik Deutschland einen Rückstand in der Entwicklung von Dienstleistungen?, In: Allg. Statist. Archiv 71 (1987), S. 56-75

KUCHER, E.; SIMON, H., Conjoint-Measurement - Durchbruch bei der Preisentscheidung, HARVARDmanager, 3/1987, S. 28-36

KUHLMANN, E., Besonderheiten des Nachfragerverhaltens bei Dienstleistungen, unveröffentlichtes Manuskript

KUHLMANN, E., Kaufrisiko. In: Hoyos, C ; Kroeber-Riel, W; Rosenstiel, L. v.; Strümpel, B. (Hrsg.), Grundbegriffe der Wirtschaftspsychologie, München 1980, S. 522-533

KUHLMANN, E., Verbraucherpolitik, München 1990

KÜHN, R., Marketing-Instrumente zwischen Selbstverständlichkeit und Wettbewerbsvorteil, Thexis, 4/85, S. 16-21

KUPSCH, P.; HUFSCHMID, P., Wahrgenommenes Risiko und Komplexität der Beurteilungssituation als Determinanten der Qualitätsbeurteilung. In: Meffert, H.; Steffenhagen, H.; Freter, H. (Hrsg.), Konsumverhalten und Information, Wiesbaden 1979, S. 225-257

KYI, L.; KYI, M., Customer Service: Product Differentiation in International Markets, International Journal of Physical Distribution & Materials Management, 19 (1989), S. 30-38.

KYJ, M. J.; KYJ, L. S., Customer Service Competiotion in Business to Business and Industrial markets: Myths and Realities, The journal of Business an Industrial Marketing, 2 (1987), Nr. 4, S. 45-52

LÄBE, S.; STOLPMANN, F., Dienst am Kunden total?, Absatzwirtschaft, Oktober 1993, S. 22-34.

LAMBERT, Z., Price and Choice Behavior, Journal of Marketing Research, February 1972, S. 35-40.

LELE, M., How Service Needs Influence Product Strategy, Sloan Management Review, Fall 1986, S. 63-70.

LELE, M., KARMARKAR, U., Good product support is smart marketing, Harvard Business Review, November-December 1983, 124-132.

LEVITT, TH., The marketing imagination, New York 1986

LEWBEL, A., Bundling of Substitutes or Complements, International Journal of Industrial Organization, 1985, S.101-107

LINGEN, T. V., Informationsökonomik. In: Diller, H. (Hrsg.), Vahlens großes Marketinglexikon, München 1992, S. 448-449

LIVINGSTON, F.; ZEITHAML, V., Defining, Measuring, and Improving Value in Services: The Case of Cable Television. In: Surprenant, C. (Hrsg.), Add Value to your Service, San Diego 1987

LONG, J., Comments on „Gaussian Demand and Commodity Bundling“, Journal of Business, Volume 57, 1984, S. 235-243

LOVELOCK, CH., Why Marketing Management Needs to be Different for Services. In: Donelly, J.; George, W., Marketing of Services, Chicago 1981, S. 5-9

LOVELOCK, CH., Classifying Services to Gain Strategic Marketing Insights , in: Bateson, J. E. (Hrsg.) Managing Services Marketing, 2. Auflage, Fort Worth 1992

MAI, H., Dienstleistungen im Produzierenden Gewerbe - Testerhebung, Wirtschaft und Statistik, 2/1989, S. 57-64.

MATHUR, S., Competitive Industrial Marketing Strategies, Long Range Planning, 17/1984, S. 102-109.

MEFFERT, H., Kundendienstpolitik, MARKETING ZFP, Mai 1987, Heft 2, S. 93-102.

MEFFERT, H., Aufschwung aus engeren Märkten, Absatzwirtschaft, Oktober 1993, Seite 8-17.

MEFFERT, H.; BRUHN, M., Dienstleistungsmarketing, 2. Auflage, Wiesbaden 1997

MEINIG, W., Bedarfsorientiertes Produktivgütermarketing, Berlin 1985

MEINIG, W., Produktdifferenzierung durch Dienstleistung, Marktforschung, 4/84, S. 133-142.

MENGEN, A., Konzeptgestaltung von Dienstleistungsprodukten, Koblenz 1993

MENGEN, A.; SIMON, H., Produkt- und Preisgestaltung mit Conjoint Measurement, WISU, 3/96, S. 229-236

MENGER, C., Grundsätze der Volkswirtschaftslehre, Wien 1871, in: Hayek, F.A. (Hrsg.), Gesammelte Werke, 1. Band, 2. Auflage, Tübingen 1968

MEYER, A., Produktdifferenzierung durch Dienstleistungen, MARKETING ZFP, Mai 1985, Heft 2, S. 99-107.

MEYER, A., Dienstleistungs-Marketing. In: Meyer, P.; Meyer, A. (Hrsg.), Marketing-Systeme, Stuttgart 1990

MEYER, A., Dienstleistungsmarketing, München 1994

MEYER, A., Produktdifferenzierung durch Dienstleistungen. In: Corsten, H. (Hrsg.), Integratives Dienstleistungsmanagement, Wiesbaden 1994, S. 303-321

MEYER, A.; BLÜMELHUBER, CH., No Frills!, Absatzwirtschaft, Oktober 1995, S. 30-40

MEYER, A.; NOCH, R., Dienstleistungen im Investitionsmarketing, WISU, 12/92, S. 954-961.

MITZKAT, M., Kaufverhaltensorientierte Gestaltung der Fertigungstiefe, Wiesbaden 1996

MONROE, K. B.; KRISHNAN, R., The Effect of Price on Subjective Product Evaluations, In: Jakoby, J.; Olson, J. C. (Hrsg.), Perceived Quality: How Consumers View Stores and Merchandise, Lexington MA 1985, S. 209-232

MONROE, K., Buyers' Subjective Perceptions of Price, Journal of Marketing Research, Vol. 10, Feburary 1973, S. 70-80

MONROE, K., Models for Pricing Decisions, Journal of Marketing Research, August 1978, S. 413-429.

MONROE, K., Pricing - Making Profitable Decisions, 2. Aufl., New York 1990

MONROE, K.; KRISHNAN, R., The Effect of Price on Subjective Product Evaluations. In: Jacoby, J.; Olson, J. (Hrsg.), Perceived Quality, Lexington 1985, S. 209-232

MORIARTY, R. T.; SPEKMAN, R. E., An Empirical Investigation of the Information Sources Used During the Industrial Buying Process, Journal of Marketing Research, 21 (1984), S. 137-147

MORRIS, M., FULLER, D., Pricing an Industrial Service, Industrial Marketing Management, 1989, S. 139-146

MORRIS, M., Seperate Prices as Marketing Tool, Industrial Marketing Management 16 (1987), S. 79-86

MORRIS, M.; MORRIS, G., Market-Oriented Pricing, Westport, 1990

MÜHLBACHER, H.; BOTSCHEN, G., Benefit-Segmentierung von Dienstleistungsmärkten, MARKETING ZFP, III. Quartal 1990, Heft 3, S. 159-168.

MULHERN, F. J.; LEONE, R. P., Implicit Price Bundling of Retail Products: A Multiproduct Approach to Maximizing Store Profitability, Journal of Marketing, 55 (1991), S. 63-76

MÜLLER, S.; KESSELMANN, P.; Die Preisbereitschaft von Konsumenten bei umweltfreundlich verpackten Produkten – Ergebnisse einer Conjoint-Analyse, ZfbF 46 (1994), S. 260-278

MÜLLER, W., Risiko und Ungewißheit, in: Wittmann, W. u.a. (Hrsg.), Handwörterbuch der Betriebswirtschaft, 5. Auflage, Stuttgart 1993

MÜLLER, W., Grundzüge des Preisbeurteilungsverhaltens von Dienstleistungsnachfragern, Der Markt, 35 (1996), S. 23-48

MÜLLER, W.; KLEIN, S., Grundzüge verhaltensorientierter Preistheorie im integrativen Dienstleistungsmarketing, Jahrbuch der Absatz- und Verbrauchsforschung, 3/93, S. 261-282

MÜLLER-HAGEDORN, L., Wahrnehmung und Verarbeitung von Preisen durch Verbraucher - ein theoretischer Rahmen, Zfbf 35, 11/12/1983, S. 939-951.

MURRAY, K.; SCHLACTER, J., The Impact of Services versus Goods on Consumers´ Assessment of Perceived Risk and Variability, Jams, Winter 1990

MYERS, J. H.; TAUBER, E., Market Structure Analysis, Chicago 1977

NAGEL, B., Kartellrecht, in: Gablers Wirtschaftslexikon, Wiesbaden 1993

NECKERMANN, G.; WESSELS, H., Dienstleistungsangebote des Maschinenbaus, ZfB, 62 (1992), S. 521-538.

NELSON, P., Information and Consumer Behavior, Journal of Political Economy, 1970, S. 311-329

NELSON, P., Advertising as Information, Journal of Political Economy, 78 (1974), No 4, S. 729-753

NIESCHLAG, R.; DICHTL, E.; HÖRSCHGEN, H., Marketing, 16. Auflage, Berlin 1991

NOCH, R., Dienstleistungen im Investitionsgüter-Marketing, München 1995

o. V., DIW: Keine Dienstleistungslücke in Deutschland, Süddeutsche Zeitung, 15.04.1996

OLEMOTZ, T., Strategische Wettbewerbsvorteile durch industrielle Dienstleistungen, Frankfurt 1995

OLSON, J. C., Price as an Informational Cue: Effects on Product Evaluations, In:Woodside, A. G.; Sheth, J. N.; Bennett, P. D. (Hrsg.), Consumer and Industrial Buying Behavior, Pennsylvania State University 1977, S. 267-286

OLSON, J.; JACOBY, J., Cue Utilization in the Quality Perception Process. In: Venkatesan, M. (Hrsg.), Proceedings, Iowa 1972, S. 167-179

OSTROM, A.; IACOBUCCI, D., Consumer Trade-Offs and the Evaluation of Services, Journal of Marketing, January 1995, S. 17-28

OTT, A., Grundzüge der Preistheorie, 3. Auflage, Göttingen 1979

OXENFELDT, A. R., Product Line Pricing, Harvard Business Review, July-August 1966, S. 137-144

PALFREY, T. R., Bundling Decisions by a Multiproduct Monopolist with incomplete Information, Econometrica, 51 (1983), S. 463-483

PALMER, A., Principles of Services Marketing, London 1994

PAUN, D., When to Bundle or Unbundle Products, Industrial Marketing Management, S. 29-34

PAYNE, A., The Essence of Services Marketing, New York u.a. 1993

PETERSON, R.; WILSON, W., Perceived Risk an Price-Reliance Schema as Price-Perceived-Quality Mediators. In: Jakoby, J.; Olson, J., Perceived Qualitiy: How Consumers View Shores an Merchandise, 1. Aufl., Lexington 1985, S. 247-267.

PFOHL, H., Nach dem Kauf ist vor dem Kauf, Absatzwirtschaft, Oktober 1995, S. 192-202.

PHILIPS, L., The economics of price discrimination, Cambridge 1983

PLINKE, W., Grundlagen der Marktprozesse, in: Kleinaltenkamp, M.; Plinke, W. (Hrsg.), Technischer Vertrieb – Grundlagen, Berlin u.a. 1995, S. 3-95

PLINKE, W., Ausprägungen der Marktorientierung im Investitionsgüter-Marketing, Zfbf 44 (1992, S. 830-846.

PLINKE, W., Investitionsgütermarketing, Marketing ZFP, 1991 Heft 3, S. 172-177.

PLÖTNER, O., Das Vertrauen des Kunden, Berlin 1995

POHL, A., Leapfrogging bei technologischen Innovationen: ein Erklärungsansatz auf Basis der Theorie des wahrgenommenen Risikos, Wiesbaden 1996

PORTER, M., Wettbewerbsvorteile: Spitzenleistungen erreichen und behaupten, 3. Aufl., Frankfurt/Main 1987

POTTS, G., Im Servicezyklus steckt Profit, HARVARDmanager, 2/1989, S. 100-105.

QUINN, J.; DOORLEY, TH.; PAQUETTE, P., Beyond Products: Services-Based Strategy, Harvard Business Review, March-April 1990, S. 58-67.

QUINN, J.; DOORLEY, TH.; PAQUETTE, P., Wie Dienstleister Industrien umkrempeln, HARVARDmanager, 4/1990, S. 133-142.

RECKTENWALD, H. C., Ein verkannter Klassiker der ökonomischen Wirtschaft – Wegbereiter moderner Wohlfahrtstheorie, in: Recktenwald, H. C.; Krelle, W. (Hrsg.), Gossens Gesetze – Leitmuster moderner Nutzentheorie, Stuttgart 1988, S. 5-23

REIß, M.; BECK, T., Mass Customization: Kostenverträglichen Service anbieten, Gablers Magazin, 1/95, S. 24-27.

RIEDE, T., Dienstleistungsberufe im Produzierenden Gewerbe, Wirtschaft und Statistik, 9/1990, S. 623-631.

ROBINSON, P. J.; FARIS, C. W.; WIND Y., Industrial Buying and Creative Marketing, Boston 1967

ROSADA, M., Die Funktionen des Kundendiensts im Rahmen des Marketings, Kundendienststrategien im Automobilsektor, 1990, 32, S. 7-30.

ROSENSTIEL V., L.; EWALD, G., Marktpsychologie Band II, Stuttgart 1979

RÖTTERS, D., Gedanken zur Weiterentwicklung der Statistik des Produzierenden Gewerbes, Wirtschaft und Statistik, 7/1985, S. 543-560.

RÜCK, H., Dienstleistungen - ein Definitionsansatz auf Grundlage des „Make or buy" - Prinzips. In: Kleinaltenkamp, M. (Hrsg.), Dienstleistungsmarketing, Wiesbaden 1995

SALINGER, M., A Graphical Analysis of Bundling, Journal of Business, Volume 68, 1995, S. 85-98

SATTLER, H., Herkunfts- und Gütezeichen im Kaufentscheidungsprozess, Stuttgart 1991

SCHADE, CH.; SCHOTT, E., Instrumente des Kontraktgütermarketing, DBW 53, 1993, S. 491-511

SCHADE, CH.; SCHOTT, E., Kontraktgüter im Marketing, Marketing ZFP, I. Quartal 1993, S. 15-25

SCHERHORN, G., Kritik des Zusatznutzens, Thexis, 2/92, S. 24-28.

SCHEUCH, F., Dienstleistungsmarketing, München 1982

SCHICHT, R. E. F., Leistungssysteme in High-Tech-Märkten, Diss. St. Gallen 1993

SCHMALENSEE, R., Commodity Bundling by Single-Product Monopolies, Journal of Law & Economics, April 1982, S. 67-71

SCHMALENSEE, R., Gaussian Demand and Commoditiy Bundling, Journal of Business, Volume 57, 1984, S. 211-230

SCHNEIDER, DIETER, Betriebswirtschaftslehre, München 1993

SCHUBERT, B, Entwicklung von Konzepten für Produktinnovation mittels Conjointanalyse, Stuttgart 1991

SCHÜTZE, R., Kundenzufriedenheit, Wiesbaden 1992

SCHWAB, W., Die Träger von Instandhaltungsleistungen im Anlagengeschäft, Berlin 1984

SCHWEIGER, G.; MAZANEC, J.; WIEGELE, O., das Modell des „erlebten Risikos", der Markt 60 (1976), s. 93-102

SCHWEIKL, H., Computergestützte Präferenzanalyse mit individuell wichtigen Produktmerkmalen, Berlin, München 1985

SEBASTIAN, K.; HILLEKE, K., Rückzug ohne Risiko Teil 1, Absatzwirtschaft, 1/94, S. 50-55.

SEBASTIAN, K.; HILLEKE, K., Rückzug ohne Risiko Teil 2, Absatzwirtschaft, 2/94, S. 45-49.

SEIDENSCHWARZ, W., Target Costing, München 1993

SHETH, J. N., A Model of Industrial Buyer Behaviour, Journal of Marketing 37 (1973), Oct., S. 50-56

SHOSTACK, L., Breaking Free From Product Marketing, Journal of Marketing 1977, April, S. 73-80

SIMON, H., Können wir uns Dienstleistungen leisten?, Absatzwirtschaft, Oktober 1995, S. 5.

SIMON, H., Was ist dem Kunden Leistung wert?, Absatzwirtschaft, 2/94, S. 74-77

SIMON, H. (1993a), Preispolitik für industrielle Dienstleistungen. In: Simon, H. (Hrsg.), Industrielle Dienstleistungen, Stuttgart 1993, S. 187-218

SIMON, H. (1993b), Industrielle Dienstleistungen und Wettbewerbsstrategie. In: Simon, H. (Hrsg.), Industrielle Dienstleistungen, Stuttgart 1993, S. 3-22

SIMON, H. (1992a), Preisbündelung, ZfB, 62 (1992), S. 1213-1235

SIMON, H. (1992b), Preismanagement, 2. Auflage, Wiesbaden 1992

SIMON, H. (1992c), Pricing Opportunities - And How to Exploit Them, Sloan Management Review, Winter 1992, S. 55-65.

SIMON, H. (1992d), Warum wir von Dienstleistern lernen sollten, Gablers Magazin, 4/92, S. 18-25.

SIMON, H.; FASSNACHT, M., Price Bundling, Euroepean Management Journal 11 (1993), S. 403-411

SIMON, H.; KUCHER, E., Die Bestimmung empirischer Preisabsatzfunktionen – Methoden, Befunde, Erfahrungen, ZfB 58 (1988), S. 171-183

SIMON, H.; TACKE, G., Preisstrategie. In: Diller, H. (Hrsg.), Vahlens großes Marketing-Lexikon, München 1992, S. 924

SIMON, L., Measuring the Market Impact of Technical Services, Journal of Marketing Research, 2/1965, S. 32-39

SIMON, W., Dienstleistungen verändern die Wertschöpfungsstruktur der Industrie - Keine Frage, dennoch viele Fragen, Allg. Statist. Archiv 71, 1987, S. 47-55.

SIMONIN, B. L.; RUTH, J. A., Bundling as a Strategy for New Product Introduction: Effects on Consumers' Reservation Prices fro the Bundle, the New Produkt, and ist Tie-in, Journal of Business Research 33 (1995), S. 219-230

SINGER, H., Dienstleistungen als Wettbewerbsinstrument im industriellen Anlagengeschäft, Zfbf 38, 1/1986, S. 84-97.

SPREMANN, K., Asymmetrische Information, ZfB, 60 (1990), S. 561-586

SPREMANN, K., Reputation, Garantie, Information, ZfB, 58 (1988), S. 613-629

STAFFORD, M. R., Tangibility in Services Advertising: An Investigation of Verbal versus Visual Cues, Journal of Advertising, 25 (1996), Nr. 3, S 13–28

STAEHLE, W., Management – eine verhaltenswissenschaftliche Perspektive, 6. Auflage, München 1991

STATISTISCHES BUNDESAMT (HRSG.), Produzierendes Gewerbe, Fachserie 4, Wiesbaden 1989

STAUSS, B., Dienstleistungsmarketing und Dienstleistungsmanagement, DBW 52 (1992) 5, S. 675-689

STEGNER, E., Industrielle Dienstleistungen in der Strategischen Unternehmensplanung, Diss. Erlangen 1992

STIGLER, G., The Economics of Information, The Journal of Political Economy, June 1961, S. 213-225

STIGLER, G., The Organization of Industry, Homewood 1968

STROTHMANN, K. H., Investitionsgütermarketing, München 1979

STROTHMANN, K. H.; KLICHE, M., Innovationsmarketing – Markterschließung für Systeme der Bürokommunikation und Fertigungsautomation, Wiesbaden 1989

SZMIGIN, I., Managing Quality in Business-to-business Services, European Journal of Marketing, 1993, S. 5-21

TACKE, G., Nichtlineare Preisbildung, Wiesbaden 1989

TELLIS, G.; GAETH, G., Best Value, Price Seeking, and Price Aversion: The Impact of Information an Leaning on Consumer Choices, Journal of Marketing, Vol. 54, April 1990, S. 34-45

THALER, R., Mental Accounting and Consumer Choice, Marketing Science, Vol. 4, Summer 1985, S. 199-215

THEUERKAUF, I., Kundennutzenmessung mit Conjoint, ZfB, 59 (1989), S. 1179-1193

THOMAS, L., Conjoint Measurement als Instrument der Absatzforschung, Marketing ZFP 19979, Nr. 3, S. 199-211

TÖPFER, A.; MEHDORN, H., Total Quality Management, 3. Aufl., Neuwied, Berlin 1994

TROMMSDORFF, V.; BLEICHER, U.; HILDEBRANDT, L., Nutzen und Einstellung, WiSt 9 (1980), S. 269-276

TSCHEULIN, D., Ein empirischer Vergleich der Eignung von Conjoint-Analyse und „Analytic Hierarchy Process“ (AHP) zur Neuproduktplanung, ZfB, 61 (1991), S. 1267-1280

TURLEY, L.; LEBLANC, R., An Exploratory Investigation of Consumer Decision Making in the Service Sector, The Journal of Services Marketing, 1993, S. 11-18

VANDERMERWE, S., From Tin Soldiers to Russian Dolls: Creating Added Value Through Services, Oxford 1993

VANDERMERWE, S.; RADA, J., Servitization of Business: Adding Value by Adding Services, European Management Journal, Volume 6, 1988, S. 314-324

VENKATESH, R.; MAHAJAN, V., A Probabilistic Approach to Pricing a Bundle of Products or Services, Journal of Marketing Research 30 (1993), S. 494-508

VERSHOFEN, W., Handbuch der Verbrauchsforschung, Band 1, Berlin 1940

VRIENS, M.; WEDEL, M.; WILMS, T., Metric Conjoint Segmentation Methods: A Monte Carle Comparison, Journal of Marketing Research, February 1996, S. 73-85

WARHIT, E., The Economies of Tie-In Sales, Atlantic Economic Journal, 8 (1980) December, S. 81-88

WEBSTER, F., Industrial Marketing Strategy, 3. Auflage, New York 1991

WEBSTER, F.; WIND, Y., A General Model of Organisational Buying Behaviour, Journal of Marketing 36 (1972), April, S. 12-14

WEIBER, R., Veränderte Markterfolgsfaktoren im internationalen Anlagengeschäft. In: Baaken, Th.; Simon, D. (Hrsg.), Abnehmerqualifizierung als Instrument des Technologie-Marketing, 1. Auflage, Berlin 1987

WEIBER, R.; ADLER, J. (1995a), Der Einsatz von Unsicherheitsreduktionsstrategien im Kaufprozeß: Eine informationsökonomische Analyse, ZfbF, 47 (1995), S. 61-77

WEIBER, R.; ADLER (1995b), J., Informationsökonomisch begründete Typologisierung von Kaufprozessen, ZfbF 47 (1995), S. 43-63

WEIBER, R.; ADLER, J. (1995c), Positionierung von Kaufprozessen im informationsökonomischen Dreieck: Operationalisierung und verhaltenswissenschaftliche Prüfung, ZfbF 47 (1995), S. 99-123

WEINBERG, P., Emotionale Aspekte des Entscheidungsverhaltens. In: Forschungsgruppe Konsum und Verhalten (Hrsg.), Konsumentenforschung, 1994, S. 171-181

WILLIAMSON, O. E., The Economic Institutions of Capitalism, New York, London 1985

WILSON, L. O.; WEISS, A. M; JOHN, G. Unbundling of Industrial Systems, Journal of Marketing Research, 27 (1990), S. 123-138

WIMMER, F.; ZERR, K., Service für Systeme - Service mit System, Absatzwirtschaft, 7/95, S. 82-87.

WIMMER, F.; ZERR, K., Systemplanung als Aufgabe des Systemmarketing, Marketing ZFP 1994, Heft 4, S. 221-232.

WITTE, E., Kraft und Gegenkraft im Entscheidungsprozeß, ZfB 46 (1976), S. 319-326

WOLFE, A., How to Profit from Premiumpriced Brands, Marketing Intelligence & Planning, 1992, S. 29-37

WORATSCHEK, H., Die Typologie von Dienstleistungen aus informationsökonomischer Sicht, der markt 35 (1996), S. 59-71

WÜBKER, G., Preisbündelung – Formen, Theorie, Messung und Umsetzung, Wiesbaden 1998

YADAV, M., How Buyers Evaluate Product Bundles: A Model of Anchoring and Adjustment, Journal of Consumer Research, September 1994, S. 342-352

ZAPF, H., Industrielle und gewerbliche Dienstleistungen, Wiesbaden 1990

ZEITHAML, V., Consumer Perceptions of Price, Quality, and Value: A Means-End Model and Synthesis of Evidence, Journal of Marketing, July 1988, S. 2-22

ZEITHAML, V., How Consumer Evaluation Processes Differ Between Goods and Services. In: Donelly, J.; George, W. (Hrsg.): The Marketing of Services, Chicago 1981, S. 186-190

ZEITHAML, V., The Aquisition, Meaning, and Use of Price Information by Consumers of Professional Services. In: Bush, R.; Hunt, S. (Hrsg.), Marketing Theory: Philosophy of Science Perspectives, Chicago 1982, S. 237-241

ZEITHAML, V.; GRAHAM, K., The Accuracy of Reported Reference Prices for Professional Services, Advances in Consumer Research, 1983, S. 607-611

ZEITHAML, V.; PARASURAMAN, A.; BERRY, L., Problems and Strategies in Services Marketing, Journal of Marketing, Spring 1985, S. 33-46.

ZERR, K., Die Serviceplanung als Instrument des Leistungsystemmarketing, GfK Jahrbuch der Absatz- und Verbrauchsforschung, 2/95, S. 135-159.

ZERR, K., Systemmarketing, Wiesbaden 1994

ZILLMER, D., Target Costing - Japanische und amerikanische Erfahrungen, Controller Magazin, 5/92, S. 286-288

Claus-Dieter Fischer

Informationsmanagement im Wandel

Praxisorientierte Lösungsansätze und Managementmodelle zur Bewältigung von Veränderungen im Informationsmanagement

Frankfurt/M., Berlin, Bern, New York, Paris, Wien, 1999.
LXVIII, 410 S., zahlr. Tab. u. Graf.
Europäische Hochschulschriften: Reihe 5,
Volks- und Betriebswirtschaft. Bd. 2422
ISBN 3-631-34212-8 · br. DM 128.–*

Die seit Jahren zu beobachtende Beschleunigung der Veränderungen in unseren Arbeits- und Wirtschaftsprozessen verlangt vom Informationsmanagement ein Umdenken. Das in dieser Arbeit geforderte veränderungsorientierte, strategisch-dynamische Informationsmanagement versucht, die vielfachen Schwächen des Informationsmanagements in der Unternehmenspraxis zu heilen und die erkannten Schwächen in Stärken umzukehren. Auf Basis von Situationen, Schwachstellen und Veränderungen im Informationsmanagement werden praxisorientierte Lösungsansätze und Managementmodelle erarbeitet. Diese sind eine Orientierungsleitlinie für Geschäftsfeld- und IT-Manager und erleichtern den Übergang von einem status-quo-orientierten zu einem veränderungsorientierten Informationsmanagement.

Aus dem Inhalt: Informationsmanagement im Wandel · Grundlagen für das Informationsmanagement · Situation und Schwachstellen des Informationsmanagements in der Praxis · Veränderungen im Informationsmanagement · Lösungsansätze zur Bewältigung von Veränderungen im Informationsmanagement · Managementmodelle zur Bewältigung von Veränderungen im Informationsmanagement

FSC
www.fsc.org
MIX
Papier | Fördert gute Waldnutzung
FSC® C083411

Kolibri 360 GmbH
Ferdinand-Jühlke-Straße 7
99095 Erfurt, Deutschland
produktsicherheit@kolibri360.de

Druck:
CPI Druckdienstleistungen GmbH
im Auftrag der
Kolibri 360 GmbH
Ferdinand-Jühlke-Str. 7
99095 Erfurt